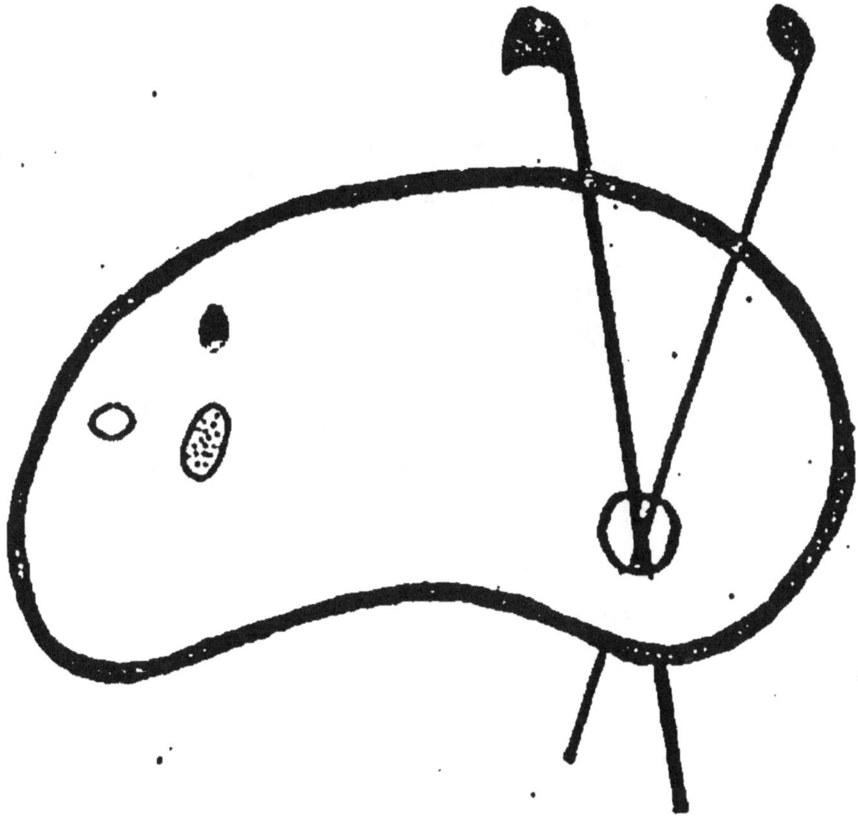

DEBUT D'UNE SERIE DE DOCUMENTS
EN COULEUR

BIBLIOTHÈQUE SOCIOLOGIQUE INTERNATIONALE

PUBLIÉE SOUS LA DIRECTION DE M. RENÉ WORMS
Secrétaire général de l'Institut International de Sociologie

XXXVI

ESSAI

SUR LES

RÉVOLUTIONS

PAR

Arthur BAUER

Professeur de Philosophie
Membre de la Société de Sociologie de Paris

« Il existe des ensembles typiques de
phénomènes sociaux, invariables,
soit dans une même société à travers la durée, soit à un même
moment à travers les distances dans
un vaste groupe de sociétés. »
RENÉ WORMS. — *Philosophie des
Sciences Sociales.* I, 98.

OUVRAGE RÉCOMPENSÉ PAR L'INSTITUT INTERNATIONAL DE SOCIOLOGIE
(Concours Ténichef)

PARIS (5ᵉ)

V. GIARD & E. BRIÈRE

LIBRAIRES-ÉDITEURS

16, RUE SOUFFLOT ET 12, RUE TOULLIER

1908

V. GIARD & E. BRIÈRE, ÉDITEURS, 16, rue Soufflot, PARIS

BIBLIOTHÈQUE SOCIOLOGIQUE INTERNATIONALE

PUBLIÉE SOUS LA DIRECTION DE

RENÉ WORMS

Secrétaire Général de l'Institut International de Sociologie

Cette collection se compose de volumes in-8°, brochés (1).

ONT PARU :

RENÉ WORMS : Organisme et Société........................ 6 fr.
PAUL DE LILIENFELD : La Pathologie Sociale............... 6 fr.
FRANCESCO S. NITTI : La Population et le Système social..... 5 fr.
ADOLFO POSADA : Théories modernes sur les Origines de la
   Famille, de la Société et de l'Etat...................... 4 fr.
SIGISMOND BALICKI : L'Etat comme organisation coercitive de
   la Société politique.... .... 4 fr.
JACQUES NOVICOW : Conscience et Volontés Sociales........ 6 fr.
FRANKLIN H. GIDDINGS : Principes de Sociologie............. 6 fr.
ACHILLE LORIA : Problèmes Sociaux Contemporains......... 4 fr.
MAURICE VIGNES : La Science Sociale d'après les principes de
   Le Play et de ses continuateurs. 2 volumes............... 16 fr.
M. A. VACCARO : Les bases sociologiques du Droit et de l'E-
   tat.... .... 8 fr.
LOUIS GUMPLOWICZ : Sociologie et Politique.... .... 6 fr.
SCIPIO SIGHELE : Psychologie des Sectes.................... 5 fr.
G. TARDE : Etudes de Psychologie Sociale.................. 7 fr.
MAXIME KOVALEWSKY : Le Régime économique de la Rus-
   sie .... 7 fr.
C. N. STARCKE : La Famille dans les diverses sociétés........ 5 fr.
RAOUL DE LA GRASSERIE : Des Religions comparées au point
   de vue sociologique.................................. 7 fr.
JAMES MARK BALDWIN : Interprétation sociale et morale des
   principes du développement mental...................... 10 fr.
G. L. DUPRAT : Science Sociale et Démocratie............... 6 fr.
H. LAPLAIGNE : La Morale d'un Egoïste ; essai de morale
   sociale .... 5 fr.
JACQUES LOURBET : Le Problème des Sexes.................. 5 fr.
E. BOMBARD : La Marche de l'Humanité et les Grands Hom-
   mes d'après la doctrine positive. .... 6 fr.
RAOUL DE LA GRASSERIE : Les Principes sociologiques de la
   Criminologie....................................... 8 fr.
ABEL POUZOL : La Recherche de la Paternité............... 10 fr.
ARTHUR BAUER : Les Classes Sociales...................... 7 fr.
CH. LETOURNEAU : La Condition de la Femme dans les diver-
   ses races et civilisations.............................. 9 fr.
RENÉ WORMS : Philosophie des sciences sociales : I, Objet ; II,
   Méthode ; III. Conclusions des sciences sociales. 3 vol....... 12 fr.
EUGENIO RIGNANO. Un socialisme en harmonie avec la doc-
   trine économique libérale.............................. 7 fr.
ALFREDO NICEFORO : Les Classes Pauvres.................. 8 fr.
LESTER F. WARD : Sociologie pure, 2 volumes............... 16 fr.
RAOUL DE LA GRASSERIE : Les principes sociologiques du
   Droit civil.... .... 10 fr.
EDWARD CAIRD : Philosophie sociale et religion d'Auguste
   Comte... 4 fr.
A. BAUER : Essai sur les Révolutions...................... 6 fr.

1. Les volumes ci-dessus peuvent aussi être achetés avec une
reliure spéciale

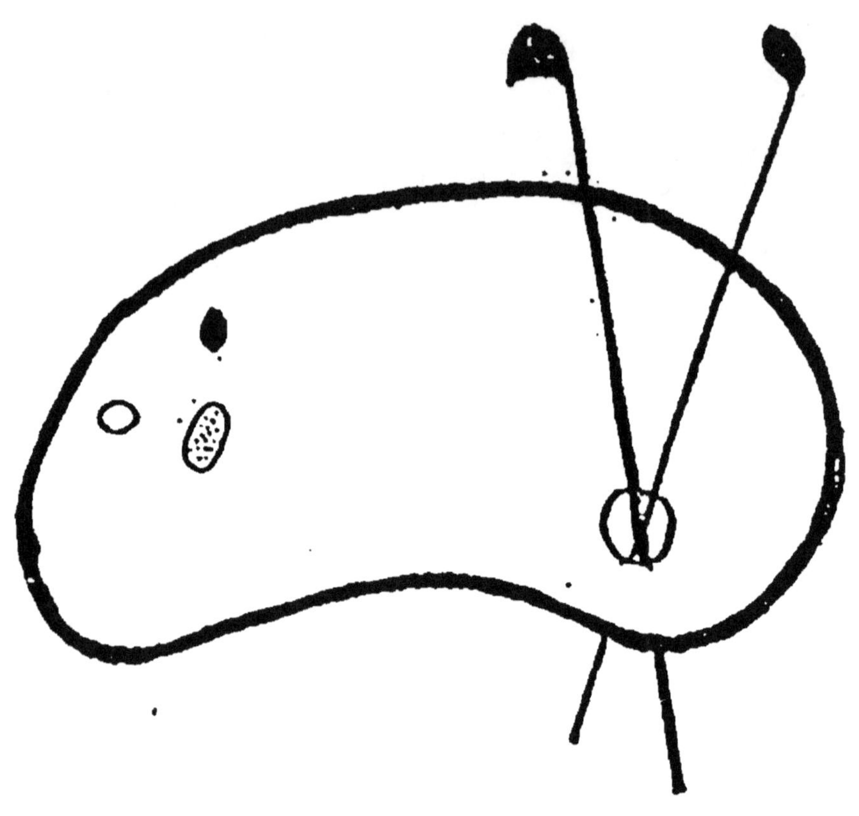

FIN D'UNE SERIE DE DOCUMENTS
EN COULEUR

ESSAI

SUR LES

RÉVOLUTIONS

BIBLIOTHÈQUE SOCIOLOGIQUE INTERNATIONALE

PUBLIÉE SOUS LA DIRECTION DE M. RENÉ WORMS

Secrétaire général de l'Institut International de Sociologie

XXXVI

ESSAI

SUR LES

RÉVOLUTIONS

PAR

Arthur BAUER

Professeur de Philosophie
Membre de la Société de Sociologie de Paris

ESSAI

SUR

LES RÉVOLUTIONS

INTRODUCTION

Si l'on songe à l'étendue immense et presque infinie qu'enveloppe le mot « révolutions », il paraît bien téméraire de prétendre à en trouver les causes, d'en suivre la marche et d'en signaler les effets. Dans sa préface à *l'Histoire politique de l'Europe contemporaine*, M. Seignobos constate l'impossibilité d'appliquer les règles rigoureuses de la critique historique à l'étude des transformations sociales qui se sont opérées, seulement dans les nations de l'Europe et pendant une période de temps très restreinte. « La méthode historique rigoureuse exige, dit-il, l'étude directe des sources ; or, la vie d'un homme ne suffirait pas, — je ne dis pas à étudier et à critiquer — mais à *lire* les documents officiels d'un seul pays de l'Europe. » Que dire d'une étude qui n'a le droit d'éliminer aucune époque et aucun pays ? « L'abondance écrasante des documents » nécessaires à une période de quatre-vingts années, est déjà décourageante. L'obstacle ne sera-t-il pas absolument insurmontable, s'il s'agit de connaître non seulement toutes les sociétés actuelles, mais encore les transformations qu'elles ont subies depuis les origines les plus lointaines ? Il serait même nécessaire de remonter au delà des périodes proprement historiques et, à l'exemple de beaucoup de sociologues, il faudrait s'attacher à rechercher dans les rudiments de sociétés primitives — telles qu'elles pouvaient exister aux âges du fer, du bronze ou de la pierre — les premières manifestations de la force révolutionnaire. Car qui sait ? Ce serait peut-être le moyen de saisir dans cette vie embryonnaire de l'humanité, l'image réduite et peut-être aussi le secret de ses futures transformations ? Ce n'est pas encore tout. Suivant le mot de Spinosa, « l'homme n'est pas un empire dans un autre empire ». Mais il continue simplement la série des êtres vivants, et les sociétés humaines ne sont qu'une espèce dans un genre qui comprend en outre les colonies animales. Voilà tout un monde nouveau ouvert devant l'ouvrier consciencieux qui voudrait ne rien laisser en dehors des recherches utiles.

L'entreprise serait, à n'en pas douter, essentiellement chimérique, s'il s'agissait d'un travail de pure érudition et qu'il fût nécessaire de n'avancer aucun fait sans le soumettre au contrôle le plus sévère de la méthode historique. Mais de pareilles exigences, si elles étaient imposées au sociologue, rendraient impraticable sa fonction synthétique. Elles seraient, du reste, en complète opposition avec le principe de la division du travail scientifique, principe universellement admis et pratiqué. On laissera aux érudits le soin d'élucider les points obscurs, de fixer une date incertaine, de discuter la valeur des témoignages, de déchiffrer les anciennes inscriptions, de dévoiler les mystères de toutes les écritures hiéroglyphiques, de contrôler l'authenticité des monuments de l'antiquité et de n'être point dupes des fabricants de fausses tiares. Le sociologue se tiendra prudemment en dehors de ces controverses, et, n'empruntant aux historiens autorisés que les faits certains, il se livrera à son travail spécial avec la confiance qu'on est en droit d'accorder aux études si consciencieuses de nos érudits modernes. Il n'a pas la sotte prétention de corriger les assertions de nos historiens, et loin de vouloir faire la leçon aux Lavisse, Seignobos, Reclus et tant d'autres chercheurs de vérité historique, il reçoit d'eux, avec reconnaissance, les documents qu'ils ont pris la peine d'accumuler.

Mais ces documents, quelles que soient leur valeur et leur solidité, ne sont encore que des matériaux, et l'essentiel est de savoir les utiliser en vue de notre construction future. « Ce ne sont que des matériaux », voilà une assertion contre laquelle beaucoup ne manqueront pas de protester, alors même qu'on ajouterait « des matériaux très précieux ».

Et, en effet, à toutes les époques il s'est trouvé des historiens qui ne se sont point contentés de raconter les événements, mais qui ont eu l'ambition de les comprendre, en découvrant les liens de causalité qui les unissent. Ambition qui paraît bien légitime, lorsqu'on la rencontre chez des auteurs, comme Thucydide, Polybe, Tacite dans l'antiquité, comme Bossuet, Montesquieu, Guizot, Macaulay et tant d'autres chez les modernes.

Mais, depuis Descartes, le prestige de l'autorité s'est évanoui, et l'importance d'une méthode doit s'apprécier en elle-même, par l'importance scientifique des résultats qu'elle permet d'obtenir. Que vaut donc, au point de vue scientifique, la méthode qui consiste à découvrir les causes des événements par l'étude attentive d'une seule société ?

Tout d'abord, cette marche ne paraît point répondre à une condition essentielle de la science. La science a pour but d'établir des rapports constants et généraux. Or, un rapport général ne se devine pas, mais il s'établit par l'observation comparative. A son tour, la comparaison suppose plusieurs cas, variés dans certaines de leurs circonstances, quoique identiques dans le fond. Ici, elle semble impraticable, puisque l'étude porte sur une série unique de faits. Donc, les conclusions générales auxquelles l'historien aboutit manquent de solidité.

Les sociologues qui renferment, dans le cercle de leurs recherches, les états sociaux les plus divers triomphent sur ce point. Ils auraient tort, cependant, de le faire sans mesure, et de provoquer ainsi la réponse ou même les attaques des historiens qui pourraient invoquer, en faveur de leur méthode, la logique et, surtout, les résultats obtenus. En vertu du principe d'universelle intelligibilité, il est certain que les événements sociaux ne se développent pas au hasard, mais que chacun a des causes exactement déterminées. Or, si dans une révolution particulière, les événements s'enchaînent ainsi, et que chaque état social ait sa raison d'être dans l'état social immédiatement antérieur, ne sera-t-il pas possible, avec un examen attentif, judicieux, profond, perspicace, de découvrir les causes véritables ?

La valeur de l'arbre, pourraient-ils ajouter, se mesure à la qualité de ses fruits. Qu'on mette donc en parallèle les vues si fines, si sagaces, si étendues et, en somme, si justes des historiens anciens et modernes avec les tâtonnements pénibles des sociologues. Ceux-ci ont de belles ambitions, mais ils sont encore à se débattre contre les premières difficultés. Ils se rejettent souvent dans les temps préhistoriques ou à l'aurore des civilisations pour être plus sûrs de ne recevoir aucun démenti de l'expérience. Ils parlent avec beaucoup d'assurance des hordes, des clans, du matriarcat... et, si on les met aux prises avec les faits modernes, ils se récusent et ne seront prêts à donner une réponse que dans un avenir très lointain.

Historiens et sociologues sont tous deux détenteurs d'une

part de vrai. Comme il arrive souvent, la vérité complète est la synthèse de deux vérités partielles : elle réside dans la conciliation des procédés employés de part et d'autre.

Voici comment :

Par un pressentiment de la vraie marche à suivre pour la découverte des causes, les historiens, soucieux de présenter autre chose que la simple narration des faits, ont su employer la plus féconde et la plus sûre des méthodes expérimentales, celle que Stuart Mill a appelée la méthode de différence. Cette méthode qui est un instrument si puissant de découverte dans toutes les sciences où elle est applicable, consiste à comparer deux cas absolument semblables dans toutes leurs circonstances, sauf une. Les changements qui résultent de cette circonstance unique doivent, de toute évidence, être rapportés à la présence, ou à l'absence de la circonstance ajoutée ou supprimée. Ce procédé s'emploie avec succès en physique, en chimie et en biologie. Ainsi, on enferme de l'oxygène et de l'hydrogène dans un eudiomètre, et ces deux gaz restent à l'état de mélange, tant que l'étincelle électrique ne vient pas opérer la combinaison. Des bœufs sont vigoureux et sains ; on leur inocule sous l'épiderme quelques gouttes de virus charbonneux, bientôt ces animaux présentent tous les symptômes du charbon et, au bout de quelques jours, ils succombent. Les expériences de cette sorte sont absolument concluantes. D'ailleurs, il n'est pas nécessaire, pour qu'elles aient toute leur force probante, qu'elles soient réalisées par l'homme dans un but scientifique, si le jeu des forces naturelles produit des cas analogues. Ainsi, que des bœufs mangent des herbages contaminés, et les bâtonnets du charbon se développeront comme dans l'exemple précédent, et donneront naissance à la même série de phénomènes morbides.

Or, l'historien qui étudie une société à deux phases successives de son développement, se trouve précisément dans des conditions analogues à celles qui favorisent le savant dans son étude de la nature. Voici une société qui suit son évolution normale, puis des troubles apparaissent, les prodromes d'une crise sociale se manifestent, et enfin la révolution éclate. Si le principe de causalité est vrai, chacun des changements survenus a sa cause dans quelque événement ou dans quelque disposition de l'état antérieur. Qu'on étudie cet état antérieur avec soin, qu'on l'analyse dans ses divers éléments, et l'on aura chance de découvrir les véritables causes.

C'est pourtant ici que gît la faiblesse de la méthode *purement* historique.

Certes, avec beaucoup de perspicacité, l'historien — grâce, du reste, à une comparaison semi-consciente — parviendra à signaler des causes réelles. Mais, tant qu'il se renfermera dans l'examen d'un seul cas, tant qu'il n'établira pas une comparaison expresse et méthodique, il ne pourra pas, tout en obtenant sans doute de hautes probabilités, arriver à la certitude complète. Car le savant moderne n'est assuré de la réalité d'une cause qu'à la condition de la voir, dans d'autres cas, produire toujours les mêmes effets. Voici donc, en bref, l'imperfection de la méthode purement historique : l'étude d'une seule société ne donne et ne peut donner, pour la connaissance des causes, que des résultats hypothétiques.

D'où nécessité de comparaisons pour transformer les conjectures en certitudes, u, du moins, pour augmenter les probabilités. Ce qui est le point de vue sociologique.

Mais de ce côté se présentent d'autres obstacles. Les comparaisons paraissent impraticables, parce que, en dehors de l'état social spécialement étudié, il est impossible d'en trouver un autre suffisamment semblable, tant est grande la variété des sociétés considérées dans leur structure, leurs fonctions, et leurs phénomènes caractéristiques. Ainsi, pour bien préciser la difficulté en l'appliquant au problème actuel, supposons que l'historien — Michelet, Taine, M. Aulard, M. Jaurès ou tout autre — se soit attaché à l'étude de la Révolution française. Les causes qu'il signale ne sont encore que conjecturales ; pour leur conférer la certitude, il faudrait les soumettre au contrôle de l'observation comparative. Pour cela, il serait nécessaire de trouver une autre société traversant des phases identiques et aboutissant, par l'action des causes déjà soupçonnées, à la même perturbation sociale.

Mais l'histoire, même interrogée avec soin, ne fournirait pas un second exemple présentant les analogies nécessaires. Chacune des grandes révolutions a ses caractères propres et ne pourrait, sans qu'on y fît violence aux faits, être assimilée à notre Révolution.

La difficulté subsiste donc toujours.

Comment sortir de cette impasse ?

Puisque les sociétés sont des *touts* trop complexes et trop variés pour se prêter à une comparaison d'ensemble, il faut imiter la marche suivie dans les autres sciences et recourir à l'analyse. C'est ainsi que procède le physiologiste. Il ne songe à nier ni la solidarité entre les différents organes, ni les caractères distinctifs des espèces, ni même les idiosyncrasies qui séparent les individus de leurs congénères. Mais cette diversité ne l'empêche pas d'établir des comparaisons précises, parce que, au lieu de faire porter son étude sur l'être tout entier, il concentre son attention sur des parties qui présentent entre elles d'autant plus d'analogies que l'analyse a été poussée plus loin. Ainsi le muscle, chez tous les mammifères réagira d'une façon semblable sous l'influence des mêmes stimulants.

Pourquoi le sociologue s'interdirait-il une méthode qui a produit autre part de si importants résultats ? une méthode qui a, de plus, l'avantage de se rapprocher beaucoup des procédés suivis par les historiens modernes les plus autorisés. Et, en effet, au lieu de se plier à l'ordre chronologique, les historiens les plus compétents décomposent l'objet de leur étude et examinent tour à tour la politique, l'administration, la justice, l'armée, la religion, les idées morales et philosophiques, l'état des sciences, les faits économiques, etc. Seulement, tandis que l'historien reste à mi-chemin en se bornant à l'analyse d'une seule société, le sociologue non seulement distinguera les principaux éléments de l'effet total (ici la révolution), mais, dans l'étude successive de chaque partie de la question ainsi fragmentée, il établira des comparaisons aussi variées qu'il sera nécessaire.

Ces comparaisons sont possibles. Car, à moins de supposer qu'aucune société n'a rien de semblable avec les autres, il faut bien admettre qu'elles concordent sur quelques points de leur organisation et de leur développement historique. Et, si ces comparaisons sont possibles, nous trouvons, en elles et par elles, ce moyen de contrôle exigé par la science pour affirmer l'existence d'un lien causal entre certains antécédents et des effets déterminés. La probabilité s'accroît et peut, sinon toucher à la certitude, du moins s'en rapprocher.

PREMIÈRE PARTIE

LA FERMENTATION

CHAPITRE PREMIER

SÉRIE RÉGRESSIVE DES CAUSES

« Les révolutions sont les changements tentés ou réalisés par la force dans la constitution des sociétés. » (1). Tel est le fait social dont il s'agit de découvrir les causes. Pour cela, il faut user de la méthode régressive : partir de l'effet et remonter jusqu'aux causes initiales, en prenant soin de parcourir toute la série des causes intermédiaires.

Voici, en une sorte de sommaire, la marche à suivre :

Le premier point à fixer, c'est de déterminer avec exactitude la nature du fait social qu'on étudie. Ici, le fait social se présente sous deux formes : simple tentative ou révolution accomplie. La tentative peut avorter, et, après une période d'agitation et de trouble, la société reprend son assiette primitive. Dans le second cas, la force révolutionnaire triomphe, et la société reste modifiée dans sa structure et dans son fonctionnement. Mais, dans les deux cas, il y a un élément commun qui peut leur servir de caractéristique et qui, par suite, doit, en premier lieu, solliciter notre examen ; c'est l'emploi de la force, force dirigée contre la constitution de la société et qui se manifeste par des actes

1. Définition donnée par le Jury du *Concours Ténicheff*.

portant atteinte à l'ordre établi. Ces actes de violence dépendent des agents qui les ont accomplis : individus isolés, conspirateurs, rassemblements populaires, foule urbaine, armée régulière, corps de troupe organisés et marchant sous la conduite de chefs reconnus. —

Après l'étude des actes viendra celle des individus ou des groupes qui les ont exécutés. Ils ont eu recours à la force. Pourquoi ? Ce n'est pas sans raison qu'ils ont ainsi bravé l'autorité publique. Pour risquer sa fortune, sa liberté, sa vie, il faut de graves motifs. Quels sont-ils ? Ils consistent en idées, en passions et en sentiments : idées que le mal est devenu intolérable et n'a d'autre remède que la violence ; passions de haine et de colère qui s'efforcent de détruire les causes supposées du mal ; sentiments de confiance dans une rénovation future. —

Mais, à leur tour, d'où viennent ces idées et ces sentiments ? Ils sont fondés sur la conviction que les agents, en employant la force, sont les interprètes de la majorité et l'avant-garde de tout un parti bientôt victorieux. Ces promoteurs de la révolution n'agissent pas au hasard, sous l'impulsion d'une fantaisie capricieuse, mais ils ont été déterminés à l'action par les influences multipliées du parti révolutionnaire, qui n'en était encore qu'à la phase occulte de son existence. —

La régression des causes nous amène ainsi à l'étude de ce parti révolutionnaire qui ne s'est pas encore déclaré ouvertement, mais qui, par ses menées plus ou moins sourdes et indirectes, mine l'autorité de l'État. Ce parti, qui n'est encore qu'en puissance, manifeste son activité, surtout dans le domaine de la pensée. Aux traditions conservatrices il oppose ses conceptions nouvelles en littérature, en morale, dans le droit et la justice.

Mais il faut creuser encore davantage. Ces idées, exprimées par les poètes, les moralistes, les jurisconsultes et les

philosophes, ne sont-elles que des jeux d'esprit, des jongle-
ries de mots faites pour amuser un instant la curiosité des
dilettantes ? Quelques-unes sont de cette nature frivole et
passent sans laisser de traces, comme ces caractères imprimés
sur le sable et qu'efface un faible souffle. Mais d'autres œuvres exercent sur les esprits une influence durable, parce
qu'elles expriment dans un langage lumineux les idées qui
s'agitent obscurément dans les intelligences moins cultivées.
Elles impressionnent fortement le public, parce que les conceptions nouvelles sont en harmonie avec les sentiments
des membres de la société intéressés au changement. —

Les idées du parti ont conduit à ses sentiments. Mais les
sentiments ont aussi leurs causes, des causes plus profondes
qu'il faut aller chercher jusqu'aux sources de la vie sociale.
Or, mécontentement et espoir, tels sont les deux sentiments
fondamentaux qu'on trouve chez les adhérents d'une rénovation. Le mécontentement est dû à quelque trouble apporté
dans la fonction sociale qu'on exerce : les intérêts
matériels sont compromis, l'indépendance est menacée,
l'honneur blessé, les habitudes de travail et de vie modifiées.
L'espoir naît d'un accroissement de richesses, de force
physique ou de puissance morale qui ouvre carrière à l'ambition. Les sentiments sont ainsi des produits qui résultent
du genre de vie tel que le font, à une époque et dans un
pays déterminés, la profession et les conditions sociales au
milieu desquelles elle s'exerce. Les dispositions des classes
professionnelles, telles sont les causes nouvelles où aboutit
l'analyse sociologique. —

La profession imprime, au physique et au moral, son
empreinte spéciale chez tous ceux qui la pratiquent. Mais,
pour que toutes les unités du groupe réagissent de la même
manière, il faut de plus qu'elles subissent la pression d'événements et de conditions sociales semblables. Dans le cas
contraire, il y a diversité de conduite. C'est ce que nous

montre l'expérience historique. Aux approches d'une révolution, la majorité d'un groupe peut incliner vers les nouveautés, tandis que la minorité reste conservatrice. —

D'où viennent ces exceptions ? Pour les expliquer, il faut, dans chaque classe professionnelle, distinguer des sous-groupes qui, en dehors des caractères propres à la profession, possèdent des caractères distinctifs, résultant de conditions sociales différentes. En un mot, le genre comprend des espèces, et les espèces, des variétés. Les espèces sont distinguées surtout par le rang qu'elles occupent dans une hiérarchie ; les variétés sont caractérisées par diverses circonstances, dont les principales sont l'âge, l'état civil, la langue, la race et le lieu de séjour.

Mais il ne suffit pas d'étudier les dispositions et les tendances des classes professionnelles qui contribuent le plus à la formation du parti révolutionnaire. Il faut encore tenir compte du moment historique, c'est-à-dire, de l'influence qu'ont exercée sur ces classes les événements naturels et surtout sociaux. Notre marche régressive nous amène ainsi à rechercher la cause des faits sociaux qui ont troublé l'activité des classes, et les ont portées au mécontentement et à la révolte.

Ces faits sont dus à l'activité de l'Etat, force conservatrice qui s'efforce de conserver intacte une structure sociale tout à son avantage. Pour cela, l'Etat, avec les immenses ressources dont il dispose, combat les idées de ses adversaires par les disgrâces, les amendes, la prison, le pilori, parfois le bûcher, pendant qu'il réserve ses faveurs, ses places, ses récompenses aux défenseurs des doctrines officielles.

D'ailleurs, ces doctrines, pas plus que les idées du parti adverse, ne sont indépendantes du milieu social où elles se sont produites. Elles sont en rapport direct avec l'état d'esprit des classes dominantes, celles qui servent au recrutement du haut personnel dans les diverses fonctions publiques : en littérature, en art, en philosophie, en droit et en religion, elles sont l'expression des sentiments intimes propres à ces classes.

Enfin, ces sentiments paraîtront à leur tour, liés à la nature de la fonction sociale, pourvu qu'on tienne compte des causes de diversité signalées plus haut.

Ainsi, les actes révolutionnaires se rattachent, par une chaîne continue, à un dernier anneau : les classes professionnelles ; classes distinguées essentiellement par la nature des occupations, mais divisées en sous-groupes et modifiées sous l'empire des événements naturels et des faits sociaux, particulièrement ceux qui sont dus à l'activité de l'Etat.

Telle est, en un résumé anticipé, la marche régressive qu'on se propose de suivre et qui paraît la mieux appropriée à la découverte des causes. Ce n'est pas trop de ce fil directeur pour nous guider dans le labyrinthe, immense et encore peu exploré, où nous enferme le problème actuel.

CHAPITRE II

NATURE DES ACTES RÉVOLUTIONNAIRES

———

Un acte révolutionnaire consiste essentiellement dans une résistance ou une attaque ouverte contre les représentants du pouvoir public. Il ne s'agit pas de la ruse qui parvient à éluder les prescriptions de la loi, mais d'une désobéissance formelle, d'un refus direct de se soumettre aux injonctions de l'autorité. Les premiers chrétiens s'obstinent à ne pas offrir le vin et l'encens à l'image impériale ; Luther brûle solennellement à Wittenberg la bulle pontificale ; Hampden refuse de payer les vingt shillings qui lui avaient été imposés par la taxe des vaisseaux. Dans tous les exemples de cette nature, l'autorité de l'Etat est méconnue, et, si ces désobéissances étaient tolérées, elles tendraient à engendrer l'anarchie et à dissoudre l'organisation sociale. C'est bien pis encore, lorsque les agents du pouvoir sont en butte à la violence.

Un des traits les plus caractéristiques de l'Etat, c'est le pouvoir de disposer d'une force supérieure, de plier toutes les volontés à sa règle, de triompher de toutes les résistances en multipliant toutes les formes de la douleur. En présence de pareils dangers, il ne manque pas de déployer ses plus grandes rigueurs, ses châtiments les plus redoutables. Pour que la langue ne prononce plus de paroles injurieuses et n'émette plus d'opinions condamnées, le bourreau la perce d'un fer rouge ou l'arrache avec des tenailles ; les mains des vaincus, des révoltés, des coupables sont enchaînées, et leurs pieds sont chargés d'entraves ou tirent un boulet ; les rebelles sont enfermés dans des cachots ou, pour l'édification de leurs imitateurs, promenés à travers le pays dans des cages de fer. Tous les éléments, tous les agents de douleur sont mis à contribution pour varier les supplices. Les crânes nus sont exposés de longues heures au soleil tropical ; les ventres, gonflés de pintes d'eau ; les corps, déchirés par les fauves dans les amphithéâtres ; les membres, broyés sous la mâchoire des lions ou mordus par la dent venimeuse des vipères ; les nez sont mutilés, les oreilles coupées, la plante des pieds meurtrie de coups de bâton, le dos labouré de lanières ensanglantées, les cous étranglés par le chanvre, emprisonnés dans la cangue, serrés dans le garrot, attachés au pilori, tranchés par le glaive ou la guillotine.)

Les supplices et la mort, la mort sous ses innombrables formes, ne sont pas les seuls instruments du pouvoir. Pour imprimer dans les esprits l'idée de sa toute-puissance, l'Etat n'a pas toujours besoin de recourir à ces brutales manifestations de la force ; il lui suffit souvent de frapper à la bourse. Par une habile répartition des impôts, il accable de charges toutes les catégories de personnes qu'il juge inférieures ou ennemies ; ses tribunaux infligent d'énormes amendes ou prononcent la confiscation de tous les biens ; dans certains cas, il procède à une vaste expropriation et dépouille en masse les vaincus. Excellent moyen pour vouer ses ennemis à la misère, à la faim, à l'impuissance et à la servilité, pendant que le Trésor s'enrichit et que s'accroissent la richesse, la puissance, l'autorité et le prestige des classes amies.

Si ces vexations ne suffisent pas, les gouvernements despotiques recourent à des procédés plus terribles encore. Des massacres en masse ont été souvent pratiqués, et l'histoire abonde en exemples de populations entièrement exterminées. A ce moyen infaillible de ramener l'ordre, les maîtres de l'Etat en ont substitué un autre, en apparence plus doux, mais tout aussi barbare dans le fond. Pour dompter l'esprit de résistance, ils bannissent les rebelles du territoire, les déportent dans les contrées éloignées, ou ils dispersent les familles, les transplantent dans des provinces différentes, et enlèvent aux parents leurs enfants, afin de les instruire dans d'autres principes (1).

Avec de pareils moyens de contrainte, l'Etat parvient le plus souvent à dompter les énergies les plus farouches. Par prudence, les hommes dissimulent leurs sentiments de haine ; ils acceptent leur joug avec résignation, et même, après un petit nombre de générations, familiarisés avec leur condition sociale, ils sont tout prêts à reconnaître la légitimité de leur misère.

Mais cette soumission n'est ni constante, ni universelle. Tous les hommes ne se plient pas avec la même facilité à la servitude, tous ne sont pas également terrifiés par la crainte. A la force de l'Etat, ils opposent la force de la révolte ; à la variété des peines et des supplices, le nombre et la barbarie des vengeances.

C'est souvent à la tête que frappe la révolte. « L'Etat,

---

1. Parmi les nombreuses persécutions de cette sorte, on peut citer, à titre d'exemple, celle qui fut dirigée contre les Juifs d'Espagne, en 694, par le concile de Tolède. Ce concile « décrète des mesures atroces : confiscation des biens ; réduction en esclavage au profit du fisc. Le roi les dispersera dans tout le royaume et les donnera à des chrétiens, de manière à ce qu'ils ne puissent continuer la vie de famille, se marier entre eux et faire souche. Leurs enfants seront enlevés dans la septième année et instruits dans la religion chrétienne » (*Histoire générale*. Lavisse et Rambaud, I, 258).

c'est moi ! » disent orgueilleusement les rois absolus. Et cela semble vrai dans ces monarchies où le roi est la personnification d'un système politique, où les ordonnances émanent « de son bon plaisir », où les décisions de la justice finissent par se conformer à sa volonté, quand elles ne sont pas devancées par des exécutions arbitraires. Aussi, pour renverser une forme de gouvernement jugée despotique, le moyen qui paraît le plus efficace et qui, du moins, est le plus souvent employé, c'est de renverser le despote. Tout est calme, les fronts s'inclinent respectueusement sur son passage, les courtisans s'empressent... Mais l'un de ses familiers vient de verser dans sa coupe une poudre empoisonnée. S'il se garantit du poison, il reste exposé à toutes les espèces de mort violente. L'un est noyé dans un lac, et sa mort est mise sur le compte du hasard ; cet autre est massacré dans sa chambre, au milieu de la nuit, par ses propres gardes ; beaucoup tombent sous le poignard d'un assassin ; quelques-uns sont tués par des femmes ; des bombes, des machines infernales éclatent sur son passage, ou le train impérial qui l'emporte risque, à chaque tour de roue, de tomber au fond d'un précipice. Dans les exemples de ce genre, l'attentat peut être accompli par un seul, ou, du moins, par un petit nombre de conjurés. L'acte est, ou individuel, ou le résultat d'un complot entre un petit nombre de personnes.

Dans d'autres cas, l'action est collective, et, sans être toujours expressément dirigée contre le chef de l'Etat, elle s'attaque aux représentants ou agents du pouvoir.

Par sa soudaineté, l'émeute populaire ressemble souvent à la réaction aveugle du mouvement réflexe. Elle est très fréquente dans les grands centres urbains, où le mécontentement se traduit aussitôt par des cris, des injures, des violences. Ce qui caractérise l'émeute populaire, c'est non seulement sa brusque explosion et l'absence de toute attaque préméditée, mais encore la maladresse, l'incoordination et les inconséquences de ses mouvements. Avec l'impétuosité aveugle de l'instinct, elle se rue contre des obstacles insurmontables, sans unité d'action et, sans but précis. Elle est furieuse et, dans sa rage destructive, elle semble portée à tous les excès ; mais parfois un mot la calme et l'effervescence tombe aussi vite qu'elle s'était produite. Et cependant, malgré l'imperfection des moyens employés, ces émeutes n'en produisent pas moins parfois de grands effets sociaux, parce qu'elles sont capables d'inspirer aux gouvernants et à leurs partisans de grandes inquiétudes au sujet de leurs biens, de leur liberté et de leur vie. Elles ont été souvent les premières ébauches d'une force qui va s'organiser et devenir prépondérante. Parfois, elles triomphent du premier coup, comme l'insurrection du 14 juillet 1789, insurrection qui, par la prise de la Bastille, porta à l'Etat un coup dont il ne devait pas se relever.

L'action collective n'est pas toujours la manifestation irréfléchie de la colère, un ensemble de mouvements mal coordonnés, une réunion fortuite d'énergies qui agissent sans direction. Elle peut être concertée, tournée vers un but défini, réglée dans ses mouvements, en possession de ressources et de moyens bien appropriés au résultat visé. Alors des hommes s'arment, ils s'organisent sous la conduite de leurs chefs, entrent en lutte ouverte contre la force légale et s'efforcent de renverser les institutions politiques. Dans la *Guerre Sociale*, les Italiens forment une ligue et, révoltés de la domination égoïste de Rome, organisent de véritables armées, qui inspirent des craintes aux Romains. — Sous la féodalité, les vassaux se sont souvent révoltés contre leurs suzerains, et les anciennes monarchies européennes ont été, plus d'une fois, troublées par le soulèvement de la noblesse. — Fréquemment aussi, dans les temps anciens, comme aux époques modernes, l'armée, qui sem-

ble faite pour la protection des pouvoirs publics, a tourné
sa force contre eux : César passe le Rubicon à la tête de
ses légions ; Monk, appuyé sur son armée victorieuse, res-
taure la royauté ; et les pronunciamentos espagnols ont
causé plus d'une révolution.

Ainsi, d'après les exemples énumérés, l'acte révolutionnaire, dépouillé des circonstances accessoires et réduit à ses
traits essentiels, réside dans l'emploi de la violence dirigée
contre les pouvoirs établis. D'ailleurs, différentes espèces
peuvent être distinguées, suivant que l'acte est individuel, ou
qu'il est dû à un complot, ou encore qu'il émane d'un grand
nombre de personnes. Pour comprendre chacune de ces catégories, il faut examiner les causes immédiates de ces troubles, autrement dit, les agents qui ont exécuté l'attentat,
pris part au complot, à l'émeute, à la rébellion ou à la guerre
civile. Il est, en effet, de toute évidence que les actes sont
dans un rapport étroit, sinon nécessaire, avec les êtres qui
les ont accomplis.

CHAPITRE III

Les individus ne font, sans doute, pas exception à cette règle. Quand ils sont d'une extrême gravité, leurs actes, précisément en raison de leur importance, sollicitent toutes les énergies physiques et mentales ; ils émanent du fond même de l'être et peuvent être considérés comme l'expression exacte des dispositions naturelles et acquises, mises en activité sous l'influence de circonstances déterminées.

Mais, alors même que la question ne serait point compliquée par l'intervention de la liberté, — considérée comme une puissance capable d'agir d'une façon différente dans deux cas identiques, — le problème des causes n'en resterait pas moins, quand il s'agit d'individus, partiellement insoluble. En effet, tout acte, un acte humain comme les autres, est la résultante de deux sortes d'éléments, les uns internes, les autres extérieurs et capables, par leur influence, de modifier l'activité de cet agent. Dans les sciences physico-chimiques, les êtres d'une même catégorie réagissent tous de la même façon, lorsqu'ils sont soumis à un même ensemble de circonstances. En biologie déjà, les êtres vivants ont une structure trop complexe, des différences individuelles trop marquées pour produire exactement les mêmes réactions dans des circonstances semblables « Un même degré de froid, dit très justement M. Auguste Brachet (1), donnera à l'un une angine, à l'autre un rhumatisme, à un autre une pleurésie ou une pneumonie, à dix autres, rien. » Les différences individuelles prennent encore une bien plus grande importance, quand il s'agit de l'homme, non pas seulement considéré dans ses fonctions physiologiques, mais envisagé avec toute la complexité de sa nature, physique et morale. Comment scruter assez profondément les corps et les âmes, pour découvrir les motifs et les mobiles qui ont armé le bras de Judith, de Charlotte Corday, de Ravaillac ; qui ont poussé Sylla aux proscriptions et qui ont décidé Bonaparte à tenter le coup d'Etat de Brumaire ? Ainsi, il semble que, dans l'activité des personnages extraordinaires, il y a une part importante à attribuer à leur personnalité. Et comme cette personnalité tient à une multiplicité de causes mal déterminées, il faut reconnaître dans le développement des faits historiques une certaine contingence ; contingence non absolue sans doute, mais relative à l'état de nos connaissances.

Ce serait à la psychologie à dissiper notre ignorance sur ce point. Ce serait à elle, non à la sociologie, de montrer, en vertu de quelles causes précises, les fortes individualités émergent des groupes auxquels elles appartiennent, et se distinguent des autres membres par une sensibilité plus vive, une impressionnabilité plus durable et une énergie plus violente. Mais cette explication, il n'est pas téméraire de l'affirmer, la psychologie est, jusqu'à présent, incapable de la fournir. Et il faut loyalement reconnaître qu'il y a non seulement dans les personnalités marquantes, mais même dans tous les individus, un *quid proprium* réfractaire aux moyens de connaître dont dispose la science actuelle.

1. *Pathologie mentale des Rois de France.* CLXIX.

Mais, si l'on doit avouer son incompétence de ce côté, il n'en reste pas moins, en dehors de ce fond insondable de la nature individuelle, toute une partie sociale, qui se trouve, par suite, soumise aux explications sociologiques. Les Ravachol, les Cadoudal, les Ravaillac, les Jacques Clément et leurs semblables sont loin d'avoir été indépendants du milieu social dans lequel ils se sont développés. Le fou, qui vit dans un monde imaginaire et qui semble le moins participer à la réalité, subit encore cependant l'action des ambiances sociales : sa folie souvent prend la teinte et la forme des idées dominantes de l'époque. C'est bien autre chose pour les personnalités influentes. Loin d'être isolé, le personnage historique tient plus étroitement que les autres à son milieu. Il réfléchit les idées ambiantes, ou plutôt, semblable aux lentilles convergentes, il les réfracte et les concentre en un foyer lumineux. Il n'est pas resté étranger aux sentiments qui animaient ses éducateurs, et surtout il participe aux désirs, aux tendances, aux passions qui règnent autour de lui. Il n'est pas une unité séparée, une pure exception, une anomalie mystérieuse et inexplicable ; il est plutôt l'expression amplifiée de toute une catégorie d'hommes qui sentent et pensent comme lui. Pour rendre cette pensée sous une forme empruntée aux mathématiques, on pourrait dire que le grand homme (grand dans le crime comme dans le mérite) ne diffère des autres que par *l'exposant*. Il a la même nature qu'eux, mais à une plus haute puissance.

Donc, pour le connaître, il suffira d'étudier le groupe auquel il appartient et dont il n'est que l'expression. La Sociologie reprend alors ses droits si, comme nous espérons pouvoir le montrer dans la suite, les membres des groupes sociaux sont caractérisés par un ensemble de traits communs, capables de donner naissance à des notions générales, puis à des lois scientifiques.

Dans une conspiration, la part qui revient en propre à l'individu, et que nous avons avouée être inconnaissable, est plus faible que dans le cas précédent. Car l'union entre les conspirateurs ne peut point s'opérer par les traits particuliers qui distinguent chacun d'eux et qui, par leur diversité, seraient plutôt des causes de séparation. Elle résulte d'un accord entre les pensées et les sentiments. A son tour, cette communauté d'idées et d'aspirations ne leur est point exclusivement propre ; mais elle s'étend à tout un groupe de personnes qui désirent un changement politique et qui se réjouissent à la pensée de voir disparaître l'obstacle à ce changement. Comme dans le cas précédent, la différence entre les conspirateurs et le groupe consiste, non dans la nature des idées et des sentiments, mais dans leur degré de force et de violence. Ces conspirateurs sont les interprètes et les instruments du parti intéressé à la révolution, toutes les fois du moins que leur action a quelque efficacité. Si, au contraire, leurs intentions sont tellement personnelles qu'elles ne rencontrent aucune sympathie au dehors, la conspiration, alors même qu'elle réussirait dans son but immédiat, ne serait suivie d'aucun effet important : la violence employée passerait pour criminelle et provoquerait la réprobation, ou même l'horreur chez l'immense majorité des citoyens.

CHAPITRE IV

CAUSES DES ACTES COLLECTIFS

———

Dans les deux cas précédents, l'acte révolutionnaire est dû
à l'initiative d'un seul individu ou d'un petit nombre, bien
que derrière ces agents individuels se cache le plus ordinairement l'activité d'une foule anonyme. Dans une émeute et
une révolte, l'action est ouvertement collective. Par suite, le
phénomène n'est pas seulement social dans ses causes et ses
effets ; il l'est en lui même, et, appartenant au domaine propre de la sociologie, demande à être étudié à ce point de
vue.

Dans une émeute populaire, il semble que la foule, ramas-
sée au hasard, soit formée d'éléments hétérogènes, d'une
poussière d'individus sans cohérence et incapables de toute
unité d'action. Certes, elle n'est point comparable à ces troupes disciplinées qui ont l'habitude de suivre la direction d'un
chef. Mais elle ne ressemble pas non plus à ces corps amor-
phes, où les parties, mal reliées entre elles, agissent d'une
façon indépendante. La foule ameutée rejette, par une sélection demi-consciente, les éléments indifférents ou hostiles,
et se grossit, au contraire, des parties qui sont en harmonie
avec l'ensemble. Elle revêt alors une sorte de personnalité,
personnalité inférieure où les idées tiennent moins de place
que les passions, les désirs et les appétits. Et c'est sous cette

sorte de poussée instinctive qu'à travers le tumulte et le désordre apparent de sa conduite, la foule tend à un but vaguement entrevu et accomplit des actes en rapport avec ses idées et ses tendances obscures.

Beaucoup de séditions populaires ont eu pour raison la faim. Comment alors les choses se passent-elles, que l'émeute ait lieu à Rome, du temps des Césars, à Constantinople et à Alexandrie sous le Bas-Empire, ou encore à Paris et dans quelque autre capitale moderne? La partie la plus pauvre de la population est privée de ses moyens ordinaires de subsistance ; elle circule dans les rues et, pendant plusieurs jours, s'impatiente à attendre les arrivages de blé et les distributions à des prix réduits. Elle attend en vain. Alors grandissent le mécontentement, la colère et la haine. Ils s'accumulent dans chacun, non seulement sous l'influence directe de la faim et de la souffrance physique, mais sous la pression de sentiments identiques dont ils voient la manifestation chez les autres. La douleur provoque les plaintes et, à leur tour, les plaintes avivent la douleur. L'esprit, ne recevant de partout que des impressions semblables, finit par être envahi par une idée unique, l'idée de son mal ; par un désir unique, celui de le supprimer.

Que l'occasion se présente, et l'énergie de la colère et de la haine, lentement accumulée dans la foule misérable comme dans un gigantesque condensateur électrique, éclate en cris et se traduit en actes de vengeance. *Panem !* crie la plèbe de Rome ou la populace de Constantinople, et les prolétaires affamés de Paris poussent le même cri : Du pain !

Puis la foule se met en mouvement, et, sous la conduite de meneurs, elle accomplit les actes qui répondent à ses appétits et à ses passions. Elle se livre au pillage des boulangeries ou des magasins publics, et, quand elle le peut, s'efforce de se venger de ceux qu'elle juge responsables de sa

misère. Elle le fait brutalement, et ses vengeances ne frappent pas toujours les vrais coupables.

Certes, toutes les émeutes populaires ne se présentent pas
sous la même forme. Si l'important était d'en tracer les
caractères, il serait nécessaire de les répartir en diverses
catégories qui répondraient aux divers modèles fournis
par la réalité historique. Pour les besoins de la recherche
actuelle, il est inutile de définir ces principaux types d'émeutes. Il suffit de remarquer que chacune d'elles se manifeste
par des actions toujours correspondantes à la nature des
agents qui y prennent part. Ainsi, elle ne se développe pas
de la même façon, suivant qu'elle est accomplie par des
esclaves, des prolétaires, les artisans appauvris d'une capitale, ou par des bourgeois aisés, ou encore par des paysans
rassemblés en troupes et capables, parfois, de soutenir le
choc des armées régulières.

D'après ce même principe de correspondance entre les actes
et les agents, la révolte revêtira un tout autre caractère,
lorsqu'elle prendra naissance dans un milieu déjà organisé.
Dans les foules populaires, les meneurs n'ont jamais qu'une
autorité douteuse ; ils obéissent plus qu'ils ne commandent. Suivant le mot de Malebranche, ici bien applicable, *ils
sont agis* plutôt qu'ils n'agissent ; et, souvent entraînés par
le flot, ils pourraient répondre avec ce chef d'insurgés : « Il
fallait bien que je les suive, puisque j'étais leur chef. »
Dans les révoltes de la noblesse et de l'armée, la hiérarchie
préexistante persiste, ou du moins, si les anciens chefs sont
rejetés, d'autres sont nommés à leur place et exercent la
même autorité sur leurs subordonnés. Cette exacte discipline se remarque surtout dans l'armée, où tous les mouvements s'exécutent avec cette exactitude qu'on remarque dans
une machine d'un jeu sûr et régulier. Ici, point de forces
éparpillées, incohérentes, gaspillées ; mais toutes les énergies
mises dans une seule main et convergeant vers un but déter-

miné. L'action n'est pas une effervescence passagère ; mais elle se prolonge avec des ressources prudemment employées, jusqu'à ce que le résultat soit atteint, ou, si l'entreprise échoue, tant qu'il subsiste des chances de succès. Et cependant, si rigoureuse que soit cette discipline, si respecté que soit le lien de vassalité, ce serait une erreur de croire que la foule des inférieurs ne compte pas. Ici encore, les chefs ne sont obéis que si leurs goûts, leurs sentiments et leurs idées ne sont pas en opposition avec les dispositions mentales de leurs troupes.

Ainsi, partout l'acte révolutionnaire est en rapport avec la nature des agents : il exprime leur état d'esprit au moment de l'action.

Mais comment s'est formé cet état d'esprit ? Telle est maintenant la question que nous impose la méthode régressive.

Les esprits ne sont pas des monades sans ouverture sur le dehors et qui se développeraient par une évolution purement interne. Si les sentiments font explosion et se manifestent en éclats de colère ; si, longtemps contenus et cachés, ils se produisent au dehors et se traduisent en audaces périlleuses, cela vient le plus ordinairement de quelque événement extérieur, qui joue le rôle d'étincelle dans un mélange détonant. C'est la circonstance additionnelle, nécessaire pour que les énergies latentes se dépensent en actes ; circonstance qui aura besoin d'exercer d'autant moins d'influence que la tension de la colère sera plus rapprochée du point où elle entraîne l'acte.

Ces événements, qui sont les causes immédiatement déterminantes de la révolte sont très divers. C'est une disette, comme en 1789 ; les malheurs de la guerre comme au temps des Maillotins et des Cabochiens ; un impôt vexatoire, comme la taxe des vaisseaux sous Charles Ier d'Angleterre ; une persécution contre les croyances religieuses, comme ces édits des empereurs iconoclastes ; c'est moins encore, comme cette vente maladroite des indulgences sous le pontificat de Léon X.

Ces événements sont souvent mis sur le compte du hasard, c'est-à-dire, de causes imprévisibles ou, du moins, qu'il n'appartient pas à la Sociologie de déterminer. Cette assertion n'est vraie que si on la restreint aux accidents physiques, disettes, éruptions volcaniques, tremblements de terre, catastrophes maritimes semblables à celle qui détruisit *l'invincible Armada*. Quant aux événements proprement sociaux, ils sont soumis à des causes que la Sociologie a le devoir de rechercher et de connaître. Les plus importants émanent de l'activité de l'Etat. Mais comme les décisions et les actes de l'autorité publique appartiennent à une série de causes, autres que celle qu'on examine en ce moment, leur étude doit être ajournée. (1) Pour le moment, semblable au médecin qui après avoir étudié les symptômes, les rattache à des troubles internes, efforçons-nous de découvrir les agents de la fermentation révolutionnaire.

1. Voir plus loin, ch. VII.

CHAPITRE V

INFLUENCE DU PARTI RÉVOLUTIONNAIRE

L'occasion peut être considérée, chez les révoltés, comme la goutte d'eau qui fait déborder le vase. Reste à savoir comment le vase s'est rempli, et de quelles idées et de quels sentiments.

C'est ici qu'il importe de montrer la part très importante qui vient du dehors, c'est-à-dire, de l'atmosphère sociale qui enveloppe les individus et les empêche de végéter dans l'isolement. Si les conspirateurs n'étaient pas les interprètes d'un parti, si l'émeute ne correspondait pas à un état d'esprit répandu dans d'autres parties de la société, l'effervescence serait vite calmée : les conspirateurs seraient punis et l'émeute réprimée n'aurait pas de suite. Tout rentrerait aussitôt dans l'ordre.

Pour que le désordre ait des chances de se propager et d'amener une transformation sociale, il faut que les idées et les sentiments des insurgés ne leur soient pas exclusivement propres, mais qu'ils s'étendent, d'une façon plus ou moins obscure, à tout un ensemble de personnes, qui constituent ainsi le parti révolutionnaire.

C'est ce parti — dont l'action reste souvent mal connue des contemporains — qui est le véritable inspirateur des résolutions énergiques et qui, plus tard, fournira à l'avant-garde de la révolution ses ressources, ses réserves de force et ses éléments de succès.

Sous cette dénomination « parti révolutionnaire », il ne faut pas toujours entendre un groupement de personnes qui viseraient à un but déterminé et qui concerteraient leurs efforts pour arriver à ce but. Cette entente et cette marche ostensible n'existent que sous les régimes libéraux, qui ont, pour système politique, l'habitude de tolérer les attaques d'une opposition ouverte. Mais, alors même que cet accord explicite n'existe pas, les actes, tout inconscients qu'ils sont, peuvent converger vers un résultat commun.

Suivant notre méthode régressive, nous partirons des manifestations les plus apparentes de ce parti, c'est-à-dire de ses idées, pour remonter aux conditions qui les ont déterminées. Car les idées, telles qu'elles s'expriment dans la littérature, dans la morale, dans le droit et dans la religion, ne sont pas des créations purement fantaisistes, sans rapport avec la réalité sociale où elles se sont produites. Il n'y a pas, pour elles, plus de génération spontanée que pour les bactéries.

Le temps où l'on considérait le beau comme un absolu, comme un idéal aux formes immuables, comme un archétype éternel et divin, ce temps n'est plus.

Cette métaphysique du beau a eu le sort des autres métaphysiques, où l'on ne tenait pas assez compte de la collaboration des facultés humaines et, par suite, de la déformation qu'elles font subir aux réalités objectives. La relativité a dû pénétrer aussi dans l'art, et avec elle, ont pu s'expliquer les contradictions et les incessantes variations du goût.

L'œuvre littéraire doit plaire. Or, pour plaire, il faut qu'elle soit en harmonie avec les goûts du lecteur ou du spectateur. Le poète croit se livrer à sa fantaisie personnelle, c'est son rêve propre qu'il pense enfermer dans le rythme

du vers ; en réalité, si son œuvre est vraiment vivante, c'est
le rêve de tous ses admirateurs qu'il a su rendre sensible.
Inconsciemment, il a ramassé les rayons qui émanent des
plus humbles, il les a réfractés comme une lentille conver-
gente et les a fait briller en un foyer resplendissant de
lumière. La gloire n'est guère autre chose que la projection
de cette lumière empruntée. Et la preuve, c'est que les
œuvres qui, à certaines époques, ont suscité les plus fortes
admirations, tombent dans l'oubli, ou ne provoquent guère
qu'une estime de commande. Le mot de Pascal est vrai
pour la beauté comme pour la vérité : « *beauté* en deçà des
Pyrénées, pourrait-on dire, *laideur* au delà » ; et on pourrait continuer, en appliquant à l'art ce qu'il dit du droit :
« *la beauté littéraire* a ses époques... »

Si la beauté est ainsi relative et dépend des dispositions
du public, la littérature sera bien l'expression de la société,
et une expression variée et changeante, suivant les aspects
multiples et changeants de la société elle-même. Que la
société soit, ainsi qu'il arrive aux approches d'une révolution, divisée en partis encore dissimulés et obscurs, et la
littérature, comme un réactif sensible, révélera le mécontcn-
tement et le désir d'une transformation. En apparence, ce
ne sont que des querelles d'écoles, où ne seraient engagés
que des amours-propres irritables et ambitieux. En réalité,
ce sont de nouvelles aspirations qui se font jour ; c'est le
nouveau qui lutte contre l'ancien et qui, d'abord, le dépouille
de son antique prestige.

La littérature et les arts ont des ressources très variées
pour attaquer sans en avoir l'air. Sous les gouvernements
despotiques, où la censure s'exerce avec le plus de rigueur,
les auteurs recourent à l'allégorie et aux fables. C'est le procédé employé par l'esclave Ésope et par La Fontaine, qui,
sous le couvert des animaux, trouvent le moyen de fustiger
l'orgueil, la colère, l'injustice des rois ; les habiletés courti-

sanesques des grands ; l'indifférence égoïste des moines
retirés dans leur fromage de Hollande ; la cupidité des
juges ; les insolences et les cruautés des hommes de guerre.
La bouffonnerie est aussi un excellent moyen de faire passer
des critiques qu'il serait imprudent d'adresser directement.
Car, suivant le conseil de Rabelais passé maître en bouffon-
neries savantes, les lecteurs savent « sucer la substantifi-
que moelle » et en faire leur profit. Les allusions, partout
où elles se trouvent, font des blessures dangereuses, grâce à
la pénétration du public qui entend les choses à demi-mot
et se fait une fête de découvrir la malice sous le voile inno-
cent qui la recouvre. Au théâtre, les allusions sont d'autant
plus facilement saisies que par un geste, un jeu de physionomie, un clignement de paupière, une intonation, un
détail de costume, l'acteur, complice de l'écrivain, met en
lumière le trait qui va dans tous les esprits éveiller la malice,
provoquer le rire ou allumer la haine. Ainsi Voltaire savait
contre « l'infâme » faire flèche de tout bois. Son *Mahomet*
n'est qu'une occasion d'attaquer tous les fondateurs de religion. Il en fait une satire en action de la fourberie, du fanatisme, de la cruauté qui, suivant lui, ont présidé à la conduite de tous les clergés. C'est une traduction à opérer. Et
le public, qui partage les préventions de l'auteur contre les
Jésuites et les Jansénistes, ne manque pas de la faire.

Les écrivains n'ont pas toujours besoin de prendre ces
précautions. A mesure que le parti hostile devient plus
puissant, les allusions peuvent devenir plus transparentes,
ou même l'allusion fait place à l'attaque ouverte. La comédie, plus hardie dans ses critiques, jette le ridicule sinon
sur le pouvoir lui-même, du moins sur les classes qui
l'entourent et le défendent. Même sous Louis XIV, les
marquis n'échappent pas au ridicule dont les saupoudre
finement le bourgeois Molière. Mais, à la veille de la Révolution, le fils de l'horloger Caron, Beaumarchais, lance

contre la noblesse ses épigrammes acérées, et, aux applaudissements du public, il la dépouille de son antique prestige, en montrant que les nobles n'ont d'autre mérite que
celui de « s'être donné la peine de naître ». D'ailleurs les
satires directes et violentes n'ont jamais fait défaut, malgré
la surveillance du pouvoir. Elles pénètrent dans tout pays,
et elles y circulent d'autant plus facilement qu'il y a plus
de personnes intéressées à les connaître et à les répandre.

Certes, les moyens peuvent différer suivant les temps et
les pays, mais le but est toujours le même. Pour plaire à
un parti, il faut, dans la peinture des mœurs réelles ou
fictives, ne point choquer ses goûts, mais suivre ses incli-
nations et ses tendances. Les règles les plus savantes de la
rhétorique et de la poétique viendront échouer contre les
préventions d'un public dont l'auteur contrarie les préférences avouées ou même secrètes. Au contraire, les succès
les plus étranges s'expliquent quand on ne considère plus
l'œuvre abstraction faite du public auquel elle était destinée. Elle est maintenant une lave refroidie. Si autrefois elle
a fait jaillir des étincelles d'enthousiasme ou allumé le feu
de la colère, c'est qu'elle-même avait été échauffée par les
souffles ardents de l'amour et de la haine.

S'il en est ainsi, on voit comment les goûts du public
agissent sur les auteurs et comment, par une réciprocité
d'influence, les ouvrages littéraires et artistiques fortifient
les goûts du public auquel ils s'adressent. L'écrivain a réussi.
C'est qu'il a su, d'une façon plus ou moins ouverte ou voi-
lée, provoquer des sentiments de sympathie, de pitié ou
d'admiration pour les personnes, les choses et les événements qui intéressent le parti ; c'est qu'il est parvenu à jeter
le discrédit et le ridicule sur les adversaires et à fournir à la
haine une occasion de se manifester. Il a échoué. C'est qu'il a
trompé l'attente du public, en parlant d'un objet étranger
aux préoccupations du jour. Ce n'est pas seulement à l'in-

différence qu'il s'expose, mais aux huées, aux injures, aux tempêtes furibondes, lorsque, par maladresse, il heurte directement les sentiments intimes de son auditoire ou de ses lecteurs.

Un auteur n'écrit point pour lui seul. Il se console avec peine d'un échec en se promettant pour l'avenir une réhabilitation très problématique. Au contraire, le succès l'encourage, et il poursuit sa voie avec d'autant plus de facilité qu'il y a déjà recueilli plus d'éloges. A son tour, le public prend une conscience plus nette de ses vrais sentiments. Il les sentait murmurer sourdement en lui. Maintenant que la poésie leur a prêté le prestige du verbe, maintenant qu'ils sont enfermés dans une formule incisive, associés à la musique d'une chanson, concrétisés dans un type, illustrés par le dessin, rendus, en un mot, sous quelque forme artistique, il les sent plus vivants, plus impérieux, plus expansifs, plus capables de rompre les barrières légales ou traditionnelles qu'on leur oppose.

De là, la part d'influence qu'on a toujours accordée à la littérature et aux arts dans la formation des mouvements révolutionnaires, et cela, avec justesse. Mais ce ne sont encore là que des escarmouches, et la véritable bataille a lieu sur le terrain de la morale, du droit et de la religion.

Un des signes précurseurs des changements sociaux est la transmutation des valeurs en morale. Pour le parti qui aspire à un bouleversement politique, le bien se transforme en mal ; l'ancien idéal méconnu, méprisé, bafoué fait place à un nouveau qui est la contre-partie du premier. Plus la révolution qui menace doit être profonde, plus ce renversement du bien est étendu et complet.

Cette incertitude dans les principes peut troubler le métaphysicien qui croit à l'inébranlable fixité des idées, ou le théologien qui pense pouvoir être en communication avec l'absolu. Elle s'accorde, au contraire, avec ce postulat essentiel de la science : *Variante causa, variatur effectus.* Une partie de la société ne se trouve plus dans les mêmes conditions, elle ne reçoit plus la même éducation, et ne se développe plus dans le même milieu. Donc, elle prendra une nature différente, aura d'autres aspirations et manifestera des conceptions nouvelles.

D'ailleurs, que cela contrarie ou favorise des systèmes religieux et philosophiques, il n'importe pas à la science qui vise, avant tout, à l'exactitude. Or, pas de doute possible sur ces mutations du bien. L'histoire, impartialement observée, nous montre de fréquentes oppositions d'idéal, les métamorphoses des vertus en vices et les avatars de maximes longtemps proscrites.

Entre le paganisme et le christianisme, l'antithèse est absolue. Tout ce que le premier élève, l'autre l'abaisse ; les biens du paganisme n'inspirent au chrétien que dédain, mépris, haine. Les Hellènes ont une sorte de culte pour la beauté des formes, l'harmonie des attitudes, la grâce des figures, la vigueur et la souplesse des muscles : le lyrisme de Pindare n'est pas de trop pour célébrer, comme il convient, les succès de la force et de l'adresse dans les jeux olympiques ; les artistes taillent, avec amour, le corps humain dans les marbres de Paros, et dieux et déesses sont exposés, sans voile, à la contemplation admirative des fidèles. Il n'est pas jusqu'à la vieillesse qui ne soit sensible à la beauté : en voyant Hélène, les vieillards d'Ilion, assis aux portes de Scée, admirent sa grâce et sont portés à excuser les maux dont elle a été la cause.

Pour le chrétien, le corps est une poussière sans valeur, ou plutôt, c'est une fange qu'on ne saurait cacher sous trop de voiles. La beauté est l'amorce de la volupté : la femme pieuse coupera ses cheveux, baissera ses paupières, fermera sa bouche au sourire, s'ingéniera à être laide. La chair est la racine du péché : il faut la traiter en ennemie, l'émacier par le jeûne, la déchirer par le cilice, dompter ses révoltes en la flagellant ou en la roulant au milieu des ronces, comme saint Jérôme.

Les payens se laissaient aller à tous les charmes de la vie, et, pourvu que les grossièretés et les excès fussent évités, ils ne répudiaient aucune forme du plaisir. Ils laissaient à Diogène, à Timon et à quelques autres excentriques de cette espèce, leurs manteaux troués, leurs barbes incultes, l'orgueil de leur écuelle de bois, la saleté de leur tonneau ; et, parfumés, la tête couronnée de roses, ils allaient dans des banquets — que la philosophie souriante d'un Platon ne dédaignait pas de célébrer — parler de l'amour, entendre des joueurs de flûte et regarder des danseuses de Thessalie. Les Romains poussaient encore plus loin que les Grecs l'amour du plaisir, et comme ils avaient une sensibilité moins affinée, ils n'évitaient pas les grossièretés et les excès.

Et voilà que des idées toutes nouvelles se mettent à circuler et à prévaloir. Il ne s'agit pas seulement de modérer le plaisir, de regarder la richesse comme une chose indifférente, et de supporter avec impassibilité les maux de la vie. Le plaisir, c'est le mal. Plus de jeux, plus de divertissements, plus de fêtes ; des réunions dans les catacombes, au milieu des sépulcres ; des agapes, où l'on s'entretient de la fin du monde et où l'on célèbre, comme souverain bien, la pauvreté, la maladie, la souffrance, la mort : « Bienheureux sont ceux qui pleurent ! »

Les rapports de famille sont également altérés. Le mariage était recommandé par les mœurs et même prescrit par les lois. Chez les chrétiens, il n'est plus que toléré ; le célibat est un honneur, la virginité de la femme, exaltée. Dans le paganisme, la famille fortement organisée était restée longtemps unie sous la domination du *pater familias.* Par l'introduction des idées chrétiennes, cette autorité du père est méconnue, quand elle se trouve en opposition avec les convictions religieuses : les enfants suivent souvent les inspirations secrètes de la mère, qui les reçoit elle-même d'un directeur étranger. Rien ne semble échapper à ces oppositions ; l'un des partis proscrit ce que l'autre recommande et pratique. Les femmes romaines, suivant le mot de Juvénal, comptaient les années non par les consuls, mais par le nom de leurs maris ; les chrétiens interdisent le divorce et proclament l'indissolubilité du mariage.

Ces antinomies morales pourraient se prolonger davantage. On verrait que, partout, l'ancien idéal est renversé, en faveur d'un nouveau qui transforme les qualités en défauts et réciproquement. Rhétorique, éloquence, talent de bien dire, science de la nature, tout cela n'est qu'un amusement d'oisifs, de solennelles puérilités ; le silence, la solitude, le repliement sur soi valent mieux. Les arts sont plus qu'inutiles, ils sont dangereux. Platon, empreint déjà de mysticisme, chassait les poètes de sa République, mais il les couronnait de fleurs, avant de les renvoyer. Maintenant, les acteurs sont de vils histrions ; les théâtres, des lieux de perdition ; les cirques, des écoles de barbarie et de cruauté. La force physique, le courage dans les combats, l'habileté dans la guerre ne valent pas la douceur, la patience, le pardon des injures. Pas d'orgueil, mais l'humilité ; car les grands seront abattus et les faibles, relevés et triomphants.

L'opposition dans les idées morales n'est pas un trait exclusivement propre à l'avènement du christianisme. Elle se représente, à d'autres époques, comme un indice infaillible de quelque grand bouleversement social. Les idées traditionnelles du bien et du mal, quelles qu'elles soient, sont alors en butte aux critiques, aux railleries, aux attaques du parti novateur.

Avant Constantin, c'était l'idéal chrétien qui avait à lutter contre les croyances du paganisme. Depuis cette époque, il s'affirme, se répand et s'impose à tous les pays d'Europe ; il domine pendant tout le moyen âge, assez fort pour comprimer les tendances adverses avant qu'elles n'aient développé tous leurs effets. Mais, à la Renaissance, l'opposition se manifeste et grandit. Alors on voit les conceptions morales qui avaient façonné les consciences pendant des siècles perdre, chaque jour, de leur empire. Cette morale payenne qui semblait condamnée sans retour, reprend vie et autorité. C'est elle qu'Erasme, interprète des sentiments de l'époque, défend dans son *Eloge de la Folie*.

Et voilà que, de nouveau, on se prend à aimer la jeunesse, la santé, la force ; de nouveau, la beauté triomphe avec tous les ornements qui servent à la rehausser : l'art ne veut plus de peaux jaunies, ni de figures émaciées ; mais la Vierge elle-même devient, sous le pinceau des Raphaël, une beauté rayonnante de grâce. De nouveau, reparaissent les fêtes, les jeux, les divertissements, le théâtre, les banquets, les danses, où les femmes de la Cour mettent orgueilleusement à nu leurs épaules et leur poitrine. Le célibat ne passe plus pour un état supérieur. Mais de tous côtés pleuvent les plaisanteries sur les moines qui, ou bien n'observent pas la règle et donnent l'exemple de la gourmandise et de la luxure, ou sont rebutants par leur crasse et par un ascétisme déraisonnable. Après la Réforme de Luther, ce célibat contre nature sera proscrit comme essentiellement immoral. La scolastique avait dépouillé le langage de toutes ses parures et l'avait réduit à la sèche notation des idées. Par réaction, les humanistes rejettent tout ce fatras et, plutôt que de s'aventurer dans les fourrés épineux du latin scolastique, ils s'emparent du parler vulgaire, l'assouplissent, l'enrichissent et, les yeux fixés sur les modèles de l'antiquité, cherchent à en faire un instrument plein d'utilité et de charme. De nouveau, des littérateurs, encouragés par les goûts du public, vont sacrifier aux grâces du style et essayer de faire revivre l'harmonie des vers. Aux prédications de la chaire, s'opposeront les

enseignements du théâtre. Ce qui provoquera les applaudissements des spectateurs, ce ne seront ni la douceur, ni l'humilité, ni le pardon des injures, mais la fierté, la violence,
l'honneur pointilleux, les bravades et les duels. Les prêtres
ne s'y sont pas trompés. Et, si le théâtre a pris d'aussi
grands développements, ce n'est pas faute de l'avoir frappé
d'anathèmes.

Inutile d'entrer dans de plus longs détails pour établir
l'existence, aux approches d'une révolution, de ces contradictions morales. Elles ne sont pas toujours aussi étendues
et aussi profondes, mais on peut être sûr qu'elles existent.
Pour s'en rendre compte, il suffit de songer aux Cavaliers
et aux Têtes-rondes, aux philosophes encyclopédistes et aux
défenseurs de la religion, ou même aux Jésuites et aux Jansénistes. Dans tous ces cas, on pourra saisir les divergences
dans les notions morales, parfois de véritables antithèses,
dans le genre de celle-ci : « La propriété est le plus sacré des
droits », aphorisme auquel Proudhon répond par : « La propriété, c'est le vol ! »

Si quelque chose semble, par nature, devoir échapper
aux luttes de parti et, suivant le mot de Lucrèce, « habiter
les temples sereins », c'est la vérité. Car le vrai, c'est le
réel, et le réel, indépendant des désirs de l'homme, se développe suivant des lois immuables. Il semble donc qu'il
doive participer à l'immutabilité des lois de la nature et
fournir, au milieu des opinions flottantes, un terrain solide
où les hommes pourront se mettre d'accord.

Et cependant, ici encore, le heurt des idées se produit, et
les affirmations contradictoires s'entre-choquent souvent
avec violence. Le mot de Pascal « vérité en deçà des Pyrénées, erreur au delà » n'est pas suffisant. C'est dans l'intérieur même des frontières d'un État que, sur les vérités les
plus fondamentales, le conflit éclate et qu'il révèle la divi-

sion et la lutte prochaine des partis. Les oppositions de croyances vont jusqu'aux contradictions formelles, ainsi que le prouve l'histoire des controverses religieuses, philosophiques et scientifiques.

Les prêtres, qu'ils soient de simples pères de famille ou qu'ils appartiennent à un clergé, se disent les interprètes de la divinité : ils affirment et commandent de croire en son nom. C'est le règne de la théologie (1).

Dans les temps calmes, lorsque les institutions religieuses sont florissantes sous la protection de l'État, l'opposition se cache ; elle se déguise sous les dehors de l'orthodoxie, ou elle reste isolée et étroitement circonscrite. On lance l'anathème contre les rares brouillons qui ont le tort de dire trop haut et trop tôt des choses raisonnables ; on les force à proclamer, à genoux, *l'erreur* de croire au mouvement de la terre ; on fait boire la ciguë aux Socrates qui ont l'audace de ne pas croire à toutes les fables du paganisme ; on brûle, de temps en temps, en grande pompe, quelques hérétiques pour apprendre, à ceux qui seraient tentés de les imiter, que la sagesse consiste à se contenter de la science officielle. Et puis, ces exécutions faites, tout rentre dans l'ordre traditionnel.

Il n'en est plus de même aux époques voisines des révolutions. L'agitation des esprits ne peut être contrainte, mais l'opposition se donne plus ou moins librement carrière. On voit alors les deux partis adopter et défendre des principes radicalement contraires, principes qui, en se développant suivant leurs conséquences logiques, engendrent des divergences secondaires sur tous les points de la science de la nature ou de l'homme.

1. Aug. Comte l'appelait l'état théologique, comme si une société ne devait le traverser qu'une fois. Mais l'observation historique montre que les croyances théologiques sont sujettes à retour, même dans les sociétés où elles ont subi l'éclipse la plus complète.

Pour les partisans de la religion, la nature n'est pas un pur mécanisme, où domineraient des forces sourdes, aveugles, fatales. Elle est réglée par des activités intelligentes et libres; par des êtres capables d'entrer en communication avec les hommes, de s'intéresser à leur conduite, de se réjouir de leurs hommages, de s'irriter de leur indifférence ou de leur hostilité, de se laisser fléchir par des prières et adoucir par des sacrifices, ou bien d'interrompre le cours ordinaire des choses pour châtier les coupables, surtout les impies. L'esprit circule à travers le monde, dont il est le souverain législateur et maître. S'il lui plaît d'agir, le plus souvent, suivant des règles uniformes et constantes, il n'est pas l'esclave de cette régularité. Mais, comme il a établi la loi, il peut s'en affranchir, au nom des intérêts supérieurs de la justice. Les anomalies, les prodiges, les miracles ne sont donc pas des impossibilités, mais ils entrent, comme éléments essentiels, dans l'organisation du monde, un monde vraiment moral.

D'ailleurs, les miracles ne sont pas seulement les postulats nécessaires de la morale; ce sont des réalités appuyées sur des témoignages incontestables et qui, cependant, ne peuvent être expliquées que par une intervention expresse de la divinité. Achille, irrité contre Agamemnon, se lève dans l'Assemblée des Grecs, prêt à le frapper. Il s'arrête brusquement. Pourquoi? C'est Minerve qui l'a saisi par derrière à la chevelure, Minerve dont il a senti le souffle et vu le visage terrifiant. — Les Hébreux, qui étaient parvenus à quitter heureusement le sol de l'Egypte, rapportaient leur délivrance à l'intervention expresse de Jéhovah, qui avait dressé les eaux de la mer en une muraille rigide et avait livré aux fugitifs un passage à pied sec au milieu de la mer Rouge, tandis qu'il engloutissait dans les flots les cavaliers du Pharaon. —Chez les Romains, les dieux passaient pour donner, dans toutes les circonstances graves, des signes manifestes de leur volonté : le désastre de toute une flotte était, pensait-on, la juste punition du consul qui, non seulement avait méconnu les avertissements divins, mais qui avait poussé l'impiété jusqu'à jeter les poulets sacrés dans la mer. — Constantin et son armée virent dans le ciel une croix de feu, avec cette inscription : *In hoc signo vinces*. Dans le christianisme le miracle est moins l'exception que la règle. Non seulement les saints obtiennent, pendant leur vie, grâce à leur piété, la faveur d'opérer des prodiges ; mais cette puissance demeure attachée à leurs restes. Avec eux, la matière n'est pas pourvue de propriétés limitées et fixes, mais son essence s'enrichit de nouvelles qualités ; elle s'exalte et, toute pénétrée d'esprit, devient un instrument animé, au service de la foi sincère. Cette puissance merveilleuse se communique même aux objets que le saint a touchés, et particulièrement aux choses qui ont été les témoins de sa foi courageuse. Une des flèches qui ont percé le corps de Sébastien martyr, un lambeau de la tunique portée par Martin de Tours et, en général, toutes les choses de cette nature confèrent à leurs possesseurs une partie de l'influence que les vertus du saint lui avaient méritée dans le ciel.

Ainsi, sous quelque forme que la croyance religieuse se présente, elle reste dans le fond toujours la même. Les lois de la nature ne sont autre chose que des décrets de la divinité, décrets toujours révocables et qui comportent autant d'exceptions qu'il est nécessaire pour le gouvernement moral de l'univers et de l'homme.

L'attitude intellectuelle des adversaires de la religion établie est différente, et, dans les cas extrêmes, radicalement opposée. Tout est bouleversé, critérium du vrai, procédés logiques, résultats obtenus.

Les partisans de la religion soutiennent que la vérité se reconnaît à son origine et qu'elle doit être admise sur l'autorité des prophètes inspirés qui sont venus la révéler aux hommes. Les opposants rejettent toute autorité extérieure et n'admettent d'autre marque de la certitude que l'évidence de la raison ; non de la raison exaltée par le secours de quelque puissance surnaturelle, mais de cette faculté de discerner le vrai du faux qui appartient à tous. Règle logique d'une grande hardiesse qui suffit à ébranler tous les dogmes métaphysiques et à chasser le mystère. Il ne s'agit pas, en effet, de savoir si la Trimourti est certaine pour les brahmanes de l'Inde, si les Parsis ne doutent pas de la lutte entre Ormuzd et Ahriman ; si les lévites hébreux étaient convaincus que Jéhovah lui-même avait remis à Moïse les tables de la loi ; si la majorité du concile de Nicée avait décrété comme évidente l'unité de Dieu en trois personnes ; si les croyants sont persuadés des délices du paradis de Mahomet ; si le pape Léon X croyait user de son droit en vendant les indulgences ; si les Jésuites et les Jansénistes pensaient, avec la même assurance, être les interprètes exacts de l'Evangile en préconisant les uns la douceur, les autres la rigueur. Ce n'est pas l'évidence des autres qui doit régler la croyance, mais l'évidence que chacun peut obtenir par l'usage de sa propre raison. Non pas qu'il faille suivre au hasard ses fantaisies personnelles ; mais toute croyance scientifique est soumise à un ensemble de conditions logiques, et ces conditions sont réalisables par toute intelligence.

De ce principe découlent des conséquences d'une extrême gravité, conséquences qu'on trouve semblables aux époques de bouleversement social. Pour s'en assurer qu'on songe plus particulièrement aux attaques qui se sont produites au déclin du paganisme et sur la fin du xviiie siècle en France.

D'abord, pas de mystères, dans le sens de choses qui dépassent la raison ou qui la contredisent. Lucien, qui est un Voltaire avant la lettre, ne tarit pas en railleries contre les absurdités contées dans les légendes antiques. Il ne respecte pas plus l'autorité d'Homère et d'Hésiode que les railleurs du xviiie siècle ne respectaient la Bible ou les décisions des conciles (1).

Ensuite, pas de miracles, les miracles ne reposant que sur des traditions et des témoignages douteux. « Quoi ! dit Rousseau dans l'*Emile*, toujours des témoignages humains ! toujours des hommes qui me rapportent ce que d'autres ont rapporté ! Que d'hommes entre Dieu et moi ! » La raison n'admet point cette longue série d'intermédiaires. Il répugne à la notion d'un être parfait que, voulant enseigner aux hommes des vérités importantes, cet être ait eu recours à une langue parlée par un petit peuple ; langue, d'ailleurs, qui devait être bientôt pour l'immense majorité des fidèles complètement inconnue, et rester, pour un nombre très restreint d'initiés, pleine d'obscurités et d'incertitudes. Autre argument. Les miracles, conservés par la tradition, ne repo-

1. Entre une multitude d'attaques, on peut choisir comme plus particulièrement caractéristique ce passage des *Saturnales* : « Le Prêtre. Dis-moi d'abord, s'il est vrai, comme on le prétend, que tu aies dévoré les enfants que tu as eus de Rhéa ; que celle-ci, te dérobant Jupiter, t'ait donné une pierre à avaler au lieu du petit ; que celui-ci, devenu grand, t'ait vaincu, détrôné et précipité dans le Tartare, où il t'a enchaîné avec tous ceux qui s'étaient alliés avec toi.

« Saturne. Si nous ne célébrions une fête dans laquelle il est permis de s'enivrer et de dire librement des injures à ses maîtres, tu apprendrais, mon brave homme, que j'ai le droit de me mettre en colère quand on me fait de pareilles questions, sans respect pour mes cheveux blancs et mon extrême vieillesse.

« Le Prêtre. Mais ce n'est pas moi, Saturne, qui ai inventé cette histoire ; Homère, Hésiode et, je ne crains pas de le dire, presque tous les hommes sans exception, ont cru tout cela de toi.

« Saturne. Tu te figures que ce berger hâbleur (Hésiode) a rien su de positif sur mon compte. Vois un peu : est-il possible qu'un homme, pour ne pas dire un dieu, ait le courage de manger volontairement ses enfants, à moins d'être un Thyeste qui tomba sur un frère impie ? Et quand cela serait, comment ne s'apercevrait-il pas qu'il mange une pierre au lieu d'un enfant à moins d'avoir les dents insensibles ? D'autre part... je ne suis ni enchaîné, ni plongé dans le Tartare, tu le vois toi-même, je crois, si tu n'es pas aveugle comme Homère. « *OEuvres complètes de Lucien*. Trad. Talbot, II, 412.

sent que sur la foi d'un petit nombre de témoins ; or, c'est
là, disent les adversaires de la religion, une base bien peu
solide. En effet, des observations presque universellement
concordantes et des expériences très certaines montrent que
les faits se passent d'une façon tout opposée aux prodiges
rapportés. Il y a donc à se décider entre deux sortes de
témoignages, mais de valeur très inégale : d'un côté, le
témoignage unanime des hommes et les affirmations des
savants familiarisés avec les méthodes les plus rigoureuses ;
de l'autre côté, les assertions d'un petit nombre de témoins,
sujets à l'erreur, suspects d'imposture, tout au moins d'illu-
sionnisme, en tout cas, intéressés à répandre leurs croyances (1).

Comme conséquences de ces principes fondamentaux, les
novateurs s'efforcent d'exclure de leurs explications toute
influence surnaturelle. Les forces occultes sont bannies de
partout et remplacées par un ensemble de conditions, exactement déterminées en nature et en grandeur. Tout devient
rationnel et positif, c'est-à-dire intelligible et capable d'être
connu par l'observation, soit des sens, soit de la conscience.

C'est avec cette ferme intention de découvrir partout la
raison des choses que les savants parcourent les différents
ordres de connaissances, encouragés dans cette poursuite du
rationnel par les progrès incessants qu'ils réalisent en suivant
cette voie. Les Epicuriens, qui étaient les positivistes de
l'Antiquité, reléguaient les dieux dans les intermondes, et,
les vouant à une éternelle oisiveté, ils s'efforçaient de tout
expliquer, sans leur intervention, dans la formation du monde,
dans l'activité de la nature, dans la conduite de l'homme et
dans le développement des Sociétés : tout était le résultat
d'atomes matériels se mouvant dans le vide, par une spon-
tanéité inhérente à leur être.

1. Cf. *Essais de Hume. Les Miracles.*

Cette hardiesse s'est renouvelée à la Renaissance et au
xviiiᵉ siècle. Déjà Descartes se bornait à demander à Dieu
une « chiquenaude » pour donner la première impulsion à
la matière ; puis, ce petit service obtenu, il se piquait de
tout expliquer par l'étendue et le mouvement ; tout, depuis
la formation et le cours des astres, jusqu'à la structure et à
la vie des animaux, qui ne sont rien autre chose que des
automates, dépourvus de tout sentiment et analogues aux
machines dues à l'industrie humaine. Les Encyclopédistes et
les savants du xviiiᵉ siècle n'ont fait que poursuivre l'œuvre
cartésienne, et la réaliser en détail et avec plus de précision.
Les anciennes limites du monde sont définitivement brisées ;
la terre n'est plus le centre du monde mais elle est projetée
dans l'espace comme un humble satellite du soleil, perdu
lui-même dans la multitude innombrable des étoiles, qui
sont autant de soleils. Elle s'est formée lentement, couches
par couches ; et tous les détails de sa structure peuvent
s'expliquer par des agents naturels, dont l'activité, amoindrie sans doute à notre époque, ne s'en manifeste pas moins
avec assez de force pour être perçue et appréciée. En général, la physique, tout entière fondée sur l'expérience, se
développe avec cette rigueur de méthode et cet esprit de
positivité, qui n'accordent aucune place aux forces mystérieuses ou aux influences supra-sensibles.

Mêmes audaces de pensée dans les sciences proprement
humaines. L'humanité est l'ouvrière de sa destinée : c'est elle
qui a conquis, de haute lutte, tous les avantages qu'elle possède maintenant ; c'est grâce à son activité intelligente que
l'homme a progressé dans le passé, et que la série de ses
progrès se prolongera dans l'avenir. La raison doit projeter
sa lumière dans les ténèbres théologiques, et chasser tous
les fantômes d'erreur que l'oppression et la crainte avaient
fait éclore.

Faut-il chercher la cause de ces divergences dans une différence de structure chez les esprits individuels qui seraient les uns plus portés au mysticisme, les autres tournés de préférence vers les réalités positives? Il y a lieu, à coup sûr, de tenir compte des dispositions et aptitudes particulières. Mais ce qui prouve que la raison la plus importante est d'ordre sociologique, c'est que dans chaque classe l'immense majorité tient, suivant les circonstances sociales, tantôt pour les principes métaphysiques, tantôt pour les notions rationnelles. La bourgeoisie française était voltairienne, quand il s'agissait de battre en brèche l'influence du clergé catholique qui faisait obstacle à ses ambitions politiques. Elle se rattache de nouveau aux dogmes de l'Eglise, maintenant qu'elle sent la nécessité de faire contrepoids aux revendications socialistes, inspirées, croit-elle, par la philosophie scientifique. En un mot, comme le dit M. Th. Ribot dans ses savantes études de psychologie, ce n'est pas la croyance qui provoque le sentiment, mais c'est plutôt ce dernier qui suscite la croyance (1).

Le Droit est l'ensemble des règles qui servent à maintenir l'organisation sociale. Or, comme cette organisation paraît défectueuse, il n'est pas étonnant que le parti révolutionnaire signale les abus, ou même s'attaque aux principes mêmes de la législation. Toute la différence entre les sociétés et les époques vient du degré de liberté que possèdent les novateurs, ou des risques qu'ils ont à courir. Suivant les cas, l'attaque se fera avec plus de prudence et de mesure, ou,

---

1. Déjà H. Taine avait montré la subordination de l'intelligence au sentiment dans ce passage caractéristique : « Si la proposition du carré de l'hypothénuse choquait nos habitudes d'esprit, nous l'aurions réfutée bien vite. Si nous avions besoin de croire que les crocodiles sont des dieux, demain, sur la place du Carrousel, on leur élèverait un temple. » *Philosophes classiques*, p. 290. — Et, d'autre part, Brunetière, inclinant sur la fin de sa vie vers les croyances catholiques, n'a-t-il pas, malgré la lucidité de son intelligence, proclamé la « faillite de la science ? »

n'ayant pas besoin de se dissimuler, elle sera directe et violente. Mais, qu'elle ait à user de circonspection ou non, elle consiste essentiellement à critiquer l'application des lois, les arrêts des tribunaux, et surtout les lois elles-mêmes.

Les railleries sur l'incompétence des ministres et de leurs agents subordonnés, les plaintes sur leur partialité dans la distribution des places, sur leurs abus de pouvoir, sur leurs faveurs injustes et souvent vénales, ces plaintes sont de tous les temps. Mais, aux époques de troubles, elles prennent une plus grande vivacité. C'est par des critiques de cette nature que se révéla d'abord l'opposition du Parlement d'Angleterre. « Dès que la session (du premier Parlement) fut ouverte (août 1625), la Chambre des communes porta ses regards sur le gouvernement entier : affaires du dehors et du dedans, négociations, alliances, emploi des subsides passés, des subsides futurs, état de la religion, répression des papistes, rien ne lui parut étranger à ses droits. Elle se plaignit de la marine royale, qui protégeait mal le commerce anglais, du Dr Montagne, chapelain du roi, qui défendait l'Eglise romaine et prêchait l'obéissance passive. » (1). Dissoute, la Chambre des communes revint à la charge lors de sa seconde convocation. Cette fois, elle s'attaqua au favori du roi, le puissant duc de Buckingham. « Elle vota que le simple bruit public était un motif suffisant d'entamer les poursuites, et elle accueillit tous les chefs d'accusation qu'indiquait le public » (2), chefs d'accusation d'une extrême gravité, puisqu'il ne s'agissait de rien moins que « de vol, d'assassinat et de trahison ».

La Fontaine a dit :

> Suivant que vous serez puissant ou misérable,
> Les jugements de cour vous rendront blanc ou noir.

Et il le disait à une époque, où le respect de l'autorité,

1. Guizot. *Hist. de la Rév. d'Angleterre*, t. I, 136.
2. Guizot. *Id.*, p. 143.

sous toutes ses formes, était porté au plus haut point. C'est bien pis, lorsque tous les pouvoirs publics sont plus ou moins sourdement minés. Alors, l'autorité judiciaire est loin de rester à l'abri de l'universel ébranlement. Pour les maîtres de l'opinion, « les juges rendent des services, et non des arrêts ». Toutes ces formes compliquées de la procédure ne sont que des pièges où tombent infailliblement les innocents, qui ont eu le tort de combattre les abus et de vouloir le bien du pays. La gravité et l'austérité des juges ne sont que de trompeuses apparences, des masques derrière lesquels se cachent la cupidité, l'ambition et la haine.

Aussi, les jugements, toujours suspects de partialité, sont cassés par l'opinion : loin d'être déshonorés, les condamnés passent pour des victimes, des martyrs et des héros. Luther est condamné par la diète de Worms ; mais, de son refuge de la Wartburg, il lance ses pamphlets accusateurs. Ce n'est pas un coupable qui cherche à se justifier, c'est un juge plein d'autorité, dont on recueille les décisions avec une entière déférence. — En Angleterre, la Chambre Etoilée a beau mettre au service de Charles Ier toutes ses rigueurs contre les puritains. Elle multiplie les obstacles pour empêcher les prévenus de présenter leur défense et d'être assistés par des avocats, comme dans le procès du jurisconsulte Prynne, du théologien Burton et du médecin Bastwick ; elle les condamne au pilori, à l'essorillement, à une amende de 5.000 livres sterling et à un emprisonnement perpétuel. Rien n'y fait. Ou plutôt, la grandeur du châtiment n'a d'autre résultat que d'exciter davantage l'enthousiasme du public. — En France, les dispositions défiantes à l'égard des représentants de la justice se manifestèrent avec non moins d'évidence dans l'affaire du Collier, et dans le procès de Beaumarchais. Les *Mémoires contre les sieurs de Goëzman, Lablache, Marin et d'Arnaud* furent lus avec avidité et excitèrent de telles risées que le

Parlement Maupeou, complètement discrédité, dut disparaître devant le ridicule quasi-universel.

Les juges ne sont que les interprètes de la loi, comme les agents du pouvoir n'en sont que les exécuteurs. Or, tous les maux d'une société ne viennent pas des abus de pouvoir ou de vicieuses interprétations de la loi. La plupart ont leur source dans la loi elle-même, dans un système de législation qui consacre l'injustice et tend à la perpétuer. C'est aux institutions elles-mêmes que les mécontents font remonter la responsabilité du mal ; car, ce sont elles qui ont créé et qui entretiennent des catégories de personnes ou de choses, contraires à l'équité, ou du moins incompatibles avec le véritable intérêt social. Tout l'effort des polémistes tend à détruire des privilèges mal fondés, comme à supprimer des obligations injustes. La révolte contre l'ordre établi paraîtra d'autant plus légitime que l'injustice sera mieux démontrée, et mieux exposée sous ses différentes faces. Remarquons cependant que, suivant les époques, les préoccupations dominantes varient, et que les novateurs, d'après la nature du parti qui les inspire, ne se placent pas toujours au même point de vue : ils combattent tantôt pour l'intérêt proprement dit, tantôt pour la liberté et l'indépendance, tantôt pour la conquête des pouvoirs publics.

Les discours des Gracques ne se sont pas conservés. Mais il n'est pas douteux que leur parole enflammée n'ait fait ressortir, sur le Forum romain, la criante inégalité dans la répartition de la richesse. Ces tribuns ne se contentaient pas de mettre en opposition la misère de la plèbe avec le faste des patriciens ; mais, de plus, ils s'efforçaient de montrer que la fortune des nobles reposait sur la spoliation, sur l'envahissement de l'*ager publicus*. Aussi, l'Etat devait reprendre ces terres injustement occupées, diviser ces immenses domaines peu productifs, et attribuer un lot à chacun des membres de la plèbe (1).

1. On sait la résistance que les patriciens opposèrent aux projets des

Dans la période embryonnaire de la Révolution française, des attaques analogues sont dirigées contre les abus de la propriété. Rousseau est un des plus audacieux adversaires du droit de propriété. Ce prétendu droit est, pour lui, l'origine de tous les maux de la société, parce qu'il est destructeur de l'égalité et de la liberté, et qu'il fait des maîtres corrompus et des esclaves avilis (1).

Mais Rousseau et les autres adversaires du régime économique ne se contentent pas de lancer leurs diatribes contre les détenteurs des grosses fortunes, ils attaquent méthodiquement la propriété privée, et cherchent à en ruiner les divers fondements.

La fortune foncière ne repose point, disent-ils, sur une *première occupation*, alors que les terres étaient encore libres et pouvaient être possédées sans la violation d'un droit antérieur. La preuve ne peut être administrée pour les territoires habités de temps immémorial, et, pour les autres, les documents historiques établissent directement le contraire. Ce sont des bandes de Germains qui ont envahi la Gaule romaine, qui ont pris possession des domaines publics et qui ont dépouillé à leur profit, une foule d'anciens propriétaires. — En Angleterre, les Normands, sous la conduite de Guillaume le Conquérant, procèdent méthodiquement à

Gracques. Mais les revendications populaires ne tombèrent pas pour cela. De nouvelles lois agraires furent proposées dans la suite, et elles reçurent même quelque application sous César, dont une loi était ainsi conçue : « Pour relever l'agriculture et repeupler les solitudes de l'Italie, on distribuera aux pauvres les terres du domaine public... » (Duruy. *Hist. des Romains*, II, 359).

1. Le premier qui ayant enclos un terrain s'avisa de dire *Ceci est à moi*, et trouva des gens assez simples pour le croire, fut le vrai fondateur de la société civile. Que de crimes, de guerres, de meurtres, que de misères et d'horreurs n'eût point épargnés au genre humain celui qui, arrachant les pieux ou comblant le fossé, eût crié à ses semblables : Gardez-vous d'écouter cet imposteur ; vous êtes perdus si vous oubliez que les fruits sont à tous, et que la terre n'est à personne ! »

l'expropriation des vaincus. Ils deviennent les maîtres de la terre, et, réduisant les anciens propriétaires à l'état de colons, ils les obligent à travailler pour eux. Ce ne sont point là des exceptions. Mais, toutes les fois que des vainqueurs pénètrent dans un pays, ils procèdent de la même façon. Ils deviennent les propriétaires éminents du sol, obligent les vaincus à le travailler dans des conditions onéreuses, et tâchent de perpétuer les avantages de cette spoliation par d'habiles dispositions légales. La loi exerce, en leur faveur, souvent une tutelle bienfaisante : elle défend les ventes, prohibe les partages et, empiétant sur les droits du père, impose la transmission intégrale du domaine à l'aîné. Voilà comment se sont établis et se sont conservés la plupart de ces immenses patrimoines, qui ont été pendant longtemps la principale source de la richesse et de l'influence, pour les patriciens, les nobles, les lords, les seigneurs de tous pays. Ainsi, la première occupation n'est le plus souvent qu'une première spoliation, qui se continue à travers les générations successives.

A côté du droit de premier occupant, les défenseurs de la propriété individuelle ont mis en avant pour la légitimer : 1° le travail ou les services rendus ; 2° l'utilité sociale ; 3° un contrat primitif et la loi, expression de la volonté souveraine du législateur. Mais aucun de ces fondements n'échappe à la critique des novateurs. Ou, du moins, s'ils reconnaissent justes les principes, les partisans du droit nouveau s'efforcent de montrer que les applications qu'on en tire dans la constitution actuelle de la société, sont contraires à ces principes.

Le *travail* constitue un titre de propriété. Soit. Mais il le constitue seulement sur les qualités qui procèdent exclusivement de l'activité dépensée à les produire. Le laboureur qui a débarrassé une terre de ses broussailles, qui l'a cultivée, ensemencée, est bien le légitime propriétaire des mois-

sons que ses soins on fait naître. Cependant, ce labeur
d'une année va-t-il lui conférer la propriété du sol lui-même,
une propriété perpétuelle, alors même qu'il ne renouvelle-
rait plus son effort et qu'il lui plairait de transformer son
domaine en un parc d'agrément ? La terre végétale, avec
les énergies productrices qu'elle renferme, ce n'est pas lui
qui l'a faite. Par suite, elle est le lot de tout travailleur qui
voudra la féconder. Qu'on ne parle donc pas d'un droit de
propriété perdu dans les obscurités du passé et transmis par
des ventes et des héritages douteux ; mais que les fruits du
sol appartiennent à ceux qui les produisent par un travail
direct : la terre au paysan ! la terre affranchie des censives,
des fermages, des rentes, des redevances et charges de toute
nature dont les privilégiés l'accablent.

Les privilégiés protestent contre ces projets de spoliation
et invoquent, en leur faveur, les *services* qu'ils rendent à
l'Etat et aux travailleurs mêmes du sol. C'est par la puissance de leurs armes, disent les nobles, que le paysan vit
tranquille dans son village, à l'abri des incursions qui dé-
vasteraient ses moissons et le priveraient de son bétail. C'est
par l'efficacité de leurs prières, disent à leur tour les prêtres
et les moines, que les dieux favorisent la société, en la pré-
servant de fléaux sans cesse menaçants et en lui accordant
la puissance, la sécurité et l'ordre. Il est donc juste que,
sur la richesse publique, une part importante soit attribuée
aux défenseurs et aux bienfaiteurs de la société.

Cette raison est sans doute valable, tant qu'une juste proportion se maintient entre la grandeur des services rendus et
l'étendue de sa récompense. Mais si l'équilibre est manifestement rompu, le droit est atteint, et la justice d'autrefois
se transforme en une iniquité actuelle. C'est ce que ne manquera pas de signaler le parti révolutionnaire de 1789, en
mettant en opposition l'immensité des biens du clergé et de
la noblesse avec la petitesse des services rendus par les abbés

de cour, les prélats non résidants et les courtisans peuplant les antichambres de Versailles.

Les considérations précédentes sont applicables à la théorie de l'*utilité sociale* regardée comme fondement de la propriété. Si l'utilité est la base du droit, le droit cesse, dès que l'utilité fait défaut. Or, comme la société n'est pas une entité distincte des individus qui la composent, mais que l'utilité sociale est la résultante des utilités particulières, la prospérité nationale ne saurait s'édifier sur la fortune excessive d'un petit nombre de privilégiés et sur l'extrême misère du plus grand nombre.

Quant au *contrat primitif*, on l'invoque en vain. Si l'on entend par là une convention faite, d'une manière expresse et libre, entre les futurs membres de la société, c'est sans doute une fiction. En tout cas, l'histoire ne montre rien de pareil, ou plutôt avec Summer Maine, elle laisse entrevoir dans les communautés primitives quelque chose de diamétralement opposé : d'après le droit originaire, la propriété personnelle n'était point reconnue.

Reste *la loi* comme unique fondement de la propriété avec toutes les inégalités qu'elles a produites, maintenues et fortifiées. Mais la loi est faite par des hommes. Elle est loin d'être toujours l'expression de la justice véritable, ou même, si cette justice absolue n'existe pas, de correspondre exactement aux nécessités de l'état actuel. Les privilégiés s'attachent donc à un passé mort, et, lorsque les sociétés sont vouées à d'incessants changements, ils ferment les yeux sur des variations gênantes et ont la prétention de décréter l'immobilité. C'est à ceux qui souffrent de cet état de choses à signaler les abus, à démasquer l'injustice et à demander la réforme d'une législation vieillie. Et ils ne manquent pas de le faire (1).

1. Votre droit, qu'est-ce, sinon la volonté de votre classe érigée en loi ? Karl Marx. *Manifeste communiste*, § 45.

L'injustice s'aggrave encore par l'inégale répartition des charges publiques. Puisque les dépenses publiques sont, ou doivent être faites dans l'intérêt de tous, chacun doit y participer dans la mesure de ses ressources. Or, encore ici, la proportion se trouve renversée. Les membres de la noblesse et du clergé ont su non seulement accaparer des biens immenses et exploiter le travail des classes inférieures, mais, de plus, ils ont été assez habiles pour se soustraire aux impôts et pour faire retomber tout le poids des charges sur les travailleurs ; des travailleurs parfois misérables qui, malgré un labeur acharné, parviennent difficilement à se nourrir, eux et leur famille. Non seulement ils forment des classes privilégiées, mais leurs biens sont eux-mêmes privilégiés, et participent à la dignité et aux prérogatives de leurs possesseurs.

Ce ne sont pas là les seules entraves à supprimer. L'Etat, s'attribuant audacieusement le rôle de Providence, veut intervenir partout, et dans les questions mêmes où il a le moins de compétence. Mais la multitude de ses règlements, inspirés moins par la justice que par les nécessités fiscales, constituent plutôt une gêne qu'un appui. Loi du maximum, réquisitions forcées, interdiction du transport des céréales, péages... autant de servitudes qui nuisent à l'expansion et à la prospérité du commerce ; corporations, maîtrises, jurandes forment des catégories de privilégiés contre lesquels luttent les compagnons et les ouvriers. Aussi les économistes — comme Turgot, Quesnay et les autres partisans du libéralisme — voyant les maladresses involontaires ou intéressées de l'Etat, veulent briser tous ces liens factices, réclament la liberté absolue du commerce et de l'industrie, et résument leurs revendications à ce sujet dans la formule : « Laissez faire, laissez passer. »

Ce qui prouve bien la variabilité du droit selon les époques et les circonstances, c'est que le parti révolutionnaire adopte des principes tout opposés, lorsque l'Etat, professant les doctrines libérales, laisse les forces économiques s'exercer librement. Cette liberté, autrefois réclamée, n'est plus un bien ; mais, rendue responsable des inégalités de fortune poussées à l'extrême, elle doit céder la place à la réglementation de l'Etat remis en possession de ses anciens pouvoirs ; l'Etat, unique dispensateur des tâches, suprême régulateur de l'industrie et du commerce, souverain organisateur de la vie sociale. Le cri de revendication était : liberté ! Il devient : socialisme ! (1).

Karl Marx et tous ceux qui défendent avec lui la théorie du matérialisme historique soutiennent que l'intérêt est l'unique facteur des révolutions sociales. C'est là une exagération que l'observation historique rend manifeste. A côté des intérêts purement économiques, il faut placer l'amour de l'indépendance, le désir de liberté et la recherche du pouvoir. Les cas ne manquent pas où les questions économiques sont reléguées au second plan. Tout l'effort du parti novateur tend alors à renverser les institutions qui portent atteinte à la dignité des hommes, victimes des classifications de l'Etat.

Les *races* vaincues sont considérées comme inférieures, et la force publique s'efforce, par des mesures législatives, de maintenir cette infériorité. Les vainqueurs constituent une aristocratie qui non seulement s'attribue la meilleure part des richesses territoriales et mobilières, mais encore se réserve les fonctions sociales les plus élevées. Elle gouverne, tandis que la foule des vaincus est privée de tout droit politique. Cette inégalité s'étend même à la vie civile.

Les actions des patriciens, des nobles, des seigneurs ne sont pas appréciées avec le même mètre que les actions des

1. Voir à ce sujet le programme des revendications socialistes. *Manifeste communiste*, §. 53.

hommes, descendants du peuple vaincu. Tuer un esclave n'est rien pour le maître qui, par la loi, peut en disposer comme de sa chose. Au contraire, qu'un esclave tue son maître, c'est un crime inexpiable. Pour le venger, ce ne sera pas trop de la mort de tous les esclaves que le hasard des achats a fait habiter avec le meurtrier. — Après l'invasion germaine, le *vergeld* était beaucoup plus élevé pour le guerrier franc que pour le gallo-romain civilisé. — Pendant toute la féodalité, la noblesse était soumise à une juridiction spéciale, et ce n'était pas pour elle que les ordalies du fer chaud ou de l'eau bouillante étaient chargées de révéler la volonté divine. Les seigneurs ne relevaient que de Dieu et de leur épée : ils jugeaient, ils n'étaient pas jugés, ou, du moins, c'étaient les armes qui décidaient. — Plus tard, sous l'ancien régime, ils avaient encore une situation privilégiée. A part quelques actes d'autorité accomplis par la royauté, quand les abus devenaient trop criants, ils pouvaient commettre les crimes les plus caractérisés, impunément, et, en tout cas, sans avoir à subir les tortures variées qu'on infligeait aux vilains pour leur arracher l'aveu de fautes, dont souvent ils n'étaient pas coupables. — Encore aujourd'hui, en Russie, à partir d'un certain degré dans la hiérarchie sociale, on échappe aux châtiments corporels : le knout est réservé aux épaules des rustres.

De pareilles inégalités peuvent avoir leur origine dans le *territoire* habité. Des Anglais, fuyant la persécution sous Charles Ier, se réfugient en Amérique. C'est assez pour que les colons de la Nouvelle-Angleterre perdent leur qualité de citoyens, eux et leurs descendants. Ils sont dépossédés d'un droit jugé fondamental en Angleterre, le droit de ne payer que les impôts consentis par des représentants nommés à l'élection. Le séjour dans les colonies n'a pas été considéré seul comme constituant une cause d'infériorité. Mais on sait que, dans les limites d'un même territoire, des cités et des provinces étaient privilégiées, tandis qu'à côté, d'autres étaient esclaves, ou du moins soumises à un régime plus restrictif. La politique des Romains consistait précisément à multiplier les distinctions, et à établir une bigarrure de cités, voisines par le territoire, mais en possession de droits différents.

La diversité dans les *croyances religieuses* a été souvent aussi l'occasion de différences dans les conditions sociales. La religion dominante conférait, à ceux qui la pratiquaient, des droits qui étaient refusés aux dissidents et aux hérétiques. Les Juifs, relégués dans les ghettos du moyen âge restaient en marge de la société. — Les protestants français vivaient, avant la Révolution, sous un régime d'exception et, par le fait seul de leurs croyances, étaient exclus de beaucoup de charges publiques. La révocation de l'Edit de Nantes leur enleva même des garanties solennellement accordées, et le gouvernement de Louis XIV se crut tout permis à leur égard. — Ailleurs les persécuteurs deviennent les persécutés, mais en vertu du même principe, invariablement appliqué par le Souverain dans les législations les plus variées. C'est que tout individu qui se met ouvertement en opposition avec les idées religieuses dominantes est un ennemi de l'Etat, dont il faut restreindre la liberté, c'est-à-dire, la malfaisance.

A ces restrictions législatives, les interprètes du parti révolutionnaire opposent les principes du droit rationnel. Les vilains, les rustres, les barbares, les juifs, les nègres, les esclaves, à quelque race qu'ils appartiennent, tous sont des hommes, tous sont des personnes morales, pourvues des mêmes facultés et également capables de se diriger ; tous, par conséquent, devant être mis en possession d'une liberté égale à celle des autres membres de la société. En effet, disent-ils, rien de plus pitoyable que d'incriminer la forme du nez ou la couleur de la peau, comme si la longueur du

nez et la noirceur de l'épiderme pouvaient être des indices
d'infirmité intellectuelle ou de perversité morale (1).

A plus forte raison, il ne faut point tenir compte de la
partie du territoire où le hasard de la naissance a placé un
homme. Aucune relation ne saurait être rationnellem nt établie entre le mérite d'une personne et le point de l'espace
qu'elle habite. Par conséquent, la justice réclamait la suppression de toutes les distinctions arbitrairement établies
entre les provinces romaines, qui étaient en possession soit
du droit de cité complet, soit du droit latin, soit de constitutions particulières. Aussi les jurisconsultes demandèrent
et obtinrent que le titre de citoyen romain, avec toutes les
prérogatives qu'il comportait, fût accordé à tous les hommes libres sur toute l'étendue de l'Empire. — De même en
France, Turgot et les novateurs du xviiie siècle s'efforçaient
de faire tomber les barrières qui séparaient les provinces et
les divisaient en pays d'états, pays d'élection et pays d'im-
position, chacune étant pourvue d'institutions diverses.
Le citoyen doit être considéré comme indépendant du sol.

Quant à la religion, les opposants suivent toujours la même
tactique. Ils demandent la liberté de conscience et de culte ;
liberté qui ne peut exister dans sa plénitude qu'à la condition d'obtenir, pour tous, les mê. .es droits, quelle que soit
la diversité des croyances. Pour cela, les deux domaines, spirituel et temporel, doivent être soigneusement séparés. Dans
le premier, le pouvoir s'adresse au cœur et à l'intelligence :
il doit donc s'exercer par la persuasion, non par la contrainte. Car la foi ne saurait s'imposer par la force, qui est
capable seulement de faire des hypocrites et des sacrilèges.

1. C'est ce que Montesquieu fait ressortir avec sa fine ironie, dans un
passage bien connu de l'*Esprit des Lois* : « Les esclaves sont noirs depuis
les pieds jusqu'à la tête ; et ils ont le nez si écrasé qu'il est presque
impossible de les plaindre. On ne peut se mettre dans l'esprit que Dieu,
qui est un être très sage, ait mis une âme, surtout une âme bonne dans
un corps tout noir. »

Dans le domaine temporel, il n'y a pas lieu de pénétrer dans l'intimité de la conscience. Le pouvoir s'adresse à la volonté, en tant qu'elle se manifeste par des actes extérieurs. Pourvu que l'action soit conforme aux règles établies par le législateur, l'ordre social n'est point troublé ; et l'Etat, qui a pour objet essentiel de maintenir la régularité dans la conduite, doit se montrer satisfait. Ainsi, les charges qui pesaient sur Calas ne devaient pas être aggravées par sa qualité de protestant : des juges, vraiment soucieux de justice, n'auraient point commis l'iniquité que Voltaire avait eu le courage de signaler et de flétrir.

Affranchissement, indépendance, liberté. tels sont les droits que réclament, en premier lieu, les interprètes des classes opprimées.

Mais, ils ne s'arrêtent pas à ce stade préliminaire, et, quand les circonstances favorisent leurs prétentions, ils demandent une part effective du pouvoir. La puissance de l'Etat leur paraît excessive. Ils veulent lui imposer des limites et la soumettre à des règles fixées dans des constitutions et des chartes. Pour que ces règles elles-mêmes soient exactement observées, ils demandent.à être armés de pouvoirs qui permettent d'exercer un contrôle sérieux sur la direction des affaires, et qui, à l'occasion, soient.capables d'arrêter les empiètements de l'autorité.

Ici.encore, les partisans du droit nouveau s'élèvent contre les différents privilèges attachés à la naissance, aux croyances religieuses ou à la fortune. Le pouvoir ne doit pas être confiné dans des castes fermées, ni gardé jalousement par des aristocraties de naissance ou de fortune. Il doit appartenir au plus digne, quels que soient son rang social et sa condition.

D'ailleurs, comme cette nouvelle puissance doit servir de contre-poids à celle de l'Etat, elle doit en rester indépendante. Aussi le but à atteindre est que les possesseurs de ce pouvoir soient nommés au concours ou à l'élection. Dans les cités, où le nombre des citoyens est restreint, il n'est même pas nécessaire de recourir à des représentants, mais les nouvelles classes, admises au partage du pouvoir, exerceront directement leurs droits dans les assemblées populaires.

En résumé, les défenseurs du droit nouveau s'efforcent de briser les anciens cadres, et de substituer à des classifications vieillies des groupements qui correspondent mieux à la justice ou. du moins, aux conditions sociales actuelles.

D'où viennent ces idées et le succès qu'elles rencontrent dans le public? D'une façon brève, on peut dire : de leur accord avec les sentiments intimes et les secrètes aspirations de toutes les personnes qui constituent le parti de la réforme.

Certes, les œuvres littéraires sont bien des productions individuelles, en tant qu'elles sont élaborées par un esprit particulier. Mais, si les sentiments du public ne les engendrent pas directement, il n'est pas exagéré de dire que ces sentiments les suscitent. Ils opèrent une sélection entre elles, négligent ou même repoussent les unes, et donnent à d'autres une grande partie de leur valeur et de leur portée.

Une fleur, détachée de sa tige, se flétrit, perd son parfum et meurt. A la voir ainsi desséchée, on pourrait s'étonner de l'admiration qu'elle a provoquée chez ceux qui l'ont contemplée dans tout l'éclat de la vie. De même, le livre séparé de son milieu. Dans un milieu hostile, les invectives de Luther contre la papauté passent pour de la grossièreté ; le rire de Voltaire est devenu du ricanement ; les plaisanteries d'Erasme ont perdu leur pointe ; les accents passionnés de Rousseau sont de l'emphase ; les discours de la Convention, un galimatias prétentieux, une boursouflure ridicule. Pourquoi ? C'est qu'alors manquent les sentiments qui avaient fait naître ces œuvres, qui entretenaient leur vie et leur donnaient tant d'intérêt et d'influence.

Pour comprendre le conflit des idées qui est le prélude des révolutions, il faut donc remonter aux causes véritables d'où il procède. Ces causes, ce sont les dispositions du public qui ont encouragé l'éclosion des idées nouvelles. L'idée, c'est la fleur ; les sentiments du parti réformiste sont les sucs qui ont nourri l'idée, qui lui ont donné son parfum et qui ont préparé ses fruits. En un mot, et pour parler sans figure, les interprètes du parti réformiste nous conduisent au parti lui-même, dont il faut maintenant étudier la nature, la composition et le mode de formation. Car, c'est par cette connaissance que nous arriverons aux causes essentielles de la perturbation sociale qui fait l'objet de la recherche présente.

Dans le langage politique courant, on parle souvent de l'*esprit* qui anime tous les membres d'un parti et les pousse à l'action. Expression très juste, quand elle sert à désigner, non pas une conscience collective, rattachée à je ne sais quelle entité métaphysique, mais un ensemble de tendances, d'idées et de passions communes. L'observation historique nous montre qu'ainsi entendu « l'esprit de parti » est bien une réalité ; une réalité d'ordre psychologique, mais qui n'en est pas moins susceptible d'être caractérisée par des traits bien définis.

A certaines époques, on voit des sociétés être travaillées du désir de changement. De nouvelles conditions sociales se sont produites, et, si l'Etat, obstiné dans le passé, ne sait ou ne veut adapter ses institutions au présent, le malaise augmente et, avec lui, le nombre des mécontents. La peinture que les auteurs font de ces maux avive encore les souffrances, et les rend d'autant plus insupportables que ces mêmes auteurs en dénoncent la cause responsable : l'Etat avec les classes privilégiées qui profitent des malheurs publics, et forment un odieux contraste avec les classes sujettes et victimes. Car, tant que le mal paraît dû à une nécessité invincible, il est supporté avec patience. C'est ainsi que les populations de l'Inde, décimées par la famine dans les années de disette, acceptent la mort sans révolte. Il n'en est plus de même, quand, à tort ou à raison, le mal est rapporté à des causes jugées facilement transformables. La haine du présent s'unit à l'espoir de l'avenir ; et ces deux sentiments concourent ensemble pour engendrer des passions d'une extrême vivacité ; passions qui se traduisent par des paroles, par des plaintes, bientôt par des actes.

Un parti ne se compose pas d'une poussière d'individus sans cohésion, ainsi que cela arriverait, si tous avaient les mêmes sentiments, mais sans le savoir. La communauté d'idées et de tendances est sentie ; et, c'est grâce à cette connaissance qu'un lien de sympathie s'établit entre les individus et donne de l'unité au parti. Salluste l'avait remarqué dès l'antiquité, et, dans le discours qu'il prête à Catilina, il dit avec beaucoup de justesse : « *Eadem velle atque nolle, ea demum firma amicitia est.* » Tous, engagés dans une même cause, sentent la solidarité qui les unit ; tous s'encouragent et se défendent mutuellement, du moins par des manifestations morales.

Cette solidarité apparaît dans tous les cas où l'un des membres du parti est frappé par la puissance publique, non pas comme particulier, mais comme représentant des idées communes. Tous se sentent menacés en même temps, puisque tous participent à la faute reprochée à l'inculpé. Calas est condamné sans preuves ; tous les protestants et même tous les libéraux, exposés à ces fausses accusations s'indignent. Hampden ne veut point se soumettre à une taxe illégale, et tous les adversaires de l'arbitraire royal applaudissent à sa résistance.

Un autre point important, c'est que, dans les périodes

troublées qui précèdent les révolutions, les sentiments caractéristiques d'un parti gagnent rapidement en vivacité et se transforment souvent en véritables passions. Ainsi, dans les partis religieux, l'attachement pour des cérémonies non essentielles devient plus vif, dès que ces cérémonies sont auréolées d'une prohibition ; et, d'autre part, l'animosité contre les adversaires tourne facilement au fanatisme.

Pour expliquer cette exaltation des sentiments, il est nécessaire de recourir, non à une entité mystérieuse, comme l'esprit ou la conscience de groupe, mais simplement aux lois de la psychologie.

Les idées, les tendances et les sentiments communs se fortifient par les communications que les hommes du même parti ont entre eux. En effet, les dispositions propres à chacun doivent se renfermer dans le for intérieur ; ou, si elles se manifestent, loin d'être encouragées, elles vont se heurter contre d'autres dispositions particulières naturellement opposées. Au contraire, les idées communes, dès qu'elles s'expriment, vont susciter, chez les auditeurs, des idées semblables qui se manifestent par des signes d'approbation ou par des réflexions concordantes, toutes choses capables d'imprimer plus fortement l'idée dans l'esprit, et de l'associer à un sentiment de plus en plus vif. Or, comme ces influences se renouvellent incessamment et s'exercent dans le même sens, il n'est pas étonnant que leurs effets s'accumulent et produisent la passion, avec tous ses caractères distinctifs.

Comme la passion individuelle, la passion de parti est exclusive, excessive, troublante, violente. Exclusive, elle rejette tout ce qui ne s'accorde pas avec elle : excessive, elle amplifie tout ce qui se rapporte à l'objet de son amour et de sa haine ; troublante, elle déforme les objets pour les accommoder à ses goûts ; violente, elle s'irrite contre les obstacles et, quand elle le peut, elle emploie la force pour les renverser. De plus elle est sectaire. L'homme de parti repousse les adversaires comme des ennemis ; il ne supporte pas les neutres, mais cherche à les enrôler sous sa bannière ; il tolère même difficilement les tièdes, et, s'il ne parvient pas à échauffer leur zèle, il les répudie. Comme tous les passionnés, il est jaloux, soupçonneux. Il ne veut point qu'on porte atteinte à son idole, et, sur de faibles indices, il croit à la trahison. On est avec lui ou contre lui. « La fraternité ou la mort ! »

Les sentiments dominants du parti exercent une contrainte morale qui a beaucoup d'analogie avec le devoir. Et cela, pour deux raisons. La première, c'est que le parti ne se compose pas d'unités égales en valeur. Bien qu'il n'y ait point de hiérarchie officielle, consacrée par les institutions sociales et maintenue par la puissance publique, une certaine organisation s'établit par une sorte d'accord tacite. Les uns, en possession d'une plus grande autorité, donnent le ton ; les autres, perdus dans la foule et dépourvus de toute puissance, se sentent obligés de se mettre à l'unisson. Les premiers dirigent le mouvement, les autres suivent, et ils le font volontairement, parce que, par hypothèse, les sentiments caractéristiques du parti sont en harmonie avec leurs tendances intimes.

La seconde raison vient de la pression qu'exerce la masse du parti sur chaque membre en particulier. Tout sentiment purement égoïste, toute tendance trop personnelle ne peut point cadrer avec les dispositions communes. Par les conversations familières, par les discussions de club ou de réunion publique, par la presse périodique, par le livre, les idées communes pénètrent dans la conscience, prennent chaque jour plus de force, assiègent la personnalité égoïste et, si elles ne l'obligent pas à capituler entièrement, la refoulent et la contraignent à se dissimuler. Le moi collectif se substitue au moi individuel et parle en maître.

Telle est, en bref, la nature psychologique du parti de la

réforme, parti sans lequel les actes de violence ne seraient qu'un feu de paille sans conséquence.

Mais, à leur tour, ces dispositions psychologiques tiennent à la composition du parti lui-même. Les exigences de notre méthode régressive nous conduisent donc à étudier le parti avec les différents éléments dont il est formé. Car, c'est dans ces éléments que nous pourrons découvrir les raisons ultimes du mouvement révolutionnaire.

CHAPITRE VI

ANALYSE DU PARTI RÉVOLUTIONNAIRE

———

Un parti d'opposition se compose de tous ceux qui sont mécontents et qui possèdent, ou croient posséder, les ressources nécessaires pour modifier la situation dont ils se plaignent. Haine des institutions actuelles, désir et espoir d'une réforme, tels sont ses traits caractéristiques.

Or, ces sentiments ne naissent pas au hasard, par la décision capricieuse d'une liberté absolue. Mais ils doivent tenir à un ensemble de conditions déterminables ; conditions qui, se retrouvant les mêmes chez des nations différentes et à des époques variées, auraient le degré de généralité et de constance propres à la causalité. S'il n'en était pas ainsi, il faudrait se contenter de décrire, en historien, les différents partis politiques, sans pouvoir espérer d'en expliquer la formation.

Les apparences sont tout d'abord contraires. Que de variétés de partis, et, dans le sein d'un seul, que d'éléments divers ! Et cependant, cette confusion et ce désordre disparaissent, quand l'analyse est assez pénétrante pour découvrir les ressemblances cachées.

Il en est ici pour les sciences sociales comme pour les sciences naturelles. Tant que les hommes se contentaient d'une vue superficielle, ils étaient surtout frappés de [la diversité infinie qui éclate dans le monde organique. Mais dès que les anatomistes, ne s'arrêtant pas à l'extérieur, ont scruté les organes internes, ils ont remarqué de nombreuses et importantes analogies. Et, c'est grâce à ces ressemblances bien caractérisées, qu'ils sont parvenus à répartir l'infinie multiplicité des êtres vivants en un certain nombre de groupes définis, subordonnés et rattachés à un nombre encore plus restreint de classes générales.

C'est par un travail de cette nature qu'on pourra distinguer les partis, chacun d'eux étant décomposé en ses éléments ; éléments qu'on aura chance de retrouver, à d'autres époques, d'autant plus semblables que l'analyse aura été poussée plus loin.

Mais, pour opérer ce travail d'une façon scientifique et avec chances de succès, il ne faut pas être dupe des dénominations vulgaires. Car, par défaut de précision, l'usage attribue souvent des noms différents à des groupes semblables dans le fond, ou, au contraire, il donne un nom semblable à des groupes composés de personnes réellement différentes. C'est ainsi que les partis monarchiques et religieux sont formés d'éléments différents, suivant les temps et les circonstances. Pour arriver à une classification naturelle en sociologie, il faut donc, à l'imitation des sciences biologiques, ne pas craindre de briser les cadres vulgaires ; cadres artificiels qui ne sont fondés que sur de grossières similitudes. Malgré les apparences, la chauve-souris n'est pas un oiseau, ni la baleine ou le phoque, des poissons. De même, dans nos classifications, il sera nécessaire de tenir compte du nombre et surtout de l'importance des caractères distinctifs de chaque classe.

Il ne s'agit pas ici de passer en revue les divers partis révolutionnaires et de découvrir, en chacun d'eux, les groupes homogènes qui les constituaient. Dans cette étude scientifique, il suffit de poser les règles générales qui, appliqués à chaque cas particulier, serviraient à résoudre le problème d'analyse.

Tout parti d'opposition, avons-nous dit, se compose des mécontents qui désirent une rénovation. Autant il y aura de causes réellement distinctes de souffrance et de mécontentement, autant il faudra compter de groupes différents dans le parti.

La souffrance est essentiellement relative. Elle résulte du concours de deux sortes de causes, les causes externes et les dispositions internes.

Il faut d'abord tenir compte des dispositions internes.

Habitués au luxe, les Lucullus de toutes les nations ne consentent à vivre qu'à la condition de mettre à contribution le monde tout entier. Pour se désaltérer, il faut qu'un bel esclave leur verse du Falerne du temps des consuls, ou que le champagne pétille dans le cristal de Bohême; pour satisfaire leur faim, il faut à leurs palais blasés des murènes nourries de chair humaine ; l'hiver, ils ne respirent à l'aise que sur la Côte d'Azur, et l'été leur serait insupportable, s'ils étaient privés de la brise rafraîchissante qui souffle sur les plages bretonnes. Leurs femmes ont encore des exigences plus raffinées. Depuis Sénèque, qui en faisait la remarque pour les Romaines de son temps, et même longtemps avant, elles ne peuvent se passer de suspendre à leurs oreilles des diamants ou des perles, dont le prix servirait à nourrir des milliers de malheureux ; leurs pieds ne marchent à l'aise que sur des tapis de Smyrne ; les vers à soie ont été expressément créés pour fournir des tissus dignes de mouler leurs formes élégantes ; sans un hôtel à la ville, un château à la campagne, une loge à l'Opéra ; sans les équipages, les toilettes du bon faiseur ; sans les fêtes de haut goût, sans les délicatesses de l'art, sans toutes les mille superfluités du luxe, la vie pour elles ne vaudrait pas la peine d'être vécue.

A l'autre pôle, saisissant contraste. L'Hindou vit à moitié nu, il boit de l'eau, se nourrit d'un peu de riz et dort sur une natte. Sans aller jusque dans l'Inde, on a pu et on peut encore voir, dans tous les Etats civilisés d'Europe, une foule de gens, condamnés à toutes les privations, supporter cependant leur sort sans se plaindre et même sans en souffrir. L'esclave ne sent pas plus la perte de sa liberté que le chien, au cou pelé, ne s'aperçoit de son collier.

Ces différences sont dues à la puissance d'adaptation propre aux êtres vivants, puissance d'autant plus grande que les habitudes ancestrales, toujours variables, n'ont pu se fixer en instincts. Or, c'est précisément le cas de l'homme. Chez lui, les hérédités s'entre-croisent, se mêlent, se neutralisent ; les tendances les plus opposées coexistent, de sorte que les circonstances sociales exerceront la plus grande influence sur l'avortement des unes et le développement des autres.

L'enfant est essentiellement imitateur. Il prend pour modèles les exemples qu'il a le plus souvent sous les yeux, et il est amené ainsi à copier ses parents et les personnes de la même condition. Il contracte, au point de vue physique et moral, des habitudes qui se confirment avec le temps et qui arrivent à constituer son caractère, si le genre de vie, pendant la jeunesse et dans l'âge viril, s'accorde avec les impressions de l'enfance. C'est ce qui arrive, lorsque l'enfant suit la condition paternelle, et s'engage dans la même profession, ou dans des professions similaires.

Si, par son mérite ou par le hasard de quelque chance favorable, le jeune homme parvient à s'évader d'une condition inférieure pour s'élever dans la hiérarchie sociale, il imitera le nouveau milieu dans lequel il est appelé à vivre et mettra son caractère et ses mœurs en harmonie avec ce milieu. Si, par une mauvaise chance contraire, il venait à déchoir, ses prétentions subiraient une baisse correspondante. Dans tous les cas, les tendances fondamentales dans chacun sont dues au genre d'activité exercée ; c'est-à-dire, à la nature des occupations régulières que les nécessités de la vie sociale et de l'organisation du travail imposent à tous ; en un mot, à la profession. Car c'est elle qui, par la continuité de son influence, imprime dans les dispositions physiques et mentales les modifications les plus profondes et les plus fixes.

S'il en est ainsi — et l'observation historique, d'accord avec les lois psychologiques prouve la réalité de ces types professionnels — *toutes les souffrances qui ne tiennent pas à des causes proprement individuelles naissent des obstacles qui, pour les membres d'un groupe, empêchent l'activité professionnelle d'atteindre sa fin, ou plutôt ses fins variées.*

C'est la profession qui fait vivre, soit qu'elle fournisse les salaires à peine suffisants pour subvenir aux nécessités les plus pressantes, soit qu'elle répande, avec largesse, les ressources capables d'alimenter le plus grand luxe. C'est elle aussi qui permet de satisfaire aux habitudes de plaisirs qui sont propres à la classe de travailleurs dont on fait partie ; plaisirs purement personnels, et plaisirs altruistes, qui s'exercent surtout dans les limites de la famille. C'est encore à elle que se rattachent les formes diverses que prennent le sentiment d'honneur, le désir d'indépendance et l'amour du pouvoir.

Aussi, tout ce qui contribuera à rendre la profession plus pénible et moins lucrative, tout ce qui la diminuera en lui enlevant de son prestige et de son influence, deviendra une source incessante de peines. L'aiguillon de la douleur excitera l'esprit à rechercher les causes du mal ; cette connaissance provoquera l'irritation ; et la haine, à son tour, poussera l'activité mentale et physique à supprimer l'obstacle au bien habituel. D'ailleurs, comme tous les membres du groupe se trouvent dans des situations et des dispositions analogues, tous éprouveront le même sort et, animés des mêmes sentiments, ils réuniront leurs énergies et leurs ressources pour détruire le mal commun.

L'histoire fournit en abondance des exemples capables de fournir une base solide à cette induction.

Les patriciens romains et, en général, toutes les aristocraties ont conservé jalousement leurs privilèges ; la pression des circonstances, seule, les a amenés à céder aux empiétements de la plèbe et de la bourgeoisie. Quand ils le pouvaient, c'était par des répressions sanglantes qu'ils rabattaient les prétentions des bourgeois voulant s'immiscer dans les affaires publiques (1). — Les sénateurs, les lords membres de la Chambre des pairs, les députés des Chambres législatives, les conseillers d'Etat, tous ceux qui participent à la confection des lois, luttent, souvent entre eux, au sujet de questions qui ne les touchent pas directement. Leur désaccord cesse, dès que leur autorité ou leurs prérogatives de législateurs sont mises en péril. — Les juges des tribunaux et des parlements ont toujours montré un remarquable esprit de corps. Toute atteinte portée à l'un de leurs membres est vivement ressentie par les autres. Les parlements eux-mêmes se solidarisent, lorsque l'un d'eux est frappé, fût-ce par la puissance royale, source première pourtant de leur propre autorité (2). — Le clergé, à toutes les époques et dans les pays les plus divers, a montré la plus grande énergie dans la défense de ses privilèges, et dans la revendication de ses pouvoirs spirituels

---

1. Au temps d'Etienne Marcel, la Jacquerie, favorable à l'amoindrissement de la noblesse, est écrasée par les seigneurs, au cri de : « Mort aux vilains ! » Le prévôt des marchands est lui-même mis à mort, et les prérogatives de la noblesse sont rétablies.

2. L'arrestation du président Blancménil et des conseillers Broussel et Charton, donne le signal de la Fronde ; à la veille de la Révolution, le Parlement de Paris ne veut point abandonner son droit d'enregistrement, il résiste à Meaupeou, et tous les parlements de province s'associent à sa résistance.

ou même temporels. Les membres du clergé se transmettent, des biens qui servent, non seulement au culte, mais à
leur entretien personnel et parfois aux dépenses d'une vie
luxueuse. Souvent aussi, ils jouissent d'une juridiction spéciale : au moyen âge, les clercs pouvaient ainsi se soustraire
au droit commun, et même, grâce à la connivence des officialités, la simple tonsure suffisait. D'ailleurs leur lutte contre
les autres pouvoirs a été d'autant plus efficace que la hiérarchie est mieux réglée à tous ses degrés et mieux respectée.
Dans les périodes prospères du catholicisme, toutes les forces
sont réunies dans la main du pape qui peut ainsi lutter contre
les rois et les empereurs les plus puissants. Grégoire VII
oblige Henri IV d'Allemagne à la soumission de Canossa.
Combien la lutte devient encore plus vive, lorsqu'il s'agit
de défendre la fonction sacerdotale elle-même, menacée de
destruction! C'est l'être tout entier qui est en péril, non seulement physique et avec l'ensemble des tendances qui se
rapportent aux corps, mais l'être moral avec la complexité
d'idées et de sentiments que l'éducation tournée vers un but
presque unique, la fréquentation assidue d'un milieu favorable, la méditation personnelle, la pratique régulière du
culte, ont imprimés au plus profond de la conscience. Bien
plus, c'est l'être éternel, avec la succession infinie de ses
états heureux ou malheureux, selon le parti qu'il va prendre. Il n'est donc pas étonnant que la résistance soit en
proportion de la grandeur et de la multiplicité des intérêts qui sont menacés. — Des remarques semblables s'appliquent aux intellectuels ; à tous ceux qui se livrent aux
travaux de l'esprit, non par simple dilettantisme, mais qui
font de l'étude ou de l'enseignement l'objet habituel de leurs
occupations, et la source où s'alimentent leur vie matérielle,
les plaisirs inhérents aux créations scientifiques et esthétiques,
et enfin l'autorité sociale, attachée aux manifestations du génie
ou du simple talent. Voilà pourquoi les artistes, les écrivains,

les savants, les philosophes forment des groupes divisés par d'ardentes rivalités, quand il s'agit de savoir à qui appartiendra la prépondérance ; mais qu'ils se réunissent tous contre les barbares qui voudraient leur suppression commune. Les journalistes, frappés dans leur existence même de journalistes par une des *ordonnances* de Charles X, protestèrent énergiquement : ils refusèrent d'obéir et recommandèrent ouvertement la révolte. — Les troupes qui, par une longue pratique de la guerre, sont devenues impropres à d'autres occupations, supportent mal d'être licenciées. Témoin ces *Grandes Compagnies* qu'on ne pouvait point dissoudre, et dont du Guesclin ne parvint à débarrasser la France qu'en les envoyant se faire exterminer au delà des frontières.

On pourrait ainsi continuer de passer en revue les diverses professions, et l'on verrait se reproduire la même succession de faits. Que les paysans, accablés par les exigences du fisc, par la dureté des seigneurs ou par les malheurs de la guerre, ne puissent plus vivre du travail de la terre, alors ils s'indignent, se révoltent et, dans de sanglantes jacqueries, luttent contre l'Etat, massacrent leurs oppresseurs et, pris d'une rage de destruction, brûlent les châteaux et saccagent les villes. — La bourgeoisie, composée surtout de commerçants et de patrons d'industrie, s'unit dans des ghildes, des hanses, des corporations, pour mieux protéger ses droits. Au moyen âge, les bourgeois achètent des chartes de leurs seigneurs, ou ils les conquièrent par la force et fondent des communes libres. A toutes les époques, ils se montrent surtout sensibles à ce qui touche leurs intérêts professionnels, le commerce et l'industrie. — Aux prétentions des patrons, les ouvriers, soucieux avant tout d'accroître leurs salaires, opposent des prétentions opposées. Ils se défendent par les statuts secrets du compagnonnage, recourent aux grèves accompagnées de menaces ou même de violences, et, dans des cas nombreux, se soulèvent ne reculant pas devant des

émeutes sanglantes. — Enfin, il n'est pas jusqu'aux men-
diants et aux vagabonds professionnels qui n'aiment pas à
être troublés dans leurs habitudes de paresse et de parasi-
tisme. La plèbe romaine ou byzantine était prête aux émeutes, dès que les arrivages de blé se faisaient attendre. Et
depuis, les dispositions des clients de l'Assistance publique
n'ont guère changé.

Trouble apporté dans la fonction sociale, quelle qu'elle soit,
telle nous paraît être l'origine de ces grands courants d'idées
et de passions qui servent à former les partis et qui les soulèvent contre l'autorité établie.

CHAPITRE VII

LES CAUSES DU MÉCONTENTEMENT
DANS CHAQUE GROUPE

———

Cependant, pour arriver à une explication plus précise, il faut pousser l'analyse régressive plus loin. Il faut montrer comment et pourquoi, dans une même catégorie profession-nelle, tous n'apportent point la même vivacité dans leurs revendications, ou même pourquoi quelques-uns non seule-ment restent neutres, mais se joignent au parti de la résis-tance.

Deux sortes de raisons, avons-nous dit, expliquent la souffrance, le mécontentement et la haine active : raisons internes qui tiennent à l'ensemble des tendances, idées et habitudes, nées principalement de la profession ; causes exté-rieures qui agissent du dehors et viennent s'opposer à la satisfaction des tendances essentielles. Tout ce qui contribue à accroître ou à diminuer l'influence de ces raisons, sert par là même à accroître ou à diminuer le zèle rénovateur. Voyons, à l'aide de ces principes, quand et comment des scissions viendront à se produire dans une classe.

Au sujet des dispositions internes, il faut signaler surtout l'influence de l'âge, de l'état civil, du succès et de la fortune, qui est la mesure ordinaire de la réussite dans une profession.

Les jeunes gens sont plus amateurs de nouveautés, plus ardents, plus audacieux. Ils se laissent plus facilement séduire aux promesses des transformations futures; ils ferment les yeux sur les obstacles et les difficultés, les difficultés qui naissent surtout des autres hommes, qu'ils ne savent pas être soumis pour la plupart au joug de l'égoïsme étroit et de la pesante routine. Conscients de leurs facultés neuves et propres à des adaptations nouvelles, ils projettent au dehors leurs tendances réformatrices, et, trompés par ce mirage, ils s'imaginent que les transformations sociales s'opèrent en un instant, comme par un coup de baguette magique. Bienfaisantes ou nuisibles, ces illusions les portent à l'action, et cela, avec d'autant plus de vivacité que d'autres causes, venant s'y joindre, concourent au même résultat.

Les jeunes gens sont souvent *célibataires*. Par suite, les responsabilités domestiques ne les obligent pas à plus de prudence. Pour soi, on peut affronter les plus grand risques, et, en bon joueur, accepter courageusement les mauvaises chances que la lutte tient peut-être en réserve. Si on est marié, et qu'on ne veuille point traiter sa femme en esclave, il faut tenir compte de ses avis, de ses souffrances, de ses plaintes. Or, la femme, par les exigences de sa nature et des conditions sociales, est souvent conservatrice. Mère, nourrice, chargée dans les ménages pauvres des soins domestiques, elle est l'ennemie des troubles qui rendent la vie plus difficile. Aussi, elle s'efforce de les éviter avant qu'ils éclatent. Mais lorsque la révolte s'est déchaînée avec tous les maux qu'elle entraîne à sa suite, elle devient furieuse, descend dans la rue et mêle ses revendications à celles des hommes. Dans les grèves, l'élément féminin est loin de rester toujours étranger aux violences qui s'y commettent. Pendant la Révolution française, ce sont aussi des femmes du peuple qui, pressées par la famine, marchent sur Versailles et, dans les journées d'octobre 1789, parviennent à ramener à Paris « le boulanger, la boulangère et le petit mitron » (1). On aurait donc tort de parler de l'homme comme s'il était seul, ce qui n'arrive que dans le célibat. Mais il y a lieu de tenir compte de l'influence de la femme ; influence qui, pour être parfois occulte, n'en est pas moins très réelle. Ainsi, le membre d'une catégorie sociale n'est pas le plus souvent un individu. C'est un couple, auquel doivent même être joints des enfants, dont les intérêts ne restent pas étrangers aux parents.

L'enfant, c'est l'avenir, c'est la porte ouverte à des ambitions que les parents n'ont pu satisfaire et qu'ils cherchent à réaliser, en lui et par lui, de toute la force de leur affection. Les parents travaillent, économisent, sont disposés aux plus lourds sacrifices, afin de mieux atteindre leur but. Or, tant qu'il ne s'agit que d'obstacles naturels à surmonter, les malchanceux ne peuvent accuser qu'eux-mêmes de leur insuccès. Mais, s'ils sont arrêtés par les barrières artificielles des lois, ils s'irritent contre des institutions injustes et s'efforcent de les détruire. Ainsi, la bourgeoisie, lorsqu'elle est en possession de la richesse mais qu'elle est privée de pouvoir politique, aspire à ce pouvoir et elle exerce une poussée violente contre la porte qui défend à ses fils l'accès des fonctions publiques.

Cependant, en dehors de ces causes de différence, les mêmes dispositions internes ne sont pas uniformément répandues, soit dans ces groupes vagues désignés sous le nom de

---

1. Cette remarque sur le mariage ne suffit certes pas à montrer le rôle considérable que joue la femme dans la production des événements. Pour apprécier cette influence avec quelque exactitude, il serait nécessaire, non de tracer le caractère de la femme, comme si ce caractère était unique, mais d'étudier les formes multiples qu'il peut prendre, suivant les différentes conditions sociales où la femme se trouve placée. Car, ce sont ces conditions qui, semblables à la profession chez l'homme, marquent d'une empreinte commune chacune des catégories féminines.

bourgeoisie, soit même dans ces classes plus homogènes que déterminent les occupations professionnelles. En effet, si tous les individus qui entrent dans la composition de ces classes présentent ordinairement entre eux plus de ressemblance qu'avec tout autre groupe, la ressemblance ne va pas jusqu'à l'identité. L'empreinte est la même, mais elle s'accuse avec plus ou moins de relief. L'éducation, le milieu et l'habitude tracent aux facultés leur direction, mais ils n'effacent pas les différences natives des natures individuelles ; par suite, ils n'empêchent pas les supériorités de se produire dans l'exercice des professions, où les aptitudes diverses peuvent se donner une carrière étendue.

L'électricité se porte vers les pointes, et elle a une tension d'autant plus forte que la pointe est plus saillante. De même, la tendance qui ouvre le champ aux ambitions d'une classe se manifeste, à un plus haut degré, chez ses membres éminents. Tous les commerçants visent bien à la richesse, tous les orateurs à l'éloquence, tous les poètes à la gloire. Mais, dans cette cohue de gens qui courent à un même but, beaucoup tombent en route, et, si quelques rares heureux atteignent le sommet de leur rêve, un plus grand nombre se tiennent à mi-côte, pendant qu'une foule encore plus nombreuse reste au bas de la montagne. Or, dans cette ascension vers les hauteurs, plus on est élevé, plus on veut monter. Les cimes attirent encore mieux que les abîmes, du moins ces esprits généreux qui ne reculent devant aucun effort pour ouvrir, à eux et à leurs frères déshérités, les vastes et lumineux horizons. Pour parler sans figure, il y a, dans chaque catégorie professionnelle, malgré la communauté de nature, des différences de degrés ; il y a des rangs qui distinguent les supérieurs des inférieurs ; une sorte de hiérarchie qui, pour n'être pas officielle et consacrée par l'autorité religieuse ou garantie par les lois, n'en est pas moins réelle et doit, par suite, entrer en ligne de compte dans l'appréciation des changements sociaux. Dans chaque groupe, ce sont ces personnes éminentes qui jouissent de la plus grande autorité et qui, étant l'expression la plus haute des revendications communes, deviennent les chefs tacitement reconnus du mouvement réformiste.

Voilà les principales raisons internes qui mettent de la diversité dans les classes professionnelles, et qui empêchent leurs membres d'agir d'une façon complètement uniforme. Restent à signaler les raisons externes qui sont peut-être plus importantes et qui, du moins, ont l'avantage de pouvoir être déterminées avec plus de précision.

De toutes les causes extérieures, celles qui sont le plus capables de produire des divergences sont les distinctions artificielles que l'Etat a établies par ses lois et qu'il maintient par la puissance publique dont il dispose. L'Etat, qui aspire souvent au rôle de Providence, ne cherche pas à réduire son action au minimum ; mais il se plaît à intervenir dans le travail social, et son intervention n'est pas toujours heureuse. Par ses dispositions législatives, il crée des *catégories juridiques* (1) dans le sein d'une même classe sociale, en se fondant sur des caractères étrangers à la fonction elle-même et sans influence véritable sur la valeur des personnes, favorisées d'un privilège ou frappées d'une interdiction.

Tels sont les avantages ou les inconvénients attachés arbitrairement à la *naissance*, au *territoire*, à la *fortune*, à la *religion*, pour ne citer que les principales causes de distinction.

La loi reflète les idées et les sentiments d'une classe dominante, bande guerrière que la victoire a établie en maîtresse sur un territoire occupé par la population vaincue ; riches commerçants que la fortune a élevés au-dessus de leurs con-

1. Nous proposons de substituer cette expression à celle de « classes sociales » qui est équivoque et que nous réservons pour désigner les groupements professionnels, la profession étant plus capable de fonder des classifications naturelles.

citoyens et mis au pouvoir ; colons d'une race ou, du moins, d'une civilisation plus avancée qui ont assujetti des peuples inférieurs et les ont pliés à l'esclavage ; prêtres supposés les interprètes ou les agents de la divinité et qui, grâce à cette puissance mystique, ont imposé leur autorité à la foule des fidèles... Or, quels que soient les maîtres de la puissance publique ils s'efforcent de maintenir leur supériorité et de la perpétuer dans leurs descendants. Ils forment des castes supérieures ou des aristocraties fermées. Toutes les institutions qu'ils créent sont disposées de façon à rendre durable leur prépondérance actuelle, et cela, sans qu'ils aient besoin de renouveler les efforts qui avaient assuré leurs succès et montré leur supériorité.

Disons, dès maintenant, sauf à y insister plus tard en son lieu, que ces mesures de protection renferment des germes de décadence. Pendant longtemps, toutefois, ces lois deviennent pour les inférieurs une geôle qui emprisonne leur activité et la renferme dans une carrière étroite. Mais, pour les grands, elles sont une citadelle qui sert à protéger leur puissance contre leurs propres faiblesses. Aussi, partout où les patriciens, les nobles, les magnats, les boyards, les membres de toutes les aristocraties se plaisent à exercer leur activité, partout ils obtiennent l'avantage sur leurs concurrents. Quand la richesse vient surtout de la culture de la terre, ils s'emparent des parties les plus fertiles, et moyennant quelques faibles concessions de terrain, ils obligent les anciens possesseurs du sol, devenus serfs, à travailler leurs domaines par des corvées de trois ou quatre jours par semaine. S'ils partagent le territoire de leur seigneurie en lots attribués aux paysans, ils conservent cependant un droit éminent de propriété, qui se manifeste dans le paiement des redevances, connues, pendant la féodalité, sous le nom de censives. D'ailleurs, pour que les familles seigneuriales soient, le moins possible, exposées à la déchéance qui suivrait leur appauvrissement, le législateur prend les dispositions les plus propres à maintenir le domaine dans les mêmes mains. A la mort du seigneur, l'héritage ne se divise pas en parts égales entre les enfants. Mais la propriété foncière, avec les différents droits qui y sont attachés, passe intégralement à l'aîné, chargé ainsi de perpétuer la dignité et la puissance de la famille.

De ces dispositions, il résulte que d'autres travaillent, et qu'eux récoltent. Tant que ces avantages sont la récompense d'autres services, la situation paraît tolérable. Mais, lorsque ces services viennent à manquer et que les charges subsistent, l'injustice se montre sous son vrai jour, et provoque le mécontentement et la haine. Les victimes sont portées naturellement à grossir le parti de la réforme.

C'est d'une façon analogue que se résout la question économique dans les autres formes d'aristocratie, et c'est aux mêmes résultats qu'aboutissent les privilèges : augmenter le nombre des mécontents.

Les prêtres des diverses religions, même de celles qui recommandent le plus la pauvreté, trouvent le moyen d'accumuler de grandes richesses mobilières et territoriales ; richesses intangibles, sacrées, qui se transmettent dans les familles sacerdotales, ou qui, dans le cas où le célibat est pratiqué, passent à leurs successeurs, leurs fils spirituels, non moins désireux d'accroître l'héritage de l'Eglise. Leurs biens deviennent des biens de mainmorte, et, pour être bien sûrs que ces biens ne rentreront pas dans la communauté, ils décrètent leur propre incapacité à aliéner ce qu'une fois ils ont reçu.

Dans les colonies qu'on appelle du nom si expressif et si juste de colonies d'exploitation, les procédés d'accaparement de la richesse ne prennent même pas la peine de se déguiser sous les apparences de l'utilité mutuelle. Les maîtres recourent ouvertement à l'expropriation générale du sol, des mines

et des forêts ; au pillage des richesses mobilières ; à l'asser-
vissement des indigènes ; au travail meurtrier que les Espagnols ont imposé, par exemple, aux Indiens dans les mines
du Mexique. Est-il étonnant que ceux qui sont ainsi traités
deviennent des ennemis toujours prêts à la révolte ?

Les commerçants, quand ils ont été au pouvoir, ainsi que
cela eut lieu dans les communes du moyen âge, s'efforcè-
rent aussi dans leurs chartes de maintenir leurs privilèges. —
Enfin, il n'est pas jusqu'aux corporations d'arts et métiers,
où la tendance à établir et à conserver des privilèges n'ap-
parût avec éclat, toutes les fois que les intéressés avaient le
droit de rédiger des statuts et de les faire respecter, grâce à
l'appui de l'autorité publique (1). Mais que de colères soulèvent toutes ces violations de l'égalité !

Le territoire, où les hasards de la naissance ont fait naître un individu, sert aussi à établir des distinctions qui ne
sont point fondées sur la nature même des êtres ; c'est-à-dire,
sur le mérite réel et la valeur sociale des membres appartenant aux catégories créées par ces distinctions. Cela est évident à l'égard des nations diverses, dont la personnalité
morale est, pour chacune d'elles, étroitement unie à un territoire déterminé. Mais, même dans un groupe national unique, il existe souvent des diversités qui naissent du pays
d'origine ou du domicile. A notre époque, les situations sont,
à ce point de vue, plus uniformisées. Et cependant, même en
France, où les distinctions fondées sur le lieu de naissance
sont le plus effacées, elles ne sont pas complètement abolies,
sinon en droit, du moins en fait. La lutte dans les grandes
villes est plus âpre et les vaincus de la vie y tombent dans
une misère et une abjection plus profonde. Mais, si les
infirmités et les laideurs se montrent sous des traits plus

1. La lecture de l'*Edit du roi portant suppression des Jurandes* est, à ce
sujet particulièrement intéressante. Voir Levasseur, les *Classes ouvrières*, II, 867.

accentués et plus repoussants, les qualités trouvent un terrain plus favorable où elles peuvent se révéler, grandir et manifester leur influence. Paris, en particulier, est un centre privilégié où toutes les professions jouissent d'une sorte de coefficient de puissance, qui leur attribue une supériorité incontestable sur les professions identiques exercées en province.

S'il en est ainsi sans aucune intervention législative, que dire des inégalités qui résultent des dispositions expresses de la loi ? Dans l'antiquité, partout où domine le régime de la cité, les droits politiques ne s'étendent pas au delà de l'enceinte urbaine. Athènes et Sparte ont beau reculer les limites de leur domination, les pouvoirs n'en restent pas moins concentrés à Athènes et à Sparte. C'est sur le Pnyx que se réunit l'assemblée populaire des citoyens nés à Athènes ou dans les bourgs de l'Attique ; et à Lacédémone, c'est une aristocratie rigoureusement fermée qui décide des affaires intéressant tout le Péloponèse. — A Rome, le seul fait de naître dans l'enceinte des sept collines donne, aux hommes libres, les grands avantages politiques et sociaux attachés au titre de citoyen romain. La formule, *civis romanus sum*, inspire au loin le respect. Cicéron ne craint pas d'élever cette qualité au-dessus des titres pompeux dont se parent les rois étrangers : le sceptre royal doit aussi le céder à la toge romaine. D'un autre côté, la politique de Rome était de diviser pour régner. De là, cette diversité de régimes qu'elle instituait dans l'étendue de l'empire et qui faisaient cette bigarrure de cités et de provinces, voisines parfois les unes des autres, mais pourvues, chacune, d'un droit spécial.

Des différences, inhérentes au sol, mais indépendantes du mérite personnel, apparaissaient à tous ceux qui en étaient victimes comme de véritables atteintes à la justice, comme des survivances arbitraires du droit de la force, comme des traces de la conquête qu'il fallait effacer. C'est sous une pression continue, parce qu'elle venait d'une cause persistante, que les obstacles à l'uniformité du droit romain furent levés tour à tour. Mais ils le furent, grâce aux revendications énergiques et aux révoltes des peuples lésés. Latins, Italiens pénètrent successivement dans la cité, et enfin les droits de citoyen romain sont étendus à tous les habitants de l'Empire.

Le moyen âge est l'époque par excellence de la diversité. Communes, villes libres, seigneuries, évêchés, domaine royal adoptent des institutions différentes ; de sorte que les mêmes professions, suivant qu'elles sont exercées ici ou là, jouissent d'avantages, ou sont soumises à des charges plus onéreuses qu'ailleurs. Ces différences en entraînaient naturellement de correspondantes dans la conduite, toutes les fois que l'opposition était assez grande pour que le bien des uns devînt le mal des autres. C'est ainsi que les bourgeois des communes ou des villes libres, soit en France et dans les Flandres, soit en Allemagne et en Italie, très fiers de leurs richesses et de leurs franchises achetées ou conquises par la force, entrèrent souvent en lutte avec les seigneurs ou même les rois, refusant d'admettre une domination que les bourgeois des autres villes supportaient sans révolte.

Un des exemples les plus caractéristiques de territoires frappés d'une sorte d'anathème est fourni par l'Irlande. A partir de la conquête, au xii° siècle, la race entière est frappée de déchéance. Quelles que soient la qualité et la situation des malheureux habitants de ce pays, elles subissent, par le fait seul de la nationalité, une énorme dépréciation. La loi anglaise n'est point faite pour les Irlandais que protège mal le droit breton. Plus tard et, comme pour rendre impossible la fusion des deux races, Lionel, duc de Clarence, promulgue *le Statut de Kilkenny* qui creuse, entre les deux nationalités, un fossé infranchissable ; et cela,

longtemps avant que la différence de la religion ne vînt
encore augmenter l'intervalle (1).

L'État ne borne point son action aux affaires civiles et
politiques, mais il l'étend aux choses de l'esprit, et particulièrement aux questions religieuses.

D'ordinaire, il ne pratique pas l'indifférence à cet égard,
et, même quand il professe la neutralité, sa conduite réelle
n'est pas pleinement d'accord avec ses déclarations. Le plus
souvent, il manifeste ouvertement ses préférences en faveur
d'une confession religieuse ; il met le poids de son autorité
au service de ce qu'on a appelé justement la religion d'État.
Que ce soit lui ou des chefs religieux indépendants qui établissent le dogme et règlent le culte, c'est lui qui, par la
puissance publique dont il dispose, protège l'autorité religieuse contre la violence des opposants, et impose à tous le
respect des cérémonies consacrées par la tradition.

Mais sa protection et sa faveur ne s'arrêtent pas là. Les
représentants, officiels ou non, de la religion tiennent souvent une place éminente dans l'État. Ils usent alors de leur
influence en faveur de leurs croyances. C'est par eux que
s'introduisent dans la législation des dispositions qui favorisent l'extension du culte, qui découragent la propagande
contraire, et qui même édictent les peines les plus rigoureuses contre les sectes opposées. Les concordats, les édits,
les lois religieuses de toute sorte établissent des catégories de
personnes, déterminées uniquement par la nature des
croyances professées. Par là encore l'unité du groupe professionnel se trouve brisée.

En dehors des lois proprement dites, l'État a d'autres

______

1. Dans cet acte célèbre, il était, en effet, défendu sous peine de mort
aux Anglais « de contracter mariage avec des Irlandais, d'élever ou d'en-
« tretenir chez eux des Irlandais, de trafiquer, de converser même avec
« eux ». Excellent moyen de perpétuer les haines et de rendre un peuple toujours prêt à la révolte.

moyens non moins efficaces de manifester ses préférences ou son hostilité. Il est le grand dispensateur des places lucratives et honorifiques, des dons, des faveurs, de la puissance, de la gloire, du moins officielle. Or, quand même il n'y aurait pas d'interdiction légale à l'égard des dissidents, l'État a toujours la facilité de leur montrer un mauvais vouloir effectif, en leur refusant toute part à cette manne bienfaisante. L'opposition religieuse donne à tous les suspects un brevet d'incapacité, et cela, partout où l'État étend le cercle, si large, de son influence. Dans toutes les classes sociales, les ambitions les plus légitimes sont découragées chez tous ceux qui sont en dehors de l'église officielle. Ils sont exclus, eux et leurs enfants, de toutes les fonctions publiques, et, même dans l'exercice de leurs professions, ils risquent de se heurter à des obstacles inconnus de ceux qui professent l'orthodoxie.

Est-il étonnant, d'après cela, que ceux qui sont particulièrement molestés par l'État se trouvent au premier rang des mécontents? C'est aussi une conséquence nécessaire que leur mécontentement redouble quand l'État redouble de sévérité à leur égard; quand il supprime d'antiques garanties et lance contre eux des édits de persécution. Ils forment alors le noyau de la résistance, et, c'est autour d'eux que viennent se grouper d'autres éléments, plus ou moins indifférents sur la question proprement religieuse, mais qui ont d'autres revendications à faire valoir.

Voilà les grandes catégories juridiques, créées par les institutions législatives ou les décisions du pouvoir exécutif. C'est d'après un principe semblable qu'on expliquerait les autres groupements artificiels, toute la différence provenant du nombre des adhérents et de la grandeur des intérêts mis en jeu.

Ainsi, dans l'antiquité comme dans les temps modernes, l'État a souvent réparti les citoyens dans des classes distin-

guées par la fortune, en attribuant à chacune des charges et
des droits divers. Or, l'esprit de rénovation se manifeste surtout chez ceux qui ont, dans chaque profession, le plus à
pâtir des dispositions légales. Les gros censitaires, propriétaires fonciers ou riches industriels, trouvaient sans doute
excellentes les restrictions apportées au droit de suffrage,
mais ceux qui étaient exclus n'étaient pas de cet avis : ce fut
une des raisons qui les disposèrent à renverser le gouvernement de Louis-Philippe. Dans sa législation commerciale
et industrielle, que l'Etat prenne des mesures qui favorisent
une branche aux dépens d'une autre, aussitôt une division
se produit : les favorisés approuvent, les autres se plaignent
et protestent. Par exemple, certaines catégories d'industriels
sont libres-échangistes, lorsqu'ils sont supérieurs à leurs concurrents étrangers et qu'ils espèrent, par la suppression des
tarifs douaniers, étendre le cercle de leurs affaires. D'autres
réclament énergiquement la protection, dans la crainte d'être
victimes de la concurrence étrangère. En dehors des affinités naturelles qui unissent les membres d'une même
profession, il y a donc lieu, pour expliquer les mouvements
sociaux, de tenir compte des courants secondaires créés artificiellement par l'Etat.

Mais qu'il s'agisse de courants principaux ou de courants
secondaires, la cause essentielle réside invariablement dans
les intérêts professionnels. Car, c'est toujours là le point
central où tout vient aboutir.

En résumé, l'être social est, dans chaque individu, façonné
surtout par le genre d'occupations : fonction gouvernementale, profession libérale ou indépendante, simple métier C'est
la profession qui satisfait aux nécessités de la vie; c'est elle
qui détermine les relations habituelles; qui règle les goûts,
les mœurs, le genre de divertissements; qui préside aux
choix dans le mariage; qui ouvre la porte aux ambitions
personnelles, ou, du moins, aux ambitions que les pères

nourrissent pour leurs enfants ; c'est elle, en un mot, qui contribue le plus à former tout un ensemble bien cohérent d'idées, de tendances et d'habitudes. Or, tout ce qui contrarie ces tendances est un mal, et l'individu qui en souffre devient un mécontent, prêt à supprimer l'obstacle, dès que l'espoir de le faire avec des chances de succès vient à naître. Au contraire, celui qui se trouve plutôt favorisé par l'état de choses actuel redoute un changement, et s'efforce de le conjurer. Le premier entre dans le parti novateur ; le second reste attaché à une constitution qui le favorise : il est dans les rangs des conservateurs.

CHAPITRE VIII

L'ÉTAT

Le parti révolutionnaire se compose de tous les mécontents ; de ceux qui croient avoir à se plaindre du trouble
apporté à leur activité professionnelle, ou des obstacles
opposés à leurs ambitions légitimes. Or ces troubles et ces
obstacles viennent surtout de l'Etat, dont la structure, les
institutions et le fonctionnement s'harmonisent mal avec la
situation actuelle. C'est donc la nature de l'Etat et son mode
d'activité qui se trouvent être les causes ultimes de la haine
qu'inspire le gouvernement, et du désir qu'on a de le changer.

Si les plaintes dirigées contre la puissance publique sont
insuffisamment fondées, la tentative révolutionnaire n'abou-
tira point. Après une période de troubles, l'ordre sera rétabli par l'Etat, assez fort, malgré les espérances contraires,
pour accomplir sa fonction essentielle, qui est de « disci-
pliner la société » (1), en obligeant toutes les classes sociales à continuer de concourir ensemble dans une activité soli-
daire. Au contraire, si la révolte prend de l'extension, c'est
que les vices supposés dans l'Etat étaient réels. Le succès

1. Cette expression très exacte est de M. René Worms. *Philosophie
des Sciences sociales*, I, 37.

ne fait alors que mettre en évidence les défauts que des esprits perspicaces avaient aperçus et signalés. Décadence réelle de l'Etat, voilà donc quel nous paraît être, en dernier ressort, la cause d'une révolution qui triomphe.

L'Etat, envisagé du moins au point de vue spécial qui nous occupe, est l'ensemble des pouvoirs qui servent à maintenir l'ordre. Or, il remplira d'autant mieux sa fonction que ses différents pouvoirs s'exerceront d'une façon plus harmonieuse. Mais, si des conflits s'élèvent et persistent, l'autorité et la puissance de l'Etat diminuent. Non seulement ces luttes intestines épuisent les forces et affaiblissent le prestige, mais elles fournissent à l'opposition l'occasion de prendre parti en faveur de l'un des pouvoirs publics, et de donner ainsi à ses attaques ou à sa résistance les apparences du droit. Ce ne sont plus des malfaiteurs qui s'insurgent contre les autorités légitimes ; ce sont les champions de la justice, qui luttent contre une opposition tyrannique Par là, l'Etat se trouve doublement affaibli ; d'abord, en lui-même, par la privation ou le mauvais fonctionnement d'un organe essentiel ; puis, d'une façon relative, par l'accroissement de force qu'il confère au parti d'opposition.

Ce sont là des vérités évidentes, tant elles sont d'accord avec les ois de la psychologie sociale. Et cependant, pour donner à la démonstration toute sa solidité, il ne sera pas inutile de soumettre les propositions précédentes au contrôle de l'observation historique.

L'histoire montre qu'il est dangereux pour le pouvoir exécutif de se mettre en opposition, sur des points essentiels, avec le pouvoir législatif, toutes les fois, du moins, que ce dernier pouvoir s'exerce d'une façon indépendante et légitime, c'est-à-dire, conformément à des institutions consacrées par le temps, ou à des contrats et des chartes librement consentis. Charles Ier se heurta à la résistance du Parlement qui, en retour des subsides qu'il votait à la royauté, voulait exercer un contrôle effectif sur les actes du gouvernement. Il eut beau le dissoudre à plusieurs reprises ; il était incapable de le dépouiller de son autorité. Les chefs du Parlement, persécutés et poursuivis, n'en étaient pas moins les représentants du droit: tous ceux qui avaient à se plaindre de la royauté tournaient les yeux vers ces défenseurs de la justice. Le moment venu, le Parlement deviendra le centre de la résistance, l'agent le plus actif de la chute du roi d'Angleterre.

L'opposition entre les deux pouvoirs produisit des effets analogues en France, et cela, à plusieurs reprises. Dès que les états généraux furent réunis à Versailles, les prérogatives royales furent atteintes. La souveraineté ne fut plus concentrée dans les mains du monarque, mais elle se partagea entre le roi et l'Assemblée constituante, dont l'autorité devint bientôt prépondérante. Plus tard, la Révolution a éclaté quand Charles X, usurpant les pouvoirs accordés par la charte à l'Assemblée législative, promulgua de sa propre autorité, et contrairement à la volonté bien manifeste des députés, les fameuses Ordonnances de juillet...

Dans ces exemples, l'hostilité entre les deux pouvoirs aboutit à une révolution triomphante. Mais, alors même que les effets n'apparaissent pas d'une manière aussi saillante et ne se traduisent pas en une longue suite d'événements notables, ces effets sont cependant réels. L'État a perdu de sa force, et, s'il en conserve encore assez pour triompher des résistances, il est pourtant sur le chemin de la décadence. Que d'autres causes de faiblesse viennent s'ajouter à la précédente, et le cataclysme social ne manquera pas de se produire.

Les deux autres causes qui agissent dans la région des idées pour affaiblir la puissance de l'État sont l'opposition du pouvoir judiciaire et de l'autorité religieuse.

Les coutumes et les lois, dont les tribunaux ont la

défense, sont des règles générales qui deviennent parfois gênantes, quand les adversaires de l'Etat ont l'habileté de maintenir leur opposition sur le terrain légal que, d'ailleurs, les magistrats, interprètes des lois, sont favorables à la résistance des opposants. L'Etat, incapable de frapper ses ennemis de peines afflictives et infamantes, perd une de ses armes les plus puissantes. Il ne semble plus avoir pour lui la justice, et les attaques des mécontents ont d'autant plus de poids et d'autorité.

Voilà encore des déductions psychologiques qui sont amplement confirmées par les faits historiques. Charles Ier, manquant de confiance dans la souplesse des juges ordinaires, crée des tribunaux d'exception et, en particulier, la Chambre étoilée, qui multiplie les condamnations. Mais les arrêts de ces tribunaux sont cassés par l'opinion publique, parce que les juges, dévoués servilement à la royauté, ne représentent pas la vraie justice. Prynne, Burton et Bastwick sont condamnés au pilori, à la perte des oreilles, à une amende de 5.000 livres sterling et à un emprisonnement perpétuel. Mais les idées d'indépendance religieuse et de haine contre le papisme n'en sont que mieux auréolées par la persécution, et bientôt elles vont trouver des défenseurs dans le *covenant* écossais.

L'hostilité du pouvoir spirituel du clergé contre le pouvoir temporel de l'Etat a produit, à toutes les époques, des effets trop manifestes pour qu'il soit nécessaire d'insister longuement sur eux.

La religion agit sur les consciences. Quand elle veut consacrer le pouvoir civil, elle exerce une grande influence en sa faveur. Elle plie les volontés à l'obéissance, elle transforme en devoirs les obligations légales, et elle met ainsi l'autorité des commandements divins au service des rois ou autres chefs d'Etat, qui deviennent par là les agents ou même les représentants de la divinité. Au contraire, si les intérêts religieux sont menacés par le pouvoir, le clergé méconnaît une autorité qui lui est contraire, et s'efforce d'inspirer les mêmes sentiments de haine et de mépris à tous les fidèles qui subissent son ascendant. Cette influence sera d'ailleurs d'autant plus puissante que le clergé formera un corps mieux organisé et plus indépendant. L'organisation du clergé catholique s'est montrée, aux différentes époques de son histoire, une force d'autant plus redoutable à ses adversaires qu'elle est mieux réglée dans tous ses détails, et qu'elle s'étend au delà des frontières de chaque Etat, avec un chef indépendant à sa tête. La période où cette puissance spirituelle fut dominante, a été le moyen âge pendant les luttes du sacerdoce et de l'Empire. Mais, si dans la suite elle a décliné, si elle ne s'est jamais complètement relevée du discrédit jeté sur elle par le soufflet de Nogaret, elle est, cependant, restée toujours active et souvent capable d'ébranler des gouvernements qui avaient pour eux la force matérielle. Ainsi, la Sainte Ligue se forme contre Henri III qui ne montre pas assez de rigueur dans la répression du protestantisme, et qui doit avoir pour successeur un hérétique relaps, Henri de Bourbon, le roi de Navarre, protecteur avoué des églises réformées de France. Les promoteurs de cette puissante organisation, qui rayonne à travers toutes les provinces, sont surtout Jean Prévost, curé de Saint-Séverin : Jean Boucher, curé de Saint-Benoît ; Mathieu de Launay, docteur en théologie. Ils achètent des armes, constituent une armée, choisissent un chef, le duc de Guise, forment un Etat dans l'Etat, et, pour mieux affirmer l'indépendance du parti, le Conseil des Seize décide de réclamer les secours du pape et de l'Espagne. Henri IV, malgré toutes ses victoires et la supériorité de son armée, ne peut triompher de cette résistance et cherche à la désarmer par l'abjuration.

En Angleterre, la réprobation du clergé anglican contre les visées catholiques et papistes de Charles Ier et de Jacques II suscite de grandes difficultés à la cour. La force de Jacques II, accrue de toutes les ressources que les prérogatives royales mettaient au service d'une ardente conviction, vient échouer contre la résistance respectueuse mais obstinée du primat Sancroft et de six autres évêques. Le roi ordonne qu'on les enferme à la Tour. Mais une foule immense se prosterne dans les bateaux, sur les bords de la Tamise et jusque dans la boue du fleuve, lorsque passe la barque royale qui emmène les martyrs. Les soldats, chargés de les garder, demandent avec respect leur bénédiction. Bientôt après, l'expédition de Guillaume d'Orange se préparait, et devait emporter cet essai de réaction catholique avec le pouvoir qui l'avait tenté.

Si l'opposition entre les différents pouvoirs de l'État est une cause de faiblesse, c'est pis encore lorsque la division et la lutte s'introduisent dans le pouvoir exécutif lui-même. La loi, en effet, est une chose morte, si elle ne trouve point, sur toute l'étendue du territoire, des agents capables et désireux de la faire exécuter conformément aux décisions du gouvernement. L'État ressemble alors à ces cuirassés, encore d'imposante apparence, mais qui, touchés par une torpille, n'obéissent plus au gouvernail, épaves flottantes, vouées à une prochaine destruction. Cela arrive, toutes les fois que la force centrale affaiblie ne dispose plus de moyens suffisants pour maintenir dans l'obéissance les agents autrefois subordonnés, mais qui maintenant aspirent soit à l'indépendance, soit à une nouvelle organisation, et qui espèrent pouvoir le faire avec impunité.

Les exemples abondent. Les plus marqués sont fournis par les chefs militaires qui, mis en possession d'une force armée, la tournent souvent contre l'État qui la leur a confiée. Le sénat romain nomme César proconsul de la Narbonnaise. Mais ce général, vainqueur de la Gaule, revient en Italie à la tête de ses légions, et, méconnaissant les ordres du Sénat qui lui avait enjoint de licencier son armée, franchit le Rubicon pour détruire bientôt les institutions républicaines. Bonaparte a imité l'exemple de César. C'était la République qui lui avait fourni les moyens d'édifier sa réputation et de conquérir son prestige. C'est contre elle qu'il dirige le coup de brumaire, avec le concours des dragons de Sébastiani et l'escorte des officiers qui avaient afflué rue de la Victoire et qui, dans une chevauchée enthousiaste, l'avaient accompagné aux Tuileries. Enfin, l'Espagne et l'Amérique ont vu de nombreux *pronunciamentos*. — Et ce ne sont pas les seuls pays, où les généraux se sont révoltés contre le pouvoir et ont dirigé contre lui les forces qui devaient servir à le consolider.

Ce ne sont pas seulement les chefs militaires qui montrent ces désirs d'indépendance, et qui tentent ou exécutent ces rébellions. Un phénomène analogue se manifeste souvent aussi chez les administrateurs civils, et particulièrement chez les gouverneurs de province. Ces représentants du pouvoir utilisent, à leur profit, les forces et l'autorité dont ils disposent. Ils pactisent avec les partis d'opposition, pour modifier l'organisation sociale, ou même, profitant des circonstances favorables, ils rompent les liens qui les unissaient au pouvoir central et constituent des principautés distinctes. C'est ainsi que s'est partout constituée en Europe la féodalité. Les duchés, marquisats, comtés avaient d'abord été conférés à titre personnel. Mais ces « bénéfices » devinrent héréditaires, et, pendant toute la période de la féodalité, l'autorité royale ne fut guère que nominale. Les nations s'étaient dissoutes en une poussière d'États et de seigneuries, qui avaient leurs lois particulières, leurs coutumes, leurs mœurs distinctes et jusqu'à leur langue, et qui possédaient, presque sans restriction, cette marque de la souveraineté : le droit de guerre et de paix.

Ce n'est point là un exemple unique du relâchement dans

le lien de subordination. Aux époques de troubles on constate souvent cette tendance à l'anarchie. Peu confiants dans la solidité et la durée du gouvernement, les agents administratifs exécutent mollement les ordres qui leur sont donnés, ou même y opposent une résistance plus ou moins ouverte. A la diète de Worms, Luther est condamné comme hérétique. Il est mis au ban de l'empire ; tous les princes sont tenus de s'emparer de sa personne et de le livrer à l'empereur ; tous ses partisans sont menacés de perdre leurs biens, s'ils favorisent ses doctrines et ses écrits. Mais les princes n'obéissent pas à ce décret. On l'enlève, mais pour le mieux mettre à l'abri des poursuites. Et, au château de la Wartburg, il s'occupe à traduire la bible en allemand, jusqu'à ce que le développement de la Réforme lui permette de quitter sa retraite. — Pendant les guerres de Religion, plusieurs gouverneurs de province, en France, refusèrent d'exécuter les ordres donnés par la cour : ils ne voulurent pas être les complices de la Saint-Barthélemy. — Sous Jacques II d'Angleterre, aux approches de la Révolution, les rouages administratifs, faussés, n'obéissent plus à l'impulsion royale. La moitié des lords-lieutenants refusent de rendre les services que le roi leur demande et qu'ils jugent odieux. Le roi les destitue, mais il ne trouve pas à les remplacer. Ses anciens serviteurs se tournent contre lui et appellent le libérateur Guillaume d'Orange.

La division dans l'Etat peut être encore plus intime et se manifester au cœur même du pouvoir central. C'est là le vice ordinaire des nations, où la puissance souveraine est entre les mains d'une assemblée dont les membres ont, en principe, des droits égaux. Le corps reste uni, quand il a à lutter contre des puissances rivales, qui cherchent à diminuer ses prérogatives et qui menacent sa suprématie. Mais, quand sa souveraineté n'est pas mise en péril, les rivalités, les compétitions et les luttes se font jour ; des partis se forment, et les mécontents du dehors sont toujours assurés de trouver des défenseurs chez les dépositaires de l'autorité. Philippe de Macédoine trouvait des partisans dans les guides mêmes du peuple, les orateurs athéniens qui « philippisaient », non par vénalité et trahison, mais par conviction que l'alliance macédonienne était favorable au parti, dont ils s'étaient constitués les défenseurs. — A Rome, le Sénat restait uni dans ses rapports avec l'étranger et poursuivait avec ténacité sa politique de conquête, non qu'il n'y eût des divergences de vues à ce sujet ; mais la majorité restait fidèle à un programme, dont la réalisation contribuait, d'une façon manifeste, à la grandeur et à la richesse des classesdirectrices. Les divisions se montrent surtout dans les questions de politique intérieure, et elles s'accentuent avec le temps. Les patriciens, partisans des réformes populaires, s'enhardissent ; Catilina, qui a l'audace de braver, jusque dans la Curie, l'autorité des consuls, est le précurseur de César, un autre patricien, qui consommera la révolution, en voie de formation surtout depuis les Gracques. — Le régime parlementaire, en France et dans les autres pays où il fonctionne, présente des avantages incontestables, avantages qu'on se plairait à mettre en relief, si c'était le lieu d'agiter cette question de politique pratique. Il donne, en particulier, plus de souplesse au gouvernement ; il lui permet de mieux connaître les nécessités sociales d'une époque et de pouvoir y adapter sa conduite, sans avoir, sans doute, autant à redouter de violentes et brusques commotions. Mais il est incontestable aussi que, si par ce régime les secousses sont moins fortes, elles sont, par contre, plus fréquentes. La force publique qui émane d'une assemblée agitée de vues et de passions contraires, n'agit pas avec cette confiance, cette fermeté et cette énergie qu'elle met au service d'une souveraineté toujours sûre d'elle-même et de son droit.

Dans une monarchie, où le souverain pouvoir est placé

dans une main unique, il semblerait tout d'abord que la
faiblesse, résultant de la désunion, ne pût se produire. Mais
c'est là une apparence qu'une observation attentive dissipe.
Dans chaque personne, deux parts sont à faire : l'une, individuelle, qui tient au tempérament, au caractère, à l'ensemble des dispositions physiques et mentales que chacun
apporte avec la vie ; l'autre, sociale, qui dépend de l'éducation, du milieu dans lequel on a été appelé à vivre, et du
genre d'activité qu'on exerce. Un roi n'échappe pas à cette
règle. Il y échappe d'autant moins qu'un plus grand nombre de personnalités étrangères tendent à faire pénétrer dans
la conscience royale leurs vues, leurs idées et leurs propres
volontés, et qu'elles y tendent de toute la force de leurs
désirs et de leur ambition. Ce for intérieur, qu'on pourrait croire fermé et solitaire, est, en réalité, envahi par
une foule d'agents et de conseillers, dont le roi n'est souvent que l'interprète inconscient. C'est toute une assemblée
avec ses divisions et ses luttes, avec ses partis tour à tour
victorieux ou battus, qui loge dans la tête royale et qui, sans
cesse, tiraille sa volonté dans des directions opposées. Le
roi croit commander ; il est le truchement de la reine, l'interprète de son confesseur, le mandataire de la noblesse ou de la
bourgeoisie, l'agent docile de l'armée. Les caractères énergiques font un choix parmi ces influences multiples et s'y
tiennent. Mais les caractères sans fermeté, essentiellement
« ondoyants et divers » flottent à l'aventure, incapables de
prendre une décision et d'y persister. En eux résonnent les
voix tumultueuses des assemblées divisées en partis ; subissant des influences contradictoires, ils oscillent constamment de la sévérité à la douceur, passent d'un principe à
son contraire, favorisent et combattent tous les partis,
perdent la confiance de leurs amis, exaspèrent leurs adversaires et finissent par être abandonnés de tous. Quelle que
soit, d'ailleurs, la part à faire aux dispositions individuelles

et aux influences sociales, le fait en lui-même est certain. Toutes les fois que le roi montre de l'incertitude dans ses idées et dans sa conduite, l'autorité royale et la force de l'Etat s'en trouvent amoindries. Fidèle à notre méthode, ne nous contentons point de ces assertions générales, mais appuyons-les sur des faits historiques.

Charles Ier, mécontent de la résistance du Parlement, l'avait dissous pour la troisième fois. Il avait pris la résolution de gouverner seul, en monarque absolu, sans le concours de la Chambre des lords et de la Chambre des communes. Mais la division, supprimée de ce côté, apparut dans l'entourage immédiat du roi. Deux partis se disputèrent sa volonté, le parti de la reine et celui des ministres. « Autour de la reine, dit Guizot (1), se ralliaient d'une part les papistes, de l'autre, les ambitieux frivoles, les intrigants, les jeunes courtisans qui étaient allés apprendre à Paris le secret de lui plaire. » Strafford et Laud s'étaient constitués les défenseurs de l'autorité royale, mais d'une autorité qui devrait se justifier par le maintien de l'ordre, par la grandeur des services rendus à la nation, et par l'hostilité au catholicisme romain. Tirée ainsi dans deux directions opposées, la conduite du roi était incohérente, et le gouvernement perdait de sa force et de sa considération. — Louis XVI, par la mollesse de son esprit qui reçoit toutes les empreintes, fournit un exemple frappant d'incohérence et de faiblesse. D'abord, il est plein de bonnes dispositions ; il rappelle les parlements, s'entoure de ministres réformateurs... Puis, il se décourage en présence des difficultés, abandonne Turgot, prend et renvoie Necker et subit de plus en plus l'ascendant de la reine qui le domine en le soumettant à ses volontés capricieuses. De là, la faiblesse et l'impuissance de l'Etat, quand la fièvre de mécontement va éclater. — Que de person-

---

1. *Hist. de la Rév. d'Angleterre*, I, 176.

nages divers s'agitent dans l'âme du czar actuel et inclinent, tour à tour, dans les directions les plus opposées, la faible volonté de l'autocrate de toutes les Russies !

La force d'un Etat est dans la cohésion de ses membres. Mais elle est aussi dans la grandeur des ressources dont il dispose ; grandeur, du reste, relative, qui doit toujours être proportionnée aux dépenses que nécessitent le maintien de l'ordre à l'intérieur et les soins de la défense à l'égard de l'étranger. Or, l'Etat peut ressembler aux particuliers imprévoyants, qui, cédant aux fantaisies du moment, dissipent leurs richesses en amusements, en fêtes, en prodigalités fastueuses et qui lésinent sur les dépenses vraiment utiles. Les dépenses que ne justifie point l'utilité publique provoquent le mécontentement et, d'un autre côté, enlèvent à l'Etat les moyens de lutter avec efficacité contre les désordres naissants. De là deux causes de faiblesse qui s'ajoutent l'une à l'autre.

Ce n'est pas tout ; et, pour être exact, il faut y joindre encore l'irritation des sujets contre tout gouvernement qui, par suite du gaspillage de ses ressources, n'a pas su défendre les intérêts du pays, ni sauvegarder l'amour-propre national. La splendeur des fêtes et le faste des réjouissances ne paraissent légitimes qu'à la condition de ne pas leur sacrifier les choses essentielles.

Les révolutions d'Angleterre et de France pourraient encore fournir des exemples à l'appui de ces propositions. « Charles Ier eût cru s'abaisser en réduisant ses dépenses au niveau de son revenu... Mais communément les flottes manquaient aux convois de commerce, les agrès aux vaisseaux, la solde aux matelots. » (1). L'échec de l'expédition envoyée au secours de La Rochelle avait blessé l'amour-propre anglais Mais, ajoute Guizot (2), « des pertes d'une autre nature aigri-

1. Guizot. *Hist. de la Rév. d'Angleterre*, I, 185-186.
2. *Hist. de la Rév. d'Angleterre*, I, 150.

rent encore les esprits ; la marine ennemie inquiéta et ralentit le commerce anglais ; les bâtiments demeuraient dans les ports ; les matelots oisifs s'entretenaient des revers de la flotte royale et des causes de leur propre inaction. De jour en jour, la petite noblesse, la bourgeoisie, le peuple s'unissaient plus étroitement dans un même courroux. » — Quant à la Révolution française, une de ses causes les plus manifestes fut la détresse financière de l'Etat. Autour de la ruche royale bourdonnait une foule de frelons avides qui dévoraient la substance de l'Etat. Aussi, malgré tous les expédients et les habiletés, le déficit se creusait, et le gouvernement se trouvait bientôt acculé à la banqueroute, qu'il essayait de conjurer, après la comédie inutile des Notables, par la convocation des états généraux, prélude d'un nouvel et prochain état de choses.

Enfin, si l'on veut pénétrer jusqu'à la racine de la faiblesse de l'Etat, il faut examiner le personnel qui a le dépôt de l'autorité publique, et voir comment il est impropre à remplir les fonctions qu'il exerce. Le principe qui se dégage de l'ensemble des faits historiques est le suivant : Le mal est d'accorder les avantages de la fonction à ceux qui en sont indignes ; d'accorder des privilèges et les bénéfices du pouvoir à ceux qui sont incapables de rendre, en retour, des services équivalents.

Dans les monarchies, où les pouvoirs les plus étendus sont concentrés dans les mains du roi, l'Etat manque de solidité, toutes les fois que le roi n'est pas à la hauteur de sa tâche. De là, les énormes écarts qui se remarquent dans ces formes de gouvernement, suivant les hasards des circonstances qui placent, sur le trône, tantôt des rois fainéants, des enfants, des imbéciles et des fous ; tantôt des princes énergiques, éclairés, apercevant de loin un but réalisable et y tendant, à travers les difficultés, d'un effort inlassable.

L'intelligence, dont il s'agit ici, et qui s'appelle génie, lorsqu'elle est portée au plus haut point, consiste à comprendre son époque. « Connais-toi toi-même », disait Socrate, dans ses préceptes pour diriger la conduite personnelle. Connais la nation que tu es appelé à gouverner, pourrait-on dire au chef d'Etat ; connais ses aspirations plus ou moins conscientes, connais ses ressources et ses moyens d'action. Ta grandeur n'est qu'une grandeur empruntée, ta force, la résultante de toutes les forces individuelles qui ne peuvent être utilisées que dans leur direction naturelle. En dehors, il n'y a que projets chimériques, entreprises vouées à l'avortement, tentatives d'autant plus dangereuses pour leur auteur qu'elles sont dirigées par une activité plus brouillonne et plus persévérante dans ses égarements.

Ce n'est certes pas le courage et les qualités militaires qui manquaient à Charles Ier ; mais il s'est cru assez fort pour enrayer la Réforme, la ramener en arrière et retourner jusqu'au papisme, professé par la reine, mais détesté par la majorité du peuple anglais et surtout par les Ecossais. Il a renversé de ses propres mains cette autorité royale à laquelle la nation était si profondément attachée. — Louis XVI était rempli de bonnes intentions, mais son intelligence épaisse, plus faite pour comprendre le mécanisme d'une serrure que pour se débrouiller dans le jeu si complexe de la vie sociale, était incapable d'apercevoir nettement le but auquel tendaient les forces du pays, de s'y attacher d'une prise solide, de briser tous les fils par lesquels les intrigants de la cour cherchaient à garotter l'activité intelligente de Turgot et des autres novateurs. — Charles X, infatué d'aristocratisme, croit que, avec ses ordonnances, il aura raison de l'esprit révolutionnaire ; Louis-Philippe ne voit rien en dehors de la bourgeoisie et refuse d'admettre d'autre puissance que celle de l'argent ; Napoléon Ier méprise l'idée et ne voit dans l'homme qu'un instrument propre à donner les blessures ou la mort ; Napoléon III, héritier de ces traditions mais non du génie, fatigue la France de ses entreprises guerrières mal concertées. Tous succombent pour n'avoir pas su approprier leur gouvernement aux véritables besoins de leur pays. Remarquons, en outre, que, pendant les minorités, les régences en France et ailleurs ont été souvent agitées de troubles. La contradiction entre le principe et la réalité éclate à tous les yeux ; devant le sceptre qui n'est plus qu'un hochet, les partis hostiles et ambitieux relèvent la tête et se lancent dans l'action : telle la Fronde. Le pouvoir suprême, conféré par l'élection, semblerait devoir échapper à ces causes de faiblesse. En principe, rien de mieux, puisque les sujets eux-mêmes, intéressés dans leur choix, sont appelés à désigner le plus digne. En réalité, les suffrages sont loin de toujours porter sur les plus méritants. En Pologne, les candidats qui avaient le plus de chance de succès étaient ceux qui faisaient le plus de concessions à la noblesse. — La dignité impériale en Allemagne était, à chaque élection, un sujet de trafic où les princes, marchandant leur voix, cherchaient à se tailler le plus d'indépendance, au détriment de la puissance impériale, réduite de plus en plus à l'état de simulacre. — La papauté, donnée aussi à l'élection, a été souvent attribuée à des vieillards cacochymes qui avaient surtout le mérite de laisser la porte ouverte à la réalisation de prochaines espérances.

Voilà une indication rapide de ce qui se passe au sommet du pouvoir, lorsque la fonction suprême est en des mains maladroites. Mais il en est de même, toute proportion gardée, à tous les degrés de l'échelle. De quelque façon que les places soient attribuées, qu'elles le soient par le choix libre des supérieurs, ou à la suite de concours, ou par un contrat de vente, le titulaire remplira mal son office, s'il n'a pas les qualités appropriées à sa fonction, ou s'il ne s'efforce pas de les acquérir.

C'est ici qu'apparaît le vice des aristocraties où la naissance tient lieu de talent. Ainsi, sous l'ancien régime, les places éminentes dans le clergé et dans l'armée étaient réservées à la noblesse, et non à ceux qui avaient les vocations religieuses les plus marquées, ou les talents militaires les plus éprouvés. « En 1789, sur dix-huit archevêques et cent vingt-et-un évêques, on ne compte que trois noms roturiers... Les évêchés qu'on abandonnait à des roturiers de mérite étaient en général, pauvrement dotés... On les appelait *évêchés crottés* ou *évêchés de laquais.* »(1). Ces grands seigneurs vivaient en grands seigneurs, très peu soucieux d'abriter sous leur mître les vertus chrétiennes qui auraient inspiré au peuple le respect de la religion (2). Le préjugé nobiliaire reprit une nouvelle vigueur, à la veille de la Révolution. Le règlement de 1781, rendu sous le ministère du comte de Ségur, exigeait pour le grade d'officier, quatre générations de noblesse. Il provoqua un grand nombre de défections militaires, entre autres celles « de Jourdan, Kléber et Joubert qui abandonnent l'armée française pour le service à l'étranger ou pour les carrières civiles ».

La vénalité des offices présente de grands inconvénients. Dans les moments de détresse financière, l'Etat est tenté de multiplier les charges vénales, non pas dans la pensée qu'elles répondent à un véritable besoin, mais simplement pour se créer des ressources et sortir d'embarras. L'avenir est ainsi sacrifié au présent. Les fonctionnaires inutiles n'entendent point faire le sacrifice de leurs avances, mais ils s'ingénient à vivre le plus largement possible autour de leur fonction, et cela, aux dépens de la tranquillité et de la bourse du public.

---

1. Rambaud. *Hist. de la civilisation française,* II, 56.

2. Sous Louis XVI, le cardinal de Rohan se distingua entre tous par son faste, ses dépenses excessives, ses galanteries qui aboutirent au scandale de l'*Affaire du Collier.*

Si, au contraire, leur charge est utile, l'achat qu'ils en ont fait leur donne des droits à l'indépendance. Tel fut le cas de la magistrature française au xviiie siècle. Sous Louis XVI, elle suscita de grandes difficultés au gouvernement. Le parlement de Paris s'opposa aux édits de Turgot et plus tard, à propos de l'édit sur le timbre, réclama des éclaircissements sur le déficit, adressa des remontrances au roi, et finit par refuser net la création d'impôts nouveaux. C'est lui encore qui, déniant au roi le droit d'en créer, demanda la réunion des états généraux et contribua ainsi à la chute de la royauté.

Les concours offrent plus de garantie. Il ne faut point cependant pratiquer de fétichisme à leur égard. Ils servent à découvrir le mérite, quand les programmes sont bien appropriés au genre de qualités que la fonction exige. Si, au contraire, la nature des épreuves est impropre à faire ressortir les qualités plus spécialement nécessaires dans l'exercice de la charge, on risque de tomber dans les imperfections du mandarinat chinois.

CHAPITRE IX

RAPPORTS INTERNATIONAUX

Les nations ne sont pas plus que les individus fermées
aux influences du dehors. Beaucoup auraient continué à
vivre dans une faiblesse léthargique, si une secousse étrangère n'était pas venue les tirer de leur torpeur. Parfois, l'influence est heureuse et ressemble aux poussières de ferments
qui font bouillonner la cuve et donnent au vin sa force et
son arome. Elle peut aussi être néfaste. Dans ce cas, elle
pourrait plus justement être comparée au bacille pathologi-
que, qui, pénétrant dans l'organisme, vient y porter le désordre et les menaces de dissolution. Mais, que la crise soit
bienfaisante ou funeste, il n'importe pour le moment, où
l'on s'occupe non de pratique, mais de science. A ce dernier point de vue, l'essentiel est d'indiquer les principales
espèces d'influences internationales, et la façon dont ces
influences s'exercent.

L'action la plus apparente et, pour ainsi dire, la plus
brutale qu'une société ait à supporter d'une autre, c'est la
guerre.

Beaucoup de transformations politiques et sociales sont
dues à la contrainte exercée, à la suite d'une conquête, par
la force triomphante. Mais les effets, ainsi produits, n'appartiennent pas à notre sujet. Par suite, ils doivent être

écartés, quelle qu'en soit l'importance, ou même, en raison de leur importance, puisqu'une étude de la guerre, si sommaire fût-elle, exigerait encore des développements étendus; développements qui nous détourneraient de notre véritable but.

Mais les guerres, alors même qu'elles n'aboutissent pas à la conquête ou à la perte de l'autonomie nationale, ont, chez les deux peuples ennemis, de grandes répercussions au point de vue de la solidité des institutions.

Même chez l'Etat victorieux, tout n'est point bénéfice. Certes, il gagne en prestige, en autorité, en sécurité extérieure. Il a montré sa force. C'est assez pour que les autres nations le craignent et évitent d'irriter sa susceptibilité, en se mêlant ouvertement de sa politique intérieure. Mais les guerres sont souvent ruineuses. Elles épuisent les finances et obligent, pour combler le déficit, à inventer de nouvelles ressources fiscales. De là, l'accroissement des anciens impôts, ou la création de nouvelles charges, qui sont des causes infaillibles de mécontentement chez ceux qui se trouvent plus directement frappés. L'Etat peut aussi recourir à des emprunts. Mais les emprunts ont le grave inconvénient de sacrifier l'avenir au présent, en tarissant à l'avance une partie des futurs revenus. Ils mettent, en outre, l'Etat dans la situation dépendante d'un débiteur vis-à-vis de son créancier. Le voilà soumis aux capitalistes qui l'ont tiré d'embarras et qui, par les services qu'ils ont rendus et qu'ils peuvent être encore appelés à rendre, se trouvent autorisés à surveiller la gestion financière, à donner des avis, à contrôler les dépenses, souvent à les critiquer.

Un autre danger, peut-être plus grave que les précédents, c'est de donner, à la classe militaire et à ses chefs, une prépondérance menaçante pour l'équilibre social. L'armée victorieuse devient pleine d'arrogance ; elle parle en maîtresse et a la prétention d'imposer ses volontés. Quand elle rencontre des résistances dans les pouvoirs civils, elle ne craint pas de les briser par la force, surtout quand elle est commandée par des chefs ambitieux et hardis. Tels César, Auguste, Napoléon, pour ne citer que les exemples les plus illustres.

Si des guerres heureuses peuvent compromettre la solidité d'un État, c'est bien pis quand elles aboutissent à des défaites. L'orgueil national souffre de l'humiliation reçue, et c'est sur l'État que porte la responsabilité de la défaite. Par suite, ce sont les institutions que l'on accuse ou, du moins, le personnel dirigeant, et le parti des mécontents gagne en force, pendant que la puissance publique. affaiblie par la guerre, offre moins de résistance.

D'ailleurs, les autres causes d'irritation, signalées plus haut, se reproduisent ici, et avec une intensité accrue. Le commerce, l'industrie, l'agriculture, en un mot, toutes les sources de la richesse sont atteintes. Elles le sont, non seulement par la perturbation produite pendant la guerre même, avec ses réquisitions forcées, ses pillages, ses incendies, ses dévastations ; avec ses pertes d'hommes, la diminution du travail, l'interruption des échanges, la destruction des voies de communication, la ruine des ports, des usines, du matériel producteur. Elles le sont aussi par les traités onéreux et les conditions draconniennes imposées par le vainqueur. La nation s'appauvrit, et les charges augmentent : deux causes qui concourent pour aigrir les sentiments et activer les idées de révolte.

Napoléon Ier a épuisé la France par des guerres incessantes. Il n'est plus soutenu que mollement, et, malgré l'habileté déployée pendant la campagne de France, il succombe. Il se relève un instant ; mais, après avoir provoqué une flambée d'enthousiasme, il tombe de nouveau, abandonné de la majorité du peuple qui répudie son génie malfaisant. — La puissance de Napoléon III s'effondre sous le poids de causes analogues. L'armée, sur laquelle s'appuyait l'empire, est vaincue ; des émeutes éclatent aussitôt dans les grandes villes, la déchéance de l'empire est proclamée, et un nouveau gouvernement est installé à Paris (1).

Les guerres peuvent avoir une connexion encore plus étroite avec les transformations sociales, tentées ou réalisées dans un pays. L'histoire fournit de nombreux exemples de partis politiques ou religieux qui ont fait appel à une intervention étrangère.

La politique de la Rome ancienne consistait à semer la division chez les peuples dont le Sénat convoitait le territoire. Au bout de peu de temps, l'un des deux partis, encouragé secrètement par les agents romains, réclamait l'assistance armée des légions. L'ancien gouvernement était détruit, mais sans que le nouveau, miné par des pratiques semblables, parvînt à s'établir solidement. Alors, après une période d'anarchie, Rome, sous prétexte de rétablir l'ordre, imposait à tous sa domination. Telle fut, comme on sait, l'histoire de la Grèce. Les cités grecques cherchent à se soustraire à la puissance macédonienne. Les Romains interviennent. Après la défaite des Macédoniens aux collines de Cynocéphales, les principaux peuples de la Grèce, affranchis de toute garnison et de tout impôt, croient pouvoir vivre suivant leurs lois. Mais cette comédie de liberté dure peu : elle se termine par le sac de Corinthe. — Les petites républiques d'Italie, partagées en guelfes et en gibelins, présentent le même spectacle. Elles font continuellement appel à l'étranger, et les gouvernements se succèdent, variés dans la forme, mais tous participant à la même instabilité. Dans les guerres religieuses, les partis, menacés dans leur existence, n'hésitent pas à réclamer le secours de leurs core-

1. Il est superflu de signaler, à ce sujet, les troubles survenus en Russie après la guerre désastreuse de Mandchourie, tant les grèves, les émeutes, les désordres de toute nature sont présents à toutes les mémoires.

ligionnaires étrangers. La Ligue demande l'appui de l'Espagne catholique ; les protestants français s'entendent avec l'Angleterre qui favorise la résistance de La Rochelle ; à leur tour, les Anglais, menacés dans leur liberté et leur religion par Jacques II, appellent Guillaume d'Orange, qui, avec sa flotte et son armée, accomplit la révolution de 1688.

La guerre, avec les conséquences variées qu'elle entraîne, est un agent de transformation bien visible. Il en est d'autres, qui procèdent également des rapports internationaux et qui, pour être plus subtils, n'en sont ni moins réels, ni moins efficaces. Ce sont les idées.

Les *idées* ont une force expansive et, pour ainsi dire, rayonnante telle que toute la vigilance des gouvernements ne parvient pas à les arrêter. Ce sont des lumières qui ne se laissent pas facilement mettre sous le boisseau. Chose curieuse, leur éclat et leur séduction s'accroissent de tout ce qui semblerait devoir les éteindre et les déprécier. Les colères du pouvoir, avec les persécutions qui les accompagnent, sont un merveilleux moyen pour augmenter leur force de pénétration et de diffusion. Les murailles de Chine ne sont jamais assez élevées, ni les douanes assez sévèrement gardées pour empêcher le passage des idées scientifiques, religieuses, philosophiques qui portent en elles le germe de rénovations futures. Le livre et l'écrit peuvent encore être arrêtés. Mais on n'a pas encore trouvé le moyen d'explorer tous les coins d'une cervelle humaine, et de savoir si le voyageur ne porte pas, comme le philosophe Bias échappé du naufrage, toute sa sagesse en lui-même. Ce voyageur qui porte dans sa tête un nouveau monde social, c'est Bouddha, c'est Socrate ou Platon, c'est Jésus, et surtout saint Paul qui va partout, semant la bonne nouvelle et qui, par une propagande cachée mais d'autant plus efficace, prépare les voies à une des plus grandes transformations sociales du vieux monde. — Plus tard, ce sont les Grecs, chassés de Byzance par la conquête turque, qui arrivent en Italie avec les manuscrits de l'antiquité et qui deviennent ainsi les premiers ouvriers de la Renaissance. — Puis ce sont les novateurs religieux, Jean Huss, Luther, Zwinglo, Calvin, dont les idées franchissent les frontières des Etats et vont, à travers l'Europe, bouleverser les anciennes institutions. La philosophie et la science entrent, à leur tour, en action, et leur puissance est si grande que les gouvernements ne songent même pas à en arrêter les progrès. Les communications sont si rapides, les échanges si fréquents que ces idées n'ont plus de patrie et que, devenues presque universelles, elles vont jusqu'en Extrême-Orient réveiller les peuples et les faire sortir d'une immobilité plusieurs fois séculaire.

Les *actes* parlent encore plus haut que les mots et les idées. Tant que les théories n'ont pas été mises à l'épreuve de la pratique, elles peuvent passer pour chimériques et n'avoir pas la force de décider à l'action les gens prudents ou timorés. Dès qu'une réforme politique n'est plus à l'état de rêve, mais qu'elle est devenue quelque part une réalité, la réussite encourage les espérances des partisans de cette réforme et provoque des imitations partout où elles paraissent praticables.

Ces phénomènes d'imitation ont été trop bien étudiés par G. Tarde, pour qu'il soit nécessaire de s'y appesantir. D'ailleurs, les exemples historiques sont, sur ce point, en si grand nombre qu'il est impossible de contester la réalité de la tendance que les sociétés ont à se copier. Dans l'antiquité, pendant une longue période, c'est le régime de la Cité qui domine ; et on voit en Grèce, en Italie, et sur une grande partie du littoral méditerranéen, une foule de cités indépendantes, constituées en républiques, régies par des institutions libres. — L'Empire romain n'a point, pendant son existence, provoqué d'imitations, puisque l'essence de l'empire est de ne point supporter de rival. Mais le souvenir de sa grandeur a longtemps agi sur les esprits et, quand les circonstances paraissent favorables, il a poussé les monarques et leurs conseillers à refaire une société sur son modèle. L'Empire grec était une copie de l'Empire romain, comme le Saint-Empire s'en prétendait l'héritier. Non seulement Napoléon 1er a été hanté du même rêve, ce qui est évident, mais des traces de cette influence romaine se retrouvent ailleurs, moins apparentes, quoique non moins réelles. Ce sont, en effet, les prérogatives de l'empereur romain que, dès la fin du xiiie siècle, les légistes réclament pour les rois et qui feront d'eux des monarques absolus.

Avant cette époque, c'était le règne de la féodalité qui s'était, pendant plusieurs siècles, étendu sur toute l'Europe. Sans doute, l'imitation n'était pas la seule cause qui lui avait donné une pareille extension. Mais, en dehors des conditions sociales qui favorisaient son établissement, il est incontestable que la noblesse formait une sorte de fédération internationale et que, par des influences réciproques, elle arrivait à maintenir, en face de la royauté, son indépendance partielle et ses privilèges importants.

Même spectacle dans les temps modernes. La Réforme, née surtout en Allemagne, imprime une forte secousse aux autres nations. L'Angleterre donne le premier exemple de liberté politique, et la leçon n'est point perdue. Quand on voit tout un peuple user avec sagesse de ses droits, et la liberté ne point produire les cataclysmes sociaux prédits par des prophètes intéressés, d'autres peuples tendent, à leur tour, à la conquête de ces droits. Les Etats-Unis s'affranchissent et la Révolution française se prépare.

Et enfin, de nos jours où il est plus facile de discerner les véritables influences, tout observateur peut constater des phénomènes de cette sorte. L'imitation ne se fait pas sentir seulement dans le domaine politique, mais dans toute l'étendue de la vie sociale. Une tentative, une réforme suscite partout des tentatives et des réformes de même nature. Suffrage universel, grèves, unions de métiers, socialisme, armements... tout devient matière à exportation.

Cette puissance imitatrice n'est donc point contestable. La seule remarque qu'on pourrait faire à ce sujet pour donner plus de précision à la loi d'imitation, c'est que *l'imitation ne se produit pas de société à société, mais plutôt d'un groupe social à un autre groupe analogue.* Des hommes qui ont les mêmes intérêts, les mêmes idées, les mêmes aspirations sont facilement portés à avoir la même conduite, surtout quand le succès, réalisé quelque part, donne l'espoir d'un pareil succès. Imitation, voilà donc un des ressorts qui mettent en mouvement les rois, les nobles, les bourgeois, le clergé, l'armée, les intellectuels, les paysans, les ouvriers, et qui donnent à une époque une certaine uniformité de vues et de tendances.

L'imitation semble avoir sa contre-partie dans le contraste volontaire. Mais ce caprice dans la conduite n'est qu'une apparence.

Si certaines sociétés se piquent de rester étrangères au mouvement qui entraîne les autres, c'est qu'elles ont une structure différente. Les catégories sociales n'ont pas la même importance dans les cas comparés, et, en particulier, l'Etat ne prend pas son point d'appui dans les mêmes classes dominantes. Ainsi, Sparte et Athènes cherchaient moins à atténuer qu'à accentuer leurs différences. Mais cette opposition était la conséquence naturelle de la diversité des constitutions ; diversité qui tenait, d'un côté, à la puissance des classes commerçantes et industrielles à Athènes et, de l'autre, à la prépondérance de l'aristocratie militaire à Sparte. Cette exception ne fait donc que confirmer, une fois de plus, notre règle fondamentale, qui est de comparer entre elles, non les sociétés considérées dans leur ensemble, mais les classes de même nature.

C'est de ces classes que sortent naturellement soit les éléments révolutionnaires, soit les éléments conservateurs. De même que, sous l'influence d'un mouvement rapide, le fluide négatif se sépare du fluide positif dans un corps électrisé ; de même, dans une société, les mécontents, par une affinité qui n'a rien de mystérieux, se coalisent contre l'Etat et ses partisans, et les repoussent. Parti révolutionnaire, parti gouvernemental, telles sont les deux forces qui ont à lutter entre elles pour savoir à qui appartiendra la direction des affaires. D'ailleurs, chacun de ces partis est constitué par un noyau central autour duquel viennent se grouper les autres forces ; et ce noyau central n'est autre qu'une classe prépondérante, celle qui, poussée par la crainte ou l'espoir, a le plus d'intérêt soit à conserver, soit à renverser l'ordre de choses établi. Dans les nébuleuses en voie de condensation, des particules matérielles plus denses et plus lumineuses s'agglomèrent au centre, pendant que des anneaux, futurs satellites, s'enroulent autour de ce foyer plus actif de lumière, de chaleur, de vie. De même cette classe plus active et plus puissante attire à elle des classes diverses qui apprennent à graviter autour d'elle, et toutes, réunies dans un concours harmonique, vont former un monde nouveau.

C'est l'étude de cette formation qui fera l'objet de notre seconde partie.

DEUXIÈME PARTIE

LA CRISE

CHAPITRE PREMIER

LES DÉBUTS

De quelque société qu'il s'agisse, l'équilibre entre ses différentes parties est instable. Les institutions ont beau viser à l'éternité, elles sont soumises à d'incessants changements, soit que les gouvernants croient à l'utilité de les corriger, soit que la force des choses vienne briser des cadres trop peu flexibles. A chaque moment, il y a, pour ainsi dire, des germes de nouvelle société qui tendent à se développer. Mais, comme dans les espèces vivantes, où la nature multiplie les germes dont un petit nombre seul parvient à la vie, beaucoup de ces embryons de sociétés meurent avant d'avoir rencontré les conditions favorables à leur évolution. D'autres atteignent un degré plus ou moins élevé de développement, mais disparaissent à leur tour, détruits par des forces hostiles. Seuls, quelques-uns de ces germes grandissent, se fortifient et arrivent au point de dominer l'Etat. La révolution, alors, est accomplie, et elle va, avec ou sans les éléments anciens, refaire une constitution nouvelle.

L'objet de cette seconde partie est de reconstituer ces processus révolutionnaires.

Pour cela, la marche qui semble la mieux appropriée est la marche progressive. Dans la recherche des causes, à moins de commettre une pétition de principe en supposant ce qui était en question, il fallait partir de la manifestation révolutionnaire, c'est-à-dire de l'effet qui, seul, était une donnée positive ; puis, tâcher d'en découvrir les conditions, et de conditions en conditions, remonter, par un enchaînement étroit de causes, jusqu'aux influences les plus éloignées et les plus secrètes. Ici, cette régression n'est plus de mise. Puisque les causes sont connues, il suffira, pour expliquer les progrès révolutionnaires, de montrer comment ces causes, latentes et restreintes jusqu'au moment de la révolte, agissent ouvertement et gagnent en intensité comme en étendue. Le point de départ sera le même que dans la première partie : la résistance ouverte ou la violence contre les pouvoirs publics. Mais ce n'est plus en arrière qu'on regardera, c'est en avant. Tout à l'heure, on trouvait, par l'analyse, les différents facteurs qui concourent à la formation d'un effet. Maintenant, on montrera comment une cause initiale suscite la mise en jeu de toute une série de causes qui aboutissent à ce résultat important qu'on appelle une révolution. Après l'analyse, ce sera donc un essai de synthèse, ce terme étant pris, semble-t-il, dans sa vraie signification, puisqu'il s'agit de la réunion des divers éléments nécessaires à la production du fait social, objet de la recherche.

Cette marche progressive se fera en trois étapes. La première comprendra les influences variées qui favorisent les premiers progrès de la révolte ; la deuxième, les luttes de diverse nature que les deux partis en présence ont à soutenir ; enfin la troisième, les combats à main armée qui décident, en dernier ressort, de l'issue du conflit et déterminent soit l'échec, soit le succès de la tentative révolutionnaire.

Les actes de résistance ou de violence dirigés contre les pouvoirs publics sont innombrables, mais bien peu ont abouti à des conséquences importantes. Que de réformateurs en idée qui n'ont rien réformé ! Que de tentatives, plus ou moins conscientes, ont avorté et dont l'histoire n'a pas même enregistré l'insignifiance ! Semblables aux petites vagues qui agitent un instant la surface de l'eau et dont la trace fugitive disparaît bientôt, ces actes ont troublé superficiellement la société, mais l'ordre aussitôt rétabli a effacé jusqu'au souvenir de la tentative.

D'autres actes, en apparence aussi peu importants que les premiers, ont été suivis d'effets considérables : la boule de neige s'est faite avalanche et a renversé tous les obstacles. Pourquoi cette destinée diverse d'actes semblables ! Ce n'est pas que, suivant une formule inexacte, les petites causes aient produit de grands effets, car les effets sont toujours proportionnés à l'intensité des causes mises en action. C'est plutôt que l'acte est tombé dans un milieu approprié, où il n'a guère eu pour fonction que de dégager les réserves de forces latentes, toutes prêtes à manifester leur énergie ; tel le mécanicien qui n'a qu'un petit mouvement à faire pour mettre en jeu la vapeur capable de déplacer un cuirassé. Dans les choses de la mécanique, le savant ne regarde pas seulement le geste du mécanicien, mais il songe aux forces énormes qui sont accumulées dans les chaudières. De même dans les choses sociales. Il faut rompre avec l'habitude de considérer surtout les actions des personnages en relief et de négliger les forces anonymes, sans lesquelles le geste, tout en restant le même, serait impuissant. L'histoire perd ainsi en intérêt dramatique. Mais ce qu'elle perd de ce côté, elle le gagne en science et en exactitude.

Ici, le geste c'est l'acte révolutionnaire, dû parfois à l'initiative d'un seul individu. Voyons dans quel cas il est capable d'éveiller des forces sociales favorables et de provoquer leur concours.

Mécontent de la lourdeur des impôts et désireux surtout de créer des embarras au gouvernement, un individu refuse, à l'imitation de Hampden, de payer ses contributions. Les agents fiscaux opèrent une saisie ; ils s'emparent d'objets mobiliers et les vendent jusqu'à concurrence de la somme à recouvrer. Ainsi furent vendus, sous l'Empire, la vache du citoyen Gambon, et, sous la République, les fauteuils de M. Drumont. Les journaux parlent pendant quelques jours de ce petit incident, puis c'est fini. D'autres encore plus audacieux se retranchent dans une maison qu'ils transforment en petite forteresse. Mais le siège qu'ils soutiennent dans le *Fort-Chabrol* ne sert guère qu'à égayer les revues de fin d'année. Hampden avait réussi ; ils échouent. Pourquoi ? Leurs résistances ont été vaines parce que, mauvais interprètes des sentiments du public, ces réfractaires à la loi espéraient avoir de nombreux imitateurs, et qu'ils sont restés isolés.

De même pour les révoltes religieuses. A côté des hérésiarques célèbres dont l'histoire ecclésiastique a dû enregistrer les succès, il y en a beaucoup qui ont échoué. Ce n'est pas la hardiesse des opinions qui leur manquait, ni le courage de les défendre, puisqu'ils ne reculaient pas même devant les flammes du bûcher. Tout leur tort était de venir à une époque qui n'était point mûre pour leurs idées. La collaboration du public leur manquait, ou n'était pas assez efficace : trop inégaux dans la lutte, ils succombaient sous le poids d'un pouvoir supérieur. Tel ce malheureux Lollard, qui ne reconnaissait ni les intercessions des saints, ni les cérémonies de l'Eglise, ni l'utilité des sacrements, et qui, arrêté par l'Inquisition, fut brûlé à Cologne.

Wiclef, dans sa lutte contre la papauté, avait obtenu plus de succès, parce que, défenseur des prérogatives royales, il avait eu l'appui du roi Edouard III. Et cependant, la royauté n'était pas encore assez forte pour triompher de la puissance du clergé : Wiclef fut condamné par le concile de Londres et obligé de se retirer à Lincoln. — Jean Huss produisit un mouvement plus important, parce que ses nouveautés religieuses et ses attaques contre le clergé officiel avaient trouvé en Bohême un terrain plus favorable. — Enfin, Luther renouvelle ces tentatives de réforme religieuse et, cette fois, le petit centre d'agitation qu'il avait créé à Wittemberg s'étend au loin, et remue l'Allemagne ou plutôt l'Europe tout entière. Il réussit là où les autres avaient échoué. Faut-il admettre que le succès est dû à la supériorité de son intelligence et de son courage ?

Certes, la part du génie et du caractère dans la production des événements est réelle. Dans la marche des révolutions, il y a lieu souvent de constater l'influence de l'orateur qui avive les sentiments du public, rend le malaise plus sensible et surexcite le désir du changement ; du politique avisé qui dirige l'action de son parti avec habileté, prudence, et, quand il le faut avec fermeté et courage ; du chef militaire qui inspire confiance à ses troupes, qui sait utiliser toutes les forces disponibles et qui, par une tactique habile, triomphe des forces adverses. Mais il n'en reste pas moins vrai qu'en science sociale pas plus qu'en mécanique, il n'y a pas de véritable création de force. Et la preuve, c'est que les grands agitateurs de masses humaines deviennent de simples individualités, de pauvres unités sociales, quand elles ne sont plus en communauté d'idées et de sentiments avec les foules autrefois dociles, maintenant réfractaires. Le geste est le même ; mais le mécanisme est faussé, et le geste reste sans effet. Témoin Luther lui-même qui, hostile à la *Guerre des paysans* comme aux excès anabaptistes, ne peut cependant arrêter la tempête qu'il a déchaînée malgré lui.

Les remarques précédentes s'appliquent aux actes de violence qui sont deux fois individuels ; d'abord, parce qu'ils émanent d'individus, et ensuite, parce qu'ils sont dirigés contre des individus. Tels sont les attentats dont sont victimes les personnages éminents en qui se concentre une grande partie des pouvoirs publics.

Ces actes semblent avoir, par eux-mêmes, une grande portée sociale et contribuer, dans une large mesure, aux transformations politiques. C'est ainsi que le meurtre d'un chef d'Etat produit souvent une perturbation dans la société. La direction imprimée aux affaires publiques change brusquement, et la société, avant de reprendre son état d'équilibre (quand elle parvient à le reprendre), traverse une crise plus ou moins grave et d'une issue douteuse. Par exemple, l'assassinat de Henri III ouvre à l'improviste la succession au trône de France, provoque les compétitions des Guise et du Béarnais et donne naissance aux troubles civils qui agitent les premières années du règne de Henri IV.

En réalité, ce n'est pas le poignard de Jacques Clément qui, à lui seul, a produit toute cette agitation révolutionnaire. Il n'est qu'un élément de la cause, ou plutôt, il n'est que l'occasion, la petite circonstance additionnelle qui a permis aux forces hostiles d'entrer plus directement en conflit. La véritable cause résidait dans les deux partis, catholique et protestant, ces deux partis ressemblant à deux fluides contraires à l'état de forte tension qui font jaillir l'étincelle, dès qu'on les rapproche.

Cependant la circonstance additionnelle, nécessaire à la production de l'effet, si faible qu'elle soit par rapport au reste, n'en est pas moins toujours partie intégrante de la cause. C'est donc une erreur de parler d'une « force des choses » qui accomplirait son œuvre, en dehors de l'action des fortes personnalités. La conception d'une évolution fatale de l'humanité n'est vraie qu'en apparence, mais elle s'évanouit dès qu'on la met à l'épreuve de faits précis et que, ne se contentant point d'expliquer le passé, on s'aventure à prédire l'avenir. Si le complot formé contre Bonaparte par Cadoudal et Pichegru avait réussi, peut-on penser sérieusement que, Bonaparte disparu, un autre général, aussi ambitieux et aussi habile, aurait pris sa place et aurait déchaîné sur l'Eu-

rope cette série de guerres qui l'ont si profondément boule-
versée ?

Mais les partisans d'une évolution sociale aboutissant fatalement à une fin déterminée insistent et disent : les transformations politiques et sociales ne se seraient opérées ni
aussi vite, ni par ces moyens : mais elles se seraient réalisées.
Par exemple, les tendances démocratiques de notre époque
étaient inévitables. Napoléon n'a eu pour rôle que d'en précipiter la venue.

Ce sont là des assertions très contestables. Il n'est pas
prouvé que la courbe suivie par l'humanité ou par une
nation particulière, soit tracée à l'avance. On sait qu'un
grain de blé traverse des phases déterminées, depuis sa ger-
mination jusqu'à la production d'un épi contenant d'autres
grains semblables au grain générateur. Mais cette connaissance résulte des expériences répétées des milliers de fois,
expériences complètement inapplicables à l'humanité considérée dans son ensemble ; expériences très peu concordantes quand il s'agit des nations particulières. En supposant
même que les assertions énoncées plus haut fussent exactes,
le temps nécessaire à la production d'un résultat ne serait
pas une quantité négligeable, ni la diversité des moyens une
chose sans intérêt. La science sociale aurait à en tenir
compte, et surtout la politique, qui a moins à s'occuper
d'un avenir éloigné que de nécessités urgentes. Le malheur
est que le rôle des personnalités éminentes, tout réel qu'il
soit, échappe aux déterminations de la science dans son
état actuel ; mais ce n'est pas une raison pour contester ces
influences. Nier une difficulté n'est pas la résoudre.

Cet aveu fait, il ne faut pas tomber dans l'exagération
contraire, et méconnaître la part très importante qui revient
aux collectivités dans la production des faits sociaux. Car ces
collectivités constituent des réserves de forces sans lesquelles
l'action purement individuelle, renfermée dans des limites

très étroites, n'exercerait sur la société qu'une action infinitésimale. Ainsi les fortes personnalités ne sont ni rien, ni tout. Les grands mouvements sociaux ne s'expliquent pas entièrement par la poussée des groupes, où les particularités individuelles se neutralisent mutuellement pour ne laisser paraître que les caractères communs. Mais il faut accorder une place aux supériorités d'intelligence et de caractère ; au génie qui organise, et même à ces forces destructives qui, abattant la tête de l'Etat, jettent le trouble dans la société et permettent au parti adverse de tenter une nouvelle organisation.

C'est là une considération d'une grande importance pour la pratique. Si l'activité intelligente entre, comme un facteur essentiel, dans les processus sociaux, les sociétés peuvent échapper aux fatalités du sol, du climat, de la race et, en général, à toutes les fatalités d'ordre purement matériel. Il suffira pour cela que, dans l'organisation sociale, le législateur, pénétré de ces vérités, favorise l'éclosion des supériorités morales et leur permette d'exercer en liberté leur influence bienfaisante. Mais ce n'est là qu'une brève indication dont les développements appartiennent à la politique pratique. Pour le moment, l'essentiel est de se rappeler que l'individu ne peut rien sans la collaboration d'un parti disposé à entrer en action.

L'acte révolutionnaire, au début, n'est pas toujours individuel, ou accompli par un petit nombre de conspirateurs. Il peut consister en émeutes urbaines, en rébellions de provinces, ou en révoltes militaires.

Ces insurrections ont des fortunes très diverses suivant les cas, et ressemblent en ceci aux actes de violence individuels. Parfois, elles ne produisent qu'une effervescence passagère, et l'ordre, un instant troublé, est rétabli sans qu'il reste de traces apparentes du passé. Dans d'autres cas, le désordre, loin de disparaître, ne fait que grandir et s'étendre jusqu'à ce que, à travers différentes péripéties, le parti révolutionnaire parvienne à renverser la constitution et à établir un nouvel ordre de choses.

Le succès dépend de deux conditions : 1° la grandeur de l'insurrection ; 2° la force de résistance qu'on lui oppose. Notre marche progressive nous conduit donc à examiner les influences diverses qui peuvent favoriser la naissance et le développement des formes de révoltes énoncées plus haut.

Une émeute consiste essentiellement dans une brusque explosion de mécontentement populaire. Elle éclate le plus souvent dans les grands centres urbains. C'est là, en effet, dans ces grandes agglomérations qu'elle rencontre le terrain le plus favorable : des misérables qui vivent de métiers interlopes, de mendicité ou d'assistance publique ; des vagabonds sans domicile qui errent dans les grandes villes à la recherche d'un gîte et d'un morceau de pain ; des délinquants et des criminels qui, après avoir purgé leur peine, viennent cacher leur honte au milieu des foules anonymes, pleins de rancune et de désir de vengeance (1). A cela, il faut ajouter les malheureux qui vivent au jour le jour et que les chômages, multipliés dans les temps de trouble, poussent dans cette armée de l'émeute ; les oisifs qui cherchent dans de violentes émotions un excitant à leur curiosité blasée ; les jeunes gens des écoles, toujours prêts aux manifestations bruyantes et qui, semblables au vin généreux, bouillonnent

1. D'après Macé, il y a 50.000 individus à Paris, qui ne savent pas le matin ni de quoi ils vivront dans la journée, ni où ils reposeront leur tête le soir. Selon James Greenwood, 100.000 enfants se perdent dans les rues de Londres. Ch. Malato évalue le nombre des indigents à Londres à 300.000 ou 400.000. En 1880, il y eut à Vienne, plus de 90.000 personnes sans domicile. A Rome et à Naples, la situation n'est pas moins inquiétante. A Berlin, la situation est épouvantable également. A Moscou le nombre des miséreux s'élève à plus de 100.000. (*Les Causes économiques de la Criminalité*, par Joseph Van Kan, p. 98.)

d'enthousiasme pour toutes les nouveautés ; les bandes d'enfants inconscientes du danger et d'autant plus tapageuses ; et enfin les femmes qui, de leurs sourires ou de leurs cris, énervent la répression et désarment la colère. Les rassemblements y sont très faciles. Des bandes circulent dans les rues portant des drapeaux ou d'autres emblèmes connus, chantant des chants interdits, gesticulant leur colère, poussant des clameurs de haine et de révolte ; les métiers sont abandonnés, les boutiques se ferment, les occupations ordinaires sont suspendues ; le flot se grossit non seulement de tous les mécontents, mais aussi de simples curieux qui, par un phénomène de contagion morale — bien établi par l'éminent et regretté G. Tarde — vont bientôt participer aux passions exaltées de la foule.

L'attaque a d'autant plus de chance de réussite qu'elle éclate avec une violence plus soudaine. La résistance n'a pas eu le temps d'être préparée et les défenseurs de l'ordre en trop petit nombre sont noyés dans le flot des insurgés. Cependant, ce n'est pas tant la puissance matérielle qui leur manque que la confiance. Devant cette explosion de colère qui semble universelle, les troupes — à moins qu'elles ne soient composées d'étrangers à la solde de l'Etat — doutent de la justice de la répression et agissent avec mollesse, quand elles ne pactisent pas ouvertement avec l'émeute. Les chefs eux-mêmes sont déconcertés et, incertains de l'issue de la lutte, se ménagent, par une conduite conciliante, les moyens d'échapper aux vengeances des vainqueurs.

Les chances de succès s'accroissent encore quand l'émeute se produit dans la capitale, là où se trouve le siège du gouvernement. La capitale est l'expression éminente de la nation. Elle renferme les représentants les plus autorisés de toutes les classes sociales, soit qu'ils accomplissent une fonction publique, soit qu'ils exercent une profession indépendante. Par suite, il devient plus facile de frapper l'Etat à la tête. En outre, grâce au prestige des habitants qui passent pour plus capables d'apprécier sainement les actes du gouvernement et qui, de plus, ont l'autorité du succès, les actes insurrectionnels, avec les changements qu'ils ont produits, reçoivent plus facilement la sanction de l'opinion générale.

De nombreux exemples historiques, empruntés aux temps et aux pays les plus variés, montrent les changements politiques survenus à la suite des séditions populaires, les capitales ayant d'ailleurs une prépondérance d'autant plus marquée que, par rapport au reste du pays, elles ont une population plus nombreuse et des ressources plus importantes.

Ainsi, dans l'ancien régime des cités, tout se décide au centre. A Athènes et dans les autres cités de la Grèce, l'émeute est toujours menaçante, et d'autant plus dangereuse que les mécontents ne se font point scrupule d'entretenir des relations avec les exilés et les étrangers. — Rome fut le théâtre de nombreuses émeutes, tentées le plus souvent par la plèbe. C'est par ces émeutes successives que l'aristocratie fut dépouillée de ses privilèges et que l'égalité démocratique finit par s'établir. Car, quand Rome avait parlé, les provinces suivaient le plus ordinairement. — En Italie, mêmes révolutions fréquentes dans ces petites républiques qui s'étaient formées après la chute de l'Empire et la dislocation des royautés barbares. Le parti des mécontents, à la moindre occasion favorable, se rassemble dans les rues, envahit le palais du duc, ou même du pape quand l'insurrection éclate à Rome, massacre les défenseurs, tue le chef de l'Etat, exile ses partisans, et rétablit à leur place un autre personnel dirigeant.

Dans les Etats modernes, qui sont fortement centralisés, les capitales ont pris une grande extension, et elles exercent, sur le reste du pays, une puissante influence. Aussi tous les troubles qui s'y produisent ont partout un grand retentissement et provoquent, dans les autres centres urbains, des mouvements analogues. La tendance imitatrice est, du reste, d'autant plus marquée que l'émeute a réussi, ou que, du moins, elle a des chances de se renouveler avec succès.

Voilà pourquoi les insurrections parisiennes ont joué un rôle aussi important dans l'histoire de France. Paris tient pour la Ligue, et Henri IV, perdant en partie le bénéfice de ses victoires, est obligé de se soumettre aux conditions des ligueurs et de dire en maugréant : « Paris vaut bien une messe ! » — En 1789, la première impulsion est donnée par Paris qui, grâce à l'insurrection victorieuse du 14 juillet, démolit, avec la Bastille, le prestige de l'autorité royale. — Paris, en 1814, ouvre ses portes aux Alliés, et Napoléon n'a plus qu'à abdiquer, persuadé que la France règle sa conduite sur la capitale. — En 1830, éclatent les journées de Juillet, et trois jours suffisent pour que la royauté, vaincue à Paris, parte pour l'exil, tant la voix de Paris paraît bien être celle de toute la France. — Même phénomène social en 1848 ; la République est proclamée à Paris, et elle est acceptée sans résistance sérieuse dans tous les départements, comme elle le sera plus tard, en septembre 1870, à la chute du second Empire.

Cette prépondérance de la capitale n'est point particulière à la France, mais elle se montre aussi dans les autres États, et cela d'autant mieux que la centralisation et l'unité nationales sont plus complètement réalisées. Dans la première révolution d'Angleterre, le peuple de Londres s'agite et, par ses attroupements et ses cris, force le roi à quitter sa capitale qui devient le centre de la résistance. — En 1688, Jacques II s'enfuit de Londres, et ses partisans, dispersés dans le royaume, ne tentent même pas la lutte...

Quand les provinces conservent leur physionomie distincte, et quelque degré d'indépendance, l'exemple de la capitale a moins de chance d'être suivi. Chacune, dans sa conduite, se conforme à ses intérêts, à ses idées et à ses traditions, ou, pour parler avec plus d'exactitude, aux intérêts et aux idées des *classes dominantes*. Car, c'est de ce point de vue qu'il est permis d'expliquer les diversités territoriales que l'histoire signale souvent dans le classement des partis, lorsqu'une crise révolutionnaire vient à éclater dans un pays. Ainsi, en France, la Bretagne tient pour l'ancien régime, comme, en Angleterre, l'Irlande reste fidèlement attachée à la dynastie des Stuarts. Et réciproquement, le calme peut exister au centre, quand les provinces éloignées s'agitent et se révoltent.

Comme c'est là une origine fréquente de révolution — du moins partielle — voyons ce qui favorise la révolte dans les provinces et dans les colonies, qui peuvent être considérées comme des provinces encore plus excentriques.

La première raison est une raison *géographique :* la distance avec les difficultés de communication que souvent elle entraîne. La puissance de l'État est concentrée dans la capitale. Or, si une province est éloignée, le gouvernement direct devient presque impossible. Les renseignements fournis par les administrateurs, alors qu'ils ne sont pas faussés à dessein, risquent toujours d'être mal interprétés, de sorte que les ordres sont mal appropriés à la situation réelle. D'ailleurs, cet échange de vues et la transmission des ordres entraînent nécessairement des lenteurs. Une mesure rapide aurait pu arrêter le mal qui, sans cela, a le temps de se développer. Lorsque la décision est prise, il est souvent trop tard. La révolte a pu, grâce à ces lenteurs, se propager et réunir les ressources nécessaires pour tenir en échec les forces chargées de la répression. Les succès du début excitent les espérances et engagent les hésitants à entrer dans le mouvement révolutionnaire, alors que l'État n'a pas encore mis en action toutes les forces dont il dispose.

C'est là l'histoire de la plupart des possessions lointaines, surtout aux époques où la puissance publique ne possédait pas les moyens de communication que la civilisation moderne a créés. Il se passe ici quelque chose de semblable aux phénomènes physiques qui se réalisent, suivant une loi invariable, dans toutes les parties du cosmos. Toute portion de matière agit sur une autre en raison directe de sa masse et en raison inverse du carré de la distance. De même, un Etat semble avoir une force expansive limitée, et, à mesure qu'on s'éloigne du centre, son action perd de son énergie ; le lien social se relâche, la contrée trop éloignée se détache et, entraînée vers un autre centre, va former un nouveau groupement. L'Espagne fournit l'exemple le plus frappant de cette dislocation d'un empire si grand que « le soleil ne s'y couchait pas ». Elle s'épuise en efforts pour retenir dans l'orbite de sa domination les territoires les plus divers et les plus étendus. Mais son rêve de monarchie universelle n'est qu'un rêve. L'Allemagne lui échappe, les Pays-Bas s'affranchissent, le Portugal devient indépendant, les colonies s'émancipent une à une ; et, pour avoir voulu trop embrasser, l'Espagne s'appauvrit, se resserre et devient une puissance de deuxième ou de troisième ordre.

La distance ne serait pas la seule influence géographique qui favorise l'éclosion d'un mouvement insurrectionnel. Il faudrait y ajouter les incompatibilités de nature qui tiennent à la diversité des climats et aux différences dans la constitution du sol.

Suivant Montesquieu, le climat a une action formatrice sur le tempérament, sur le caractère et, par suite, sur la conduite. Aussi, des hommes vivant sous des latitudes différentes seraient en opposition naturelle de telle sorte que, par exemple, la constitution appropriée aux habitants du Nord ne conviendrait pas à des méridionaux. Les derniers seraient faits pour le despotisme, tandis que les premiers montre-

raient une indépendance difficilement pliable au pouvoir
absolu d'un seul.

Malgré l'autorité de Montesquieu et de géographes com-
temporains, il ne semble pas qu'il y ait une connexion aussi
étroite entre la température et les dispositions à la liberté ou
à la servitude. Cette prétendue loi n'est même pas exacte
dans les limites d'une observation historique restreinte. Le
climat de l'Asie Mineure et de tout le littoral méditerranéen n'a pas sensiblement varié, et cependant que de constitutions différentes se sont succédé, depuis ces cités grecques
si pleines d'élan et d'initiative jusqu'à cette domination
musulmane si oppressive! Que la rigueur du climat ne soit
pas associée au désir d'indépendance politique, il suffit, pour
le prouver, de citer la Russie qui conserve un gouvernement autocratique, malgré l'exemple des peuples voisins.
Quant au despotisme fatidique des peuples de l'Orient, il
ne faudrait pas trop se hâter de le déclarer éternel, si l'on
ne veut pas recevoir bientôt un démenti éclatant des faits
eux-mêmes. Le Lazare social, en Chine et ailleurs, n'est peut-
être qu'en léthargie et, tiré de son long sommeil par les
secousses des « diables d'Occident », il commence à se réveiller, prêt à manifester sa vie par des transformations politiques. L'évolution rapide du Japon fournit une garantie suffisante de cette conjecture.

Des remarques de même nature pourraient être faites au
sujet du sol et des productions de la terre. Les influences
nées de la constitution géologique et du régime alimentaire
sont trop vagues pour que, *dans l'état actuel des connaissances,* on puisse édifier sur elles une théorie solide des tem-
péraments et des caractères.

Supposons pourtant l'existence de cette relation, il n'en
résulterait aucune application pour une société considérée
dans son ensemble. Que de différences, en effet, dans les productions d'un territoire étendu, et surtout dans le genre

d'alimentation propre au diverses classes de la société! Le paysan bourguignon vit de lard et de choux, pendant que le riche met à contribution l'univers entier pour mieux satisfaire son goût blasé. D'ailleurs, les communications multipliées facilitent les échanges de produits; le café, plante des tropiques, paraît aujourd'hui sur les plus modestes tables européennes, pendant que nos alcools vont, dans toutes les latitudes, verser leurs excitations malsaines.

Une raison beaucoup plus décisive pour fomenter le soulèvement d'une province, d'une colonie ou d'un pays autrefois indépendant, c'est la diversité de *race* ou de *nationalité*.

Les ethnographes font les plus grands efforts pour fixer les traits physiques et moraux propres aux races. Mais, si l'on fait exception pour les différences dans la couleur de la peau, les distinctions plus ou moins savantes qu'ils essaient d'établir passent inaperçues aux yeux du vulgaire, et restent sans action sur les événements étudiés ici. Les dolichos blonds, au crâne allongé et aux yeux bleus, ne sont point conscients d'une dissemblance de nature avec les brachys, à tête ronde, aux cheveux bruns et aux yeux noirs. Ils vivent mêlés ensemble, ne montrant, à l'égard des uns et des autres, ni répugnance, ni dédain. Dans aucun cas, l'histoire, qui doit nous servir de critérium décisif, ne fournit d'exemple d'un soulèvement qui aurait eu pour cause des différences ethniques aussi peu caractérisées.

Au contraire la défiance mutuelle et une hostilité toujours prête à se traduire par des actes, séparent des populations distinguées par la couleur de la peau et par d'autres traits physiques bien prononcés. Ces populations peuvent être amenées, par les hasards de la politique et de la vie sociale, à vivre côte à côte; mais, semblables à de l'huile et de l'eau renfermées dans un même vase, elles ne se mêlent point complètement. Cela apparaît avec netteté, alors même qu'aux différences de nature ne viennent pas s'en ajouter d'autres artificielles, les différences créées par les institutions politiques, religieuses et économiques. L'égalité a beau être proclamée dans la loi, les mœurs ne l'admettent pas; l'antagonisme subsiste, et, à la première occasion favorable, les haines, longtemps contenues par la crainte, éclatent avec d'autant plus de fureur que les oppositions de race étaient plus prononcées.

C'est ce qui arriva en particulier à Saint-Domingue. La secousse, produite en France par la Révolution, eut son contre-coup dans la colonie. Les noirs se soulevèrent, et, peu satisfaits de la liberté que leur avait accordée Santhonax, le commissaire de la République, ils commirent des atrocités contre les blancs, leurs anciens maîtres. — A notre époque, les lynchages répétés qui se pratiquent aux Etats-Unis dans les provinces du Sud indiquent, entre les nègres et les blancs, une haine qui se manifesterait sans doute par une guerre civile, si le pouvoir fédéral plus fort ne maintenait point l'ordre par la contrainte.

Dans le cas où les dissemblances physiques entre peuples sont peu accusées, le ferment le plus actif de la haine et de la révolte consiste moins dans les répugnances des sens que dans les oppositions d'idées ; idées qui, dans le fond, peuvent être des préjugés sans fondement, mais qui, n'en ayant pas moins une énorme puissance sur les passions et les intérêts, doivent entrer largement en ligne de compte. Ainsi que le problème des races et des nationalités soit susceptible, ou non, de recevoir une solution scientifique, il n'importe pour les besoins de la recherche actuelle, qui vise, non à formuler un idéal capable de diriger la conduite des sociétés, mais à établir les réalités qui ont agi sur les événements sociaux.

Or, ces réalités sont très souvent des idées fausses, des erreurs grossières, des sophismes d'intérêt, des illusions d'amour-propre, des rêveries peut-être généreuses mais à coup sûr chimériques, des visions hallucinatoires, des fantômes, que l'esprit enfante, qu'il projette inconsciemment hors de lui et qu'il prend pour des choses réelles. La plus grande erreur sociale serait peut-être de croire que l'homme use, en toute occasion, de sa raison ratiocinante et qu'il emploie son jugement à se représenter avec exactitude les êtres et les faits. Point du tout. Le contraire serait plutôt le vrai. Enchaîner ses raisons d'une façon logique exige un effort d'attention, dont bien peu sont capables. Ceux qui le pourraient s'en détournent, préférant rester attachés à des préventions qu'une logique trop rigoureuse risquerait de détruire. Suivant le mot de Montaigne, « l'homme se plaît à se piper lui-même ». Ce n'est pas lui qui se conforme à la réalité, c'est la réalité qu'il plie et tord pour la rendre conforme à ses désirs. « L'intelligence, miroir qui reflète les choses » est non seulement une métaphore usée, elle n'a même pas le mérite d'être juste. Bacon avait bien raison de comparer l'esprit à la caverne de Platon, toute peuplée d'idoles et de fantômes.

C'est à ces idoles, à ces simulacres, à ces fantômes que les idées de race et de nationalité doivent la plus grande part de leur puissance. L'erreur originelle consiste à croire que tous les hommes qui sont désignés par le même mot possèdent des caractères communs et se distinguent des autres groupes par des différences précises. L'expérience et l'observation de chaque jour ont beau donner d'éclatants démentis à cette croyance, l'erreur subsiste attachée à l'esprit par les liens d'une traditionnelle association. Les Français, les Anglais, les Allemands, les Italiens... passent pour former autant de groupes homogènes, dont tous les membres sont conformes à un type commun et, pour ainsi dire, marqués à la même empreinte. Chacun de ces peuples se juge différent, et, par une pente naturelle, s'attribue la supériorité sur son voisin qui la revendique à son tour. De là et par le seul fait d'une dénomination différente, des rivalités, des haines et des luttes.

La croyance en une communauté de nature chez les divers membres d'une société constitue le fondement le plus solide de la nationalité. Cependant l'idée, pour avoir toute sa force, ne s'attache pas seulement à l'identité du nom. Elle a d'autant plus de consistance et d'efficacité que les points communs seront plus nombreux et plus importants. L'homogénéité d'un peuple est d'autant mieux sentie que tous parlent une même langue, ont des mœurs semblables et des traditions sinon communes, du moins compatibles entre elles.

La *langue* est le plus sûr moyen d'éveiller, chez ceux qui l'entendent, un écho sympathique. Au contraire, un accent étranger est déjà une dissonance. Les mots, déformés par une prononciation vicieuse, rompent les associations naturelles et, par une sorte d'ironie invincible, provoquent des sentiments opposés à ceux qu'ils évoquent d'ordinaire. C'est l'émotion qu'on voudrait produire, et c'est le rire involontaire qui éclate. C'est pis encore, quand la diversité de langue est assez grande pour rompre toute communication. Les *moi* restent alors complètement étrangers les uns aux autres, et, par une pente naturelle, l'indifférence se transforme souvent en hostilité.

Pour des raisons analogues, des *mœurs* semblables attirent, tandis que des coutumes choquent, quand elles sont incompatibles avec nos façons propres de sentir, de penser et d'agir.

Quant aux *traditions* historiques, elles plongent parfois dans un passé lointain et mystérieux. Elles se transmettent par les contes et les légendes populaires; elles se conservent dans d'anciens chants et poèmes, ou dans de vieilles chroniques; elles persistent dans le langage, sous forme de locutions proverbiales, d'autant plus efficaces que leur action est plus obscure, mais aussi plus incessante. Elles entrent ainsi, comme un des éléments les plus importants dans la formation de cette grande personnalité morale qui semble prolonger son existence à travers les générations successives.

Si la nationalité se constitue de cette façon, c'est par un mirage, semblable à celui des réalistes du moyen âge, qu'on lui attribuerait une existence véritable, et séparée des esprits individuels qui, seuls, sont capables de la concevoir. Quant aux produits de la nationalité, c'est à tort qu'on les rapporterait à une sorte de conscience collective, placée en dehors des individus. Une nation n'est jamais formée que d'êtres individuels et distincts, mais d'êtres qui ont en commun des coutumes, des traditions, des façons de parler et de penser, et surtout la croyance qu'ils se rattachent aux mêmes ancêtres et sont unis par les liens du sang.

D'ailleurs, suivant la remarque faite plus haut, que cette croyance à une même origine soit vraie ou fausse, il n'importe. Elle ne reste pas inactive, mais, comme toutes les idées qui ont leur racine dans la sensibilité, elle influe sur la conduite. De là ces poussées violentes qui ont amené des groupes ethniques — supposés de même race, grâce à la similitude du nom — à se réunir ensemble et à briser les liens qui les attachaient à d'autres groupes, jugés différents et de nature incompatible, parce qu'ils étaient désignés sous d'autres noms. Les révolutions, produites par l'idée de nationalité, ont été fréquentes de tout temps.

Les Hellènes, malgré les nombreuses migrations de peuples qui s'étaient succédé sur le littoral de l'Asie Mineure et dans la Grèce, se considéraient comme congénères, et flétrissaient les autres peuples du nom de barbares. Telle est l'idée qui, placée au-dessus des intérêts particuliers, servit de trait d'union aux différentes cités et les arma contre la domination perse. — Plus tard, cette même Grèce, grâce à la persistance de sa langue et au souvenir de ses lointaines traditions, se souleva contre le despotisme turc. A la suite de l'insurrection de 1821, que l'idée nationale avait surtout provoquée, elle parvint à intéresser les Philhellènes européens et, par leur appui, à reconquérir son indépendance. — Cette idée de nationalité distincte a été l'âme de la résistance inlassable que l'Irlande, depuis des siècles, oppose à la domination anglaise. — C'est encore cette idée qui travaillait les diverses provinces de l'Italie, suscitait de côté et d'autre d'incessantes révoltes et qui, après plusieurs tentatives infructueuses, finit par triompher, en réunissant, dans un même Etat, des tronçons longtemps séparés mais qui, par de secrètes tendances, aspiraient à se rejoindre. — Mêmes tendances sourdes et qui ne demandent aussi qu'à se manifester à la première occasion favorable, chez ces peuples dont la nationalité a été supprimée par la force brutale de la guerre, ou par la ruse des diplomaties. Ainsi, le souvenir de leur indépendance vit toujours dans l'esprit des Polonais; et, si la force des trois pays intéressés au partage n'était plus capable d'en arrêter les manifestations, il ne semble pas douteux que le mot *Pologne*, avec tout son cortège d'idées et de sentiments, montrerait toute sa puissance révolutionnaire : l'ordre (russe) ne régnerait plus à Varsovie.

Parmi les idées les plus capables de réunir les hommes dans un effort commun, il faut citer l'*idée religieuse*, le partage des mêmes croyances, traditions, cérémonies et habitudes rituelles ; que, du reste, cette foi soit ancienne et se trouve dans la nécessité de résister aux empiétements d'un culte nouveau, ou qu'elle soit récente et, par sa nouveauté même, montre plus d'enthousiasme et de prosélytisme.

Le sentiment religieux est un de ceux qui pénètrent le plus profondément dans l'âme humaine et y jettent les ramifications les plus étendues. Il met son empreinte propre sur les mœurs sociales, il touche à tous les actes importants de la vie et, parfois même, il s'insinue dans les actions quotidiennes, ne laissant rien en dehors de ses prises. Avec une pareille étendue et une telle intensité, il n'est pas étonnant qu'il se transforme aisément en passion ; une passion des plus irritables qui prend les plus légères atteintes pour des attentats, et qui ne recule pas devant les plus extrêmes violences pour défendre un bien jugé supérieur à tous les autres. Car ce bien a beau être surnaturel, mystique, il n'en exerce pas moins une séduction dominante chez tous ceux qui ont foi dans sa réalité.

D'ailleurs, ce qui fait la force de la religion, c'est qu'elle n'agit pas seulement par attirance, mais aussi par contrainte. Toute religion impose des devoirs et, pour imprimer plus profondément l'obligation dans les consciences, elle menace des plus graves châtiments les violateurs de la loi divine. Dès l'enfance, les esprits sont façonnés à cette obéissance. Les règles sont prescrites par les parents et par des hommes d'une plus grande autorité encore ; des hommes que les parents eux-mêmes vénèrent et qui passent pour les interprètes de la divinité elle-même. A force d'entendre ces ordres, l'enfant oublie leur origine et les considère comme la voix mystérieuse qui vient de l'infini, et d'autant plus redoutable et digne de respect.

Cette voix, devenue intérieure, ne se tait pas ; et, quand les lois civiles paraissent incompatibles avec les prescriptions religieuses, elle fait de la résistance un devoir.

Tant que l'individu est seul ou n'est uni qu'à un groupe restreint, la résistance est vaine. Mais, si beaucoup participent aux mêmes croyances et aux mêmes sentiments, toutes ces voix intérieures se réveillent mutuellement, s'excitent et rendent le devoir plus impérieux. Le plus souvent, la collectivité n'agit pas d'une façon désordonnée, mais elle suit l'impulsion de ses guides ordinaires, ou, si ses chefs naturels lui font défaut, elle s'en donne d'autres qui, par le langage, savent mieux traduire ses aspirations et qui, par leurs actes, montrent le plus de caractère et le plus d'habileté dans la lutte.

L'idée religieuse a, du reste, d'autant plus de force qu'elle s'associe mieux à d'autres tendances qui pousseraient également à la rébellion, tendances provoquées, par exemple, par la communauté de langue, de race ou de nationalité. Mais seule, et dépourvue de ces appuis étrangers, la religion a souvent joué dans les révolutions un rôle capital et, dans certains cas, tellement prépondérant que les historiens les ont appelées des révolutions religieuses

Dans quel cas précis la religion entre-t-elle comme un élément favorable à l'extension de la résistance ? — Lorsque le signal de la révolte a été donné, les sectateurs d'une religion prendront part au mouvement insurrectionnel, si, par le fait seul de leurs croyances religieuses, ils ont à souffrir des lois et de l'action gouvernementale. Leur tendance à participer à la rébellion sera, d'ailleurs, d'autant plus grande que leurs convictions sont plus solides et que, d'autre part, les vexations sont plus fortes. Les revendications de l'Irlande, appuyées sur la violence, dans toutes les occasions où la force pouvait avoir quelque chance de succès, fournissent un exemple frappant de la puissance du sentiment religieux. — Dans les deux révolutions d'Angleterre, l'idée religieuse a tenu aussi une grande place. Un mois après la condamnation d'Hampden, l'Ecosse se soulève à la suite d'un changement dans la liturgie : les presbytériens, menacés dans leur culte, s'unissent entre eux et forment une vaste association, dont le lien est le pacte connu sous le nom de *covenant*. C'est ce pacte, solennellement juré par tous, qui arme l'Ecosse contre l'Angleterre et qui décide Charles Ier à convoquer le Parlement dont il avait eu la prétention de vouloir se passer. — Quant à la seconde révolution d'Angleterre, elle fut dirigée surtout contre le « papisme », qui était une menace contre l'Église anglicane et contre les sectes indépendantes. — Dans des temps plus récents, l'insurrection belge a eu pour principale cause le catholicisme intransigeant des évêques, qui ne voulaient pas d'une tolérance égale pour les cultes, se refusant à approuver « ce principe funeste entièrement opposé à l'esprit de la religion catholique, « que toutes les religions sont également bonnes » (1).

Les idées proprement politiques peuvent aussi peser d'un grand poids dans les déterminations des partisans de réformes. Elles consistent en des conceptions générales qui, grâce à cette généralité, intéressent de grandes catégories de personnes. Appuyées sur les principes prétendus du droit et de la justice, elles s'opposent aux dispositions législatives en vigueur et tendent ainsi à renverser les anciennes classifications politiques.

La noblesse se considère comme d'une essence supérieure et veut s'attribuer, dans l'État, un rôle en rapport avec la supériorité que lui confère la naissance. De là les efforts qu'elle a toujours faits pour maintenir sa prééminence sur la bourgeoisie et sur le peuple des laboureurs et des artisans. De là aussi les rébellions fréquentes qu'elle a dirigées contre les pouvoirs publics, toutes les fois que sa puissance et ses intérêts paraissaient menacés. La monarchie française, qui a été, depuis saint Louis, un long effort pour réduire les prétentions de la noblesse, a eu souvent à supporter les assauts de sa turbulence inquiète et de son amour-propre irritable. Témoin la *Ligue du bien public* sous Louis XI, la *Guerre folle* pendant la minorité de Charles VIII, les exigences des grands seigneurs sous le règne de Marie de Médicis, la *Journée des dupes*, tentative avortée contre Richelieu dont la noblesse redoutait l'autorité naissante, puis la *Fronde*

1. Lavisse et Rambaud. *Hist. générale*, X, 348.

sous la régence d'Anne d'Autriche... Mais, c'est en Pologne
que l'idée aristocratique a le plus exercé sa puissance révolutionnaire. La noblesse polonaise, faisait de l'insurrection
un moyen ordinaire et, pour ainsi dire, une forme légale
de résistance contre la volonté de plus en plus amoindrie de
la royauté qu'elle voulait bien entourer de respect, mais
qu'elle dépouillait de toute autorité effective. Il n'y a pas
de régicide dans toute l'histoire de la Pologne. Mais à quoi
bon cette mesure extrême contre un simulacre de roi, « un
monarque en peinture » ?

La richesse est une puissance ; mais, pour ceux qui la
possèdent, elle constitue, en outre, un droit, le droit de
prendre part aux affaires publiques, ou, tout au moins, d'exercer un contrôle sur les impôts et sur les dépenses de l'Etat.
Voilà pourquoi la bourgeoisie commerçante, industrielle et
financière s'est souvent unie dans des revendications com--
munes, et, à la faveur des troubles qu'elle a suscités, est
souvent parvenue à obtenir des droits politiques, garantis
par des chartes ou par des dispositions législatives.

Au moyen âge, ce sont les bourgeois des villes qui dirigent le mouvement communal. Grâce à leur fortune, ils
achètent de leurs seigneurs, quand ils le peuvent, des chartes
d'affranchissement. Mais, si l'appât des écus d'or n'agit pas
avec assez d'efficacité, les bourgeois, poussés à la révolte
par la conscience de leur mérite à administrer leurs propres
affaires comme par l'indignité de leurs maîtres à les gouverner, ne craignent pas de recourir à la force pour arriver
à l'indépendance. Ces tentatives d'indépendance n'ayant pas
obtenu partout le succès qu'ils en attendaient, les bourgeois
usent d'habileté pour pénétrer peu à peu dans les conseils
des gouvernements, et pour diminuer d'une façon progressive l'influence de l'aristocratie. Puis, dès que l'occasion
paraît favorable, ils délaissent les moyens d'habileté patiente,
et, par des coups de force, tentent de conquérir les droits

politiques qui doivent appartenir à la richesse, à la science juridique et à l'habileté dans les affaires (1).

L'idée essentiellement révolutionnaire, celle qui, en fait, a été le ferment le plus actif des soulèvements populaires et des transformations sociales les plus complètes, c'est l'idée démocratique. C'est l'idée que les petits, les faibles, les déshérités, les parias de la société sont aussi des hommes ; qu'ils ne sont pas de simples instruments animés, comme le disait Aristote des esclaves ; des outils perfectionnés qu'il faudrait, suivant le conseil du vieux Caton, vendre avec les vieilles ferrailles, quand ils sont usés ; une matière exploitable et corvéable à merci ; mais qu'ils sont des égaux, et par la nature qui distribue les qualités du corps et de l'esprit sans s'occuper des vaines et artificielles distinctions sociales, et par les services rendus, puisqu'ils sont chargés des besognes les plus pénibles, mais aussi les plus indispensables. Ils sont aussi des égaux par les qualités du caractère et par les habitudes de travail et d'économie. Si parfois ils imitent les vices des classes riches, sans y mettre les mêmes raffinements de luxe, la faute en revient souvent aux défectuosités de l'organisation sociale. Car, c'est elle qui, de parti pris, néglige l'éducation des classes inférieures, quand elle ne les corrompt point par système politique, ainsi que cela se pratiquait à Sparte, où l'ivresse des Ilotes était une institution nationale. Ils devraient pouvoir être aussi des égaux par la culture intellectuelle et participer aux jouissances de l'esprit, si la société était régie par les principes de la vraie justice.

Voilà les idées qui s'agitent obscurément dans les consciences individuelles, qui sont murmurées à mi-voix dans des formules inhabiles et qui, venant à pénétrer dans des

1. Dans les républiques anciennes et modernes, la lutte a souvent existé entre les riches et les pauvres ou, comme on disait à Florence entre les *Gras et les Maigres*.

esprits supérieurs y suscitent les paroles persuasives et les appels retentissants. Le génie des poètes, des philosophes et des artistes fait l'office d'un miroir convexe : il rassemble les petites lumières éparses et les concentre en un foyer de lumière et de chaleur. L'idée, devenue ainsi toute lumineuse et ardente, est d'autant mieux acceptée par la foule, qui reconnaît ses propres conceptions, mais agrandies et revêtues de plus de charme et de puissance.

Ces idées ont une très grande force pour soulever les masses populaires et les faire agir dans une action commune. Car, si l'homme est un être naturellement fait pour vivre en société, cela tient à sa faculté de discerner, sous les dissemblances individuelles, les caractères communs qui le rattachent à un groupe social distinct. Il n'est pas un organisme dominé par des instincts purement personnels, sans quoi il ne verrait rien au delà du cercle très étroit de son égoïsme. Mais il possède la raison, et, par elle, augmentant le champ de sa vision intellectuelle, il perçoit chez les autres des tendances extra-personnelles semblables aux siennes, et il devient ainsi capable de s'associer avec eux dans une action concertée, où tous ensemble réuniront leurs efforts pour atteindre un but utile à tous.

Ici, le but est bien apparent avec les avantages de toute nature qu'il promet. Toute la difficulté consiste dans les moyens de l'atteindre. Dans certains cas, les obstacles sont si nombreux et paraissent si insurmontables que l'idée flotte seulement dans les esprits à l'état de rêve, ou sous forme de simples velléités qui se traduisent par un souhait stérile. Mais, dans l'hypothèse où nous nous sommes placé, les circonstances paraissent favorables. L'effervescence a commencé. Non seulement les sentiments de révolte se sont manifestés d'une façon plus ou moins obscure dans des écrits, mais ils se sont traduits par des actes. L'exemple a été donné ; des émeutes se sont produites, émeutes grossies

par les rumeurs populaires et déjà tout embellies par la
beauté des sacrifices et par l'espoir des succès futurs. Il
n'est pas étonnant alors que l'agitation s'étende et que, par
une communication morale dont l'histoire présente de nombreux exemples, l'incendie révolutionnaire s'allume sur tous
les points où se trouvent les matières sociales les mieux disposées à prendre feu.

Telles sont les différentes formes que les révolutions peuvent prendre à leurs débuts et qui serviraient à les caractériser.

Mais, comme il s'agit ici d'une étude de philosophie
sociale, on peut viser à un plus haut degré de généralisa-
tion, pourvu que l'on ne perde point contact avec les réalités historiques. Alors, ces variétés diverses, en se dépouillant
de particularités qui ne sont pas essentielles, viennent se
fondre en une *forme typique* qui a l'avantage de l'unité et
qui conserve les traits caractéristiques de toute révolution en
voie de développement.

Quelle est donc, en général, la condition absolument
essentielle des progrès de la rébellion, celle qui agit dans
tous les cas et décide les collectivités à braver les périls
d'une résistance, ou même d'une attaque ouverte ? *Cette
condition, de nature psychologique, consiste dans les dispositions propres aux différents groupes sociaux, groupes définis
par la profession et par le milieu historique dans lequel ils
ont été appelés à se développer.* Nous l'avons déjà dit et
démontré au Livre Ier, mais c'est là une loi si essentielle qu'il
y a lieu d'insister de nouveau et de rappeler que chacun de
ces groupes possède bien un certain nombre de traits communs, quels que soient le pays et l'époque envisagés.
L'homme, à la naissance, n'est ni une table rase, ni une
argile indifférente à toutes les formes. Il est un faisceau de
tendances soit de la sensibilité, soit de l'intelligence ; mais
de tendances vagues qui ne prendront une direction déter-

minée que par l'exercice habituel de l'activité. Aussi, dans chaque profession, il y a des idées et des tendances qui naissent naturellement du genre d'occupation ; par suite, elles deviennent dominantes dans l'esprit et servent à caractériser tous les membres du groupe. Cependant, cette fixité de caractère n'est pas absolue, et il faut tenir compte aussi des influences qui s'exercent du dehors et dont les plus importantes sont dues aux actions et réactions des autres groupes sociaux. C'est cet ensemble d'influences, variables suivant les époques, que nous désignons sous l'expression de milieu historique (1).

Dans les époques calmes, une sorte d'équilibre tend à s'établir entre toutes les classes sociales qui, habituées ou contraintes à vivre ensemble, s'harmonisent entre elles, comme les organes d'un être vivant. Mais, dans les époques troublées, la coordination sociale est moins stable. Les changements qui se réalisent dans une classe ont, en vertu d'un principe semblable à celui des corrélations organiques, leur répercussion dans les autres. De là, des ruptures d'équilibre qui, produisant des modifications rapides et profondes, amènent chaque classe à agir ou à réagir suivant ses tendances fondamentales, mais aussi d'après les circonstances créées par la situation nouvelle. L'homme social ne subit pas une métamorphose, mais, sous le coup des événements, il manifeste ses tendances, auparavant cachées par des actes en rapport avec ses aspirations, ses idées et ses ressources.

Or, les aspirations qui ont chance d'être réalisées ne sont pas les tendances purement individuelles, mais celles qui sont communes à la plupart des membres d'un groupe et qui intéressent ainsi la collectivité. Il se forme ainsi un *esprit de classe* dont la naissance et l'action ne présentent rien de plus mystérieux que l'unité de conscience dans

1. C'est quelque chose d'analogue à ce que Taine appelait le *moment.* (V. *Hist. de la Littérature anglaise,* XXIX.)

les êtres individuels. Dans chaque personne, l'accord entre les pensées et entre les sentiments ne s'opère pas de lui-même. Il est le résultat d'une lutte où les sentiments dominants l'emportent sur les autres et tendent à leur destruction ; où les contradictions de pensées cessent par le triomphe de celles qui paraissent soit plus vraies, soit plus utiles à la réalisation du but désiré. De même, dans une classe sociale. Les sentiments égoïstes ou communs à un petit nombre de membres sont refoulés par les sentiments qui ont plus de force, force due au nombre et aussi à l'activité des membres qui les éprouvent et les manifestent avec énergie. Les idées s'entre-choquent aussi et une sélection s'opère entre elles. Elles tendent à former un système lié dans ses parties, où les visées particulières n'ont point de place, lorsqu'elles se trouvent en opposition avec les principes directeurs de la conscience collective.

Cette conscience collective n'a point, du reste, de réalité substantielle. Mais elle n'est que l'ensemble des esprits particuliers qui ont des pensées et des tendances communes et qui, dans une partie de leur conduite, mettent au second plan leurs dispositions individuelles. Bien qu'elle ne soit qu'une abstraction, elle n'en exerce pas moins une puissante action sur chaque membre individuel qui, sentant son impuissance devant cette grande force morale, n'ose pas s'élever contre elle, alors même qu'il sentirait en lui des divergences de vues, ou le froissement passager de quelque intérêt personnel. L'égoïsme pur est refoulé, et ce sont les avantages de la classe considérée dans son ensemble qui agissent sur les volontés et les portent à concourir dans des efforts concertés. A l'homme individuel, renfermé dans le cercle étroit des occupations relatives à la vie, se substitue l'homme social, avec l'idée du rôle que le groupe auquel il appartient peut être appelé à jouer dans la société, à la faveur des circonstances actuelles.

C'est une sorte d'idéal qui agit par attirance et aussi par contrainte.

L'homme oublie sa condition présente, et, grâce aux prestiges de l'imagination, il projette son existence dans l'avenir. Il la voit toute parée de la dignité, de la puissance et du bonheur que les interprètes autorisés du groupe rêvent pour lui dans un avenir prochain. La confiance accroît la confiance. A force d'entendre les mêmes affirmations, la foi en leur réalité se consolide et, alors même que toutes ces croyances ne seraient que des chimères enfantées par des imaginations surexcitées, elles passent pour exprimer des réalités toutes proches et déjà saisissables.

Et si ce sont des biens réels, n'est-ce pas un devoir de faire les sacrifices nécessaires pour les atteindre ? C'est alors que la contrainte de classe s'exerce. Au nom d'intérêts supérieurs, parce qu'ils sont généraux, on exige des particuliers qu'ils courent le risque de compromettre ou même de perdre leurs biens propres : fortune, santé, et vie elle-même dans les occasions les plus importantes. Impossible de rester neutre. L'indifférence serait une faute, une sorte de trahison qui amènerait l'exclusion du coupable mis ainsi au ban de la communauté, exposé au mépris des autres et, quelquefois même, frappé de peines réelles. Ces obligations deviennent particulièrement impérieuses en temps de révolution où les classes en fermentation montrent plus d'activité et agissent avec plus de vigueur. D'ailleurs, elles sont d'autant mieux suivies qu'elles sont plus en harmonie avec les tendances intimes des membres du groupe.

En un mot, l'élan révolutionnaire est donné par la croyance en la possibilité d'un changement favorable aux intérêts du groupe, que ces intérêts soient d'ordre physique ou d'ordre moral.

Bien que les intérêts professionnels soient dominants, cela ne veut point dire que chaque classe reste isolée et s'efforce d'atteindre son but exclusivement par ses ressources propres. Entre les différents groupes s'opère un travail de fusion, semblable à celui qui réunissait dans une communauté d'idées, de sentiments et d'actions la majorité des membres de chaque classe. Les intérêts trop particuliers sont écartés, et, dans l'élaboration du programme commun, on ne retient que les principes fondamentaux et les directions les plus générales.

C'est ainsi que se forment les partis qui se groupent autour d'une formule, mais d'une formule assez compréhensive pour se prêter à des applications variées. Il est évident, d'ailleurs, qu'un parti aura d'autant plus de solidité que les points communs seront plus multiples, et que les principes invoqués seront susceptibles d'applications plus nombreuses, plus pratiques, plus utiles à tous les groupes secondaires réunis dans l'unité du parti.

Suivant notre méthode qui consiste à montrer que nos généralisations s'appuient toujours sur des réalités, soumettons les idées précédentes à l'épreuve des faits. Et, pour que cette épreuve soit plus décisive, empruntons nos exemples, non à ces périodes historiques pauvres en documents et qui se prêtent par là aux interprétations les plus opposées, mais aux temps modernes où les faits, connus dans le détail, ne se plient pas avec la même docilité à des théories contradictoires.

Soit la France dans le dernier quart du xviiie siècle.

Au commencement du règne de Louis XVI se remarquent de légères agitations, mais semblables à celles qui s'étaient produites dans les époques antérieures, et incapables, semble-t-il, de modifier l'état social maintenu en équilibre par une longue adaptation. Le roi possède un pouvoir que les esprits les plus hardis ne songent même pas à contester. La famille royale s'occupe un peu des affaires publiques et beaucoup de ses divertissements. — La noblesse de cour déploie son faste à Versailles et s'ingénie à l'entretenir par les libéralités royales. Elle possède les grandes charges de la couronne et les hauts grades dans l'armée. C'est elle aussi qui obtient les évêchés les plus riches et les bénéfices ecclésiastiques les plus lucratifs. Quant à la petite noblesse, elle reste sur ses terres et s'efforce de conserver ses privilèges réels et ses droits honorifiques. — Le clergé a des abbés de cour qui ne s'occupent guère de religion ; des grands seigneurs qui songent surtout à recueillir les fruits temporels de leurs charges épiscopales ; des réguliers qui ne suivent pas toujours leurs règles ; des moines convaincus en assez petit nombre ; des prêtres que la portion congrue rend sérieux et appliqués à leurs devoirs. — La magistrature, ambitieuse de pouvoir, continue sa résistance à la royauté ; elle fait de l'opposition pour maintenir ses prérogatives et, si elle le pouvait, pour les accroître. — La bourgeoisie des villes, et, en particulier, de Paris, est frondeuse ; elle encourage les écrivains dans leurs satires et leurs hardiesses. Mais ce qui l'occupe surtout, c'est le souci de ses affaires. Les commerçants cherchent à s'enrichir, les uns dans le transport et dans la vente des denrées coloniales, les autres dans le négoce à l'intérieur ou dans les finances. Les industriels, maîtres de forges ou grands fabricants, ont des soucis analogues. Mais les uns et les autres ne se contentent pas de bénéfices matériels. Ils visent à jouer un rôle social en rapport avec leur fortune. L'esprit de classe pousse les bourgeois à ambitionner, sinon pour eux, du moins pour leurs enfants, l'accès dans le haut clergé, dans la magistrature et même, par des alliances, dans la noblesse. La possibilité d'atteindre à ces différents buts paraît fournir un débouché suffisant à leurs visées ambitieuses. — Au-dessous viennent les petits marchands, qui aspirent à étendre leur commerce ; les petits industriels qui, entourés de quelques compagnons, travaillent eux-mêmes et amassent péniblement des économies. — Plus bas encore, se trouvent les simples ouvriers, qui ambitionnent la maîtrise et qui, lorqu'ils ne peuvent l'obtenir, se résignent en espérant pour leurs enfants un sort plus heureux. — D'un autre côté les paysans travaillent obstinément à la terre, subissent les corvées, paient les impôts et font des prodiges d'économie pour acheter quelque lopin de terre, longtemps convoité. — Les villages renferment, en outre, des travailleurs agricoles qui ont de nombreux enfants et qui ne se plaignent pas trop, quand l'année est assez bonne pour qu'ils ne souffrent pas trop de la faim, eux et leur famille. — Il y a bien, en dehors des classes organisées, une vague catégorie de littérateurs qui, dans leurs écrits, rêvent un état meilleur. Mais l'immense majorité de la nation semble n'avoir cure de leurs rêveries. Les directeurs officiels de l'opinion : académiciens, professeurs en Sorbonne, orateurs de la chaire. voient la société d'un œil optimiste. Ils proclament que, de temps immémorial, la société française a été constituée sous la forme actuelle et qu'elle restera ainsi, chaque classe demeurant fixée dans son état, qui semble naturel, tant il a été consacré par une longue expérience.

Mais voilà que cet état d'équilibre, qui paraissait éternel, se rompt à la suite de la secousse qu'ont imprimée à la société la prise de la Bastille et la prépondérance du tiers dans l'Assemblée nationale. De là, des modifications rapides dans les classes ; modifications avantageuses ou nuisibles, suivant que les événements eux-mêmes favorisent ou contrarient les tendances propres à chacune d'elles.

Ainsi la royauté a été mise en échec. Elle perd de son prestige, son autorité est ouvertement méconnue. — La noblesse de cour est irritée. Mais, se sentant impuissante à se venger, elle émigre et va à l'étranger chercher des secours armés. Sous la menace d'une révolution qu'ils redoutent, les représentants de la noblesse des provinces abdiquent leurs privilèges. — Dans la nuit du 4 août, le clergé sacrifie aussi quelques-uns de ses droits et, en particulier, les dîmes.

Tandis que les classes privilégiées s'abaissent, les autres s'élèvent. Les représentants du tiers proclament l'égalité de tous les citoyens et même de tous les hommes, et la bourgeoisie riche se réjouit de pouvoir prétendre à toutes les fonctions de l'Etat. — Les ouvriers, qui ont eu si longtemps à se plaindre des barrières que le pouvoir opposait à leur activité professionnelle, ne veulent plus des maîtrises. — Quant aux paysans, ils sont décidés à ne pas supporter davantage les taxes et redevances féodales. Pour supprimer plus sûrement les effets, ils détruisent la cause en incendiant les châteaux avec les chartes qu'ils contiennent.

Il se forme ainsi, dans chaque classe, un nouvel esprit en rapport avec les circonstances nouvelles ; esprit collectif qui rejette les intérêts particuliers pour ne retenir que les tendances communes ; esprit actif qui se jette avec fougue dans les voies qui lui sont ouvertes ; esprit autoritaire aussi et impérieux qui n'admet pas les hésitations en présence d'un bien que les efforts de tous doivent conquérir et conserver. Cet esprit se personnifie, du reste, dans les meneurs qui ne sont rien autre chose que les interprètes de groupes, et qui, après avoir conseillé, ordonnent, commandent, et même recourent à la force pour exécuter leurs décisions.

Puis, les classes diverses sentent leurs affinités et s'unissent entre elles, lorsqu'elles tendent à des buts concordants. Les programmes de revendications s'unissent en même temps. Ils se fondent dans un programme complexe, dominé par un principe clair, qui sert de mot de ralliement à tous les membres du parti novateur : *tous les hommes sont égaux* (1).

1. Les hommes naissent et demeurent libres et égaux en droits. Les distinctions sociales ne peuvent être fondées que sur l'utilité commune. *Déclaration des Droits de l'Homme et du Citoyen*. Art. 1.

A ce parti s'oppose le parti des conservateurs qui ne veulent consentir qu'un minimum de réformes, avec l'espoir secret d'un retour au passé quand la tourmente sera calmée.

Plus tard, les fluctuations des partis sont réglées par les mêmes causes. La raison dominante qui décide les hommes à choisir entre les partis opposés, réside toujours dans les tendances fondamentales de la classe à laquelle chacun appartient, le parti préféré étant celui qui paraît le plus capable de satisfaire ces tendances.

Ainsi, le roi et la noblesse résisteront de plus en plus ; le clergé, menacé dans son indépendance, dans son autorité et dans ses croyances essentielles, se retirera du mouvement réformiste et en deviendra un adversaire dangereux et obstiné. Au contraire, les paysans, les bourgeois et surtout les ouvriers y resteront fidèles, afin de conserver les nouveaux droits qui favorisent leurs intérêts, leur indépendance ou leur amour-propre. Les intellectuels seront les plus enthousiastes, parce que la révolution ouvre à leur ambition des perspectives sans limites. Les avocats, les procureurs et, en général, tous les membres de la basoche ; les journalistes, les orateurs de club, tous ceux, en un mot, qui ont pour instrument la parole ou la plume, se réjouissent parce qu'ils se sentent les maîtres de demain. Une armée nouvelle va aussi se former, toute nationale, où les grades appartiendront aux plus dignes, quelle que soit l'obscurité de leur origine. Aussi, quand les autres classes seront fatiguées de poursuivre un rêve toujours fuyant, c'est l'armée qui conservera l'esprit révolutionnaire et qui s'attachera à un ordre de choses capable d'avoir donné à la carrière militaire la gloire, les honneurs, la richesse et la puissance.

Mais on objecte qu'il y a des exceptions. Ce ne sont pas toujours les intérêts de classes qui l'emportent. Souvent, par exemple, ce sont les croyances religieuses qui exercent l'influence prépondérante. Témoin les paysans de Vendée qui s'insurgent contre la révolution et qui, sous la conduite de leurs prêtres réfractaires, défendent le catholicisme.

La difficulté est plus apparente que réelle.

Les paysans vendéens, très ignorants des questions proprement religieuses, ne défendent pas des dogmes que menacerait *la Constitution civile du clergé*. Ce qu'ils défendent, ce sont les prêtres qui avaient l'habitude de les diriger et qui ont conservé un grand ascendant sur eux. Le ressort qui met en activité leur résistance, c'est, comme pour les autres paysans de France, l'intérêt de classe ; ce mot d'intérêt étant pris, du reste, dans sa plus large signification et comprenant tout ce qui peut contribuer à relever la profession, au point de vue matériel comme au point de vue moral. Ici, leur conviction est que ces intérêts sont intimement liés à ceux des prêtres non-jureurs et à ceux de la royauté. Le sentiment est le même que dans les autres provinces, mais l'idée diffère et lui fait prendre une autre direction.

Tout le mystère vient des affinités de classes qui ne sont point également senties et reconnues. Et le mystère s'éclaircit si on se rappelle qu'aucune classe n'est fermée aux influences des autres et que certaines d'entre elles sont dominantes (1). Or, ce sont ces dernières qui imposent aux autres la direction qui leur semble la meilleure et qui, d'ailleurs, paraît convenir non seulement à celles qui dirigent le mouvement mais encore aux classes subordonnées qui l'adoptent. En Vendée, les prêtres luttent pour leur indépendance, pour leur prestige, pour leur foi ; et les paysans les suivent per-

---

1. C'est ce que nous avons appelé la « loi d'harmonie » qui se formule ainsi : « Si deux ou plusieurs classes poursuivent des buts concordants, elles ont une tendance à associer leurs efforts. Elles sympathisent entre elles et prennent conscience de leur solidarité. Si cette communauté d'intérêts n'apparaît point à quelques-unes, *les classes plus cultivées s'efforcent d'éclairer les autres et d'obtenir leur concours volontaire*. » CLASSES SOCIALES, 180.

suadés que leurs intérêts matériels et moraux sont intimement liés à ceux du clergé et de la royauté. La preuve qu'il en est bien ainsi, c'est que les paysans ont pris les armes pour éviter le mal immédiat dont ils étaient menacés, la conscription.

Maintenant les hostilités sont ouvertes et la bataille sociale va s'engager. Les forces en présence, que l'analyse avait déjà découvertes dans le premier livre, ont été rappelées et de nouveau passées en revue. Cette répétition peut être contraire aux règles de l'esthétique, mais, comme il s'agit ici moins de beauté que de vérité, le lecteur voudra bien l'excuser en se rappelant ce précepte de Descartes : « Faire partout des dénombrements si entiers et des revues si générales que je fusse assuré de ne rien omettre. » (1).

1. *Discours de la Méthode,* deuxième partie.

CHAPITRE II

LUTTE DES DEUX PARTIS EN PRÉSENCE

Dans les débuts du drame révolutionnaire, nous nous sommes attaché à montrer l'acte de violence par lequel il commençait, et surtout les diverses influences qui pouvaient étendre la rébellion.

A ce sujet, il ne faut pas perdre de vue ce point important signalé dans la première partie : tout phénomène social résulte du concours de plusieurs antécédents qui peuvent se distribuer en deux groupes, les causes actives, et les causes patientes ou résistantes. Ici, les causes actives résident dans le parti novateur qui s'efforce d'introduire un changement dans la constitution de la société. Mais ce serait s'exposer à de graves mécomptes que de les considérer seules. Car le résultat final dépend de la force de résistance que peut opposer l'ancienne constitution sociale, représentée et défendue par l'Etat. Une faible secousse peut ébranler un pouvoir sans solidité, tandis qu'une insurrection formidable peut être étouffée par une puissance publique forte, énergique, en possession de ressources considérables.

Trois cas peuvent ainsi se présenter :

1° La répression de l'Etat est faible, soit par l'insuffisance des forces disponibles, soit par crainte de les employer. Et, alors, l'insurrection vite grandissante renverse le gouvernement et établit une autre constitution. Ce triomphe rapide de la rébellion contre les pouvoirs établis s'est produit, par exemple, dans les trois révolutions successives de juillet 1830, de février 1848 et de septembre 1870 ;

2° La répression est prompte, énergique et pleinement victorieuse. La tentative révolutionnaire avorte, et, après une courte période d'agitation, l'activité sociale reprend son cours habituel. Tel fut le sort des divers soulèvements qui se produisirent dans différents Etats de l'Europe, à la suite de la révolution française de 1848. Les tendances libérales qui s'étaient fait jour, particulièrement en Allemagne, en Autriche et en Italie, furent refoulées et l'ancien état de choses fut rétabli ;

3° La prépondérance de l'un des partis sur l'autre n'est pas assez marquée pour assurer son triomphe immédiat, et la lutte se prolonge avec des péripéties diverses.

C'est le cas le plus intéressant, parce [illegible] dans la société un véritable drame, où les p[illegible] de part et d'autre et dont l'issue reste [illegible]. C'est aussi le cas le plus fécond en en[illegible] ui- vant ces mouvements, en apparence ca[illegible] désor- donnés, le sociologue, qui a découvert les cau[illegible]es essen- tielles des événements sociaux, a la satisfaction de constater que l'activité des hommes en société est soumise à des lois, et qu'au nombre des conditions essentielles qui règlent cette activité, se trouve l'*idée*. Idée émancipatrice et bienfaisante, quand elle est en harmonie avec la réalité sociale ; idée funeste et opprimante quand elle méconnaît la situation réelle et pousse à des réformes chimériques. Echecs ou suc- cès ne sont donc pas dus au hasard, mais ils dépendent de causes déterminées, dont la connaissance plus exacte augmenterait la justesse de l'action politique.

C'est ce cas qu'il faut maintenant examiner avec les détails en rapport avec son importance.

Quelles que soient les causes qui les aient mis en presence, deux partis divisent la société. Si l'on se place dans l'hypothèse de la marche progressive de la révolution et de son succès final, le parti révolutionnaire est destiné à se développer, tandis que l'Etat, avec les forces sociales intéressées à sa conservation, sera de plus en plus dépossédé de ses pouvoirs. Deux mouvements se produisent ainsi en sens contraire. Pour les bien comprendre, il faut suivre les péripéties de la lutte engagée entre l'Etat et la révolution, et la suivre sur les différents terrains où elle a l'occasion de se produire.

Chacun des partis lutte avec ses ressources, ou, plus exactement, avec les ressources des diverses classes qui le constituent. Or, les produits de l'activité propre aux divers groupes de la société impliqués dans un parti, se répartissent en un certain nombre de faits : les faits économiques, politiques, religieux, intellectuels, militaires (1). D'où autant de luttes diverses.

Lutte Économique. — L'argent est une arme puissante. Aussi, les efforts du parti révolutionnaire tendent à tarir les ressources de l'Etat, et à accroître les siennes propres. De son côté, l'Etat se débat et s'ingénie à sortir de la situation difficile où les circonstances et surtout ses fautes l'ont placé.

Semblable à un riche imprévoyant et dissipateur, souvent il a sacrifié l'avenir au présent. Pour se créer des ressources temporaires ou pour payer des services viagers, il a accordé des privilèges héréditaires ; il s'est ainsi dépouillé d'une partie de ses droits et de la puissance que lui aurait

---

1. Cette énumération vise seulement à être complète. Quant à l'ordre suivi, il n'est pas fixé d'après l'importance des faits. Car cette importance est relative et varie suivant les révolutions. Remarquons en particulier que, si les faits économiques ont joué un rôle considérable dans les transformations sociales, ainsi que le soutient justement le matérialisme historique, cela ne veut point dire qu'ils aient, toujours et partout, exercé une influence prépondérante.

conférés sa richesse laissée intacte. Sous l'ancien régime,
toutes les terres possédées par la noblesse et par le clergé
étaient exemptes de l'impôt. Par suite, les charges étaient
retombées plus lourdement sur la bourgeoisie et sur le
peuple des travailleurs manuels, paysans et ouvriers.

Avec une pareille imprévoyance, la situation est déjà difficile dans les circonstances ordinaires, lorsqu'il faut seulement subvenir aux dépenses normales. Mais, que des événements viennent à se produire qui imposent un accroissement
considérable de dépenses, et l'équilibre des finances, depuis
longtemps menacé, finit par se rompre. Les anciens moyens
d'alimenter le trésor public deviennent impuissants. L'appel
au crédit reste lui-même inefficace. Les possesseurs de la
richesse se défient et s'abstiennent ; ou bien, ils n'accordent
leur argent qu'à des conditions onéreuses plus capables
d'aggraver la situation que d'y porter remède. La situation
devient de plus en plus critique, et l'État se trouve acculé à
des décisions diverses, mais qui sont toutes pleines de difficultés ou de périls.

Le meilleur moyen de sortir de cette impasse serait assurément de modérer les dépenses, en supprimant toutes celles
qui sont superflues. Par malheur, les prodigalités inutiles
frappent les yeux de tous, sauf des intéressés. Comment se
refuser, quand on est reine, les colliers de diamant, supprimer les fêtes luxueuses, marchander les réjouissances avec la
mesquinerie d'une âme bourgeoise ? Dans une cour, le luxe
ne saurait jamais se déployer avec trop d'éclat, et prêcher l'économie, ce serait vouloir porter atteinte au prestige royal.
Fidèle à ces idées, Calonne multipliait les prodigalités à
mesure que le déficit se creusait davantage.

L'économie étant écartée, l'État est placé dans cette dure
alternative : ou faillir à ses engagements ; ou créer de nouvelles ressources par des moyens légaux et avec l'appui des
classes tenues éloignées du pouvoir. Le premier moyen, la

banqueroute partielle ou totale, ne peut point se pratiquer indéfiniment. Les financiers n'ont pas assez de naïveté pour croire à des promesses souvent méconnues et à des contrats violés sans scrupule. Et, comme c'est dans leur monde que fleurit surtout l'adage économique : « les affaires sont les affaires », ils ferment leur caisse à double tour, pendant que les petits rentiers laissent dormir leurs économies, en attendant des temps meilleurs. Reste, comme suprême ressource, le recours aux communes (comme en Angleterre), aux états généraux (comme en France), aux classes qui sont restées longtemps à l'écart et qui, alors, sont appelées à conjurer la banqueroute menaçante.

Mais c'est là une concession dangereuse. Les représentants des communes ou du tiers deviennent des législateurs, et, comme leur mandat législatif n'est point nettement défini, ils vont, par une tendance propre à leur nouveau caractère, s'efforcer de l'étendre et user de leur influence à l'égard des classes qu'ils représentent.

En France, cette action favorable à un changement social ne se fait pas longtemps attendre : les privilèges en matière d'impôts sont abolis dans la nuit historique du 4 août. Mais cette égalité au point de vue économique ne sera bientôt plus jugée suffisante, et, à mesure que le parti révolutionnaire va gagner en force, il élèvera plus haut ses prétentions. Renversant les rôles, ce seront les anciennes classes privilégiées qu'il frappera par des lois d'exception et qui, par un privilège à rebours, auront à supporter des charges fiscales particulières. Ainsi, quand la guerre étrangère impose à la nation d'énormes dépenses, ce sont les biens du clergé et des émigrés qui servent de gage aux assignats, et qui permettent de couvrir les énormes frais qu'entraîne l'entretien d'armées combattant sur toutes les frontières.

Inutile, d'ailleurs, d'entrer dans le détail des mesures législatives qui sont prises par les différentes assemblées. Il suffit pour les besoins d'une explication sociologique, c'est-à-dire, scientifique, de faire ressortir que l'*assiette de l'impôt est dans une dépendance étroite avec les dispositions de la majorité, dispositions qui sont dépendantes, à leur tour, des intérêts des classes dont les représentants ont la charge.* Or, qu'il s'agisse d'assemblées révolutionnaires ou de chambres législatives régulières, l'histoire nous montre l'invariabilité de cette relation : les membres de ces assemblées s'efforcent de faire prévaloir dans la législation les lois fiscales les plus favorables aux groupes professionnels dont ils sont les interprètes. Pendant la Réforme, les biens du clergé catholique sont sécularisés, et la noblesse s'en empare. — Sous Charles Ier, quand la guerre civile éclate, le Parlement la prolonge au prix de grands sacrifices actuels, mais pour s'opposer aux progrès du papisme et pour conjurer la reprise des biens ecclésiastiques qui serait la conséquence de ces progrès. Plus tard, lorsque le parti royal est en déclin et que de nouvelles élections ont donné aux Indépendants plus de pouvoir, la Chambre des communes révoque l'ordonnance qui avait accordé, aux femmes et aux enfants des délinquants, le cinquième du revenu des séquestrés (1). — En 1848, le droit au travail fut proclamé par la Constituante, composée de membres animés pour le plus grand nombre de sentiments démocratiques. — A la Chambre des députés, un débat récent sur « les bouilleurs de cru » a montré avec quelle énergie les députés des circonscriptions vinicoles défendaient les intérêts de leurs électeurs, menacés de la suppression de leur ancien privilège.

La lutte économique se poursuit sur le terrain proprement révolutionnaire, par des actes que la loi n'a pas prévus, ou même qui sont en pleine contradiction avec elle. Les agents administratifs sont de moins en moins obéis. Au

---

1. Guizot, *Histoire de la Révolution d'Angleterre*, II, 133.

commencement, les résistances étaient exceptionnelles et isolées. Elles se multiplient à mesure que les pouvoirs publics
perdent de leur autorité, et enfin elles deviennent générales,
lorsque les contribuables, opposés à l'Etat, ont constaté son
impuissance à sévir.

Dès 1789, les paysans français refusent de payer toute
espèce d'impôt, et sur toutes les parties du territoire éclate
une sorte d'anarchie où les violences contre les agents du
fisc deviennent de plus en plus fréquentes. Non seulement
les populations s'affranchissent de leurs anciennes obligations, mais, sans attendre la ratification des pouvoirs
publics, elles s'emparent des vivres nécessaires à leur subsistance et des armes utiles à leur défense. C'est surtout
dans les agglomérations urbaines, où les troubles augmentent
la misère, que cette lutte pour la vie sévit avec le plus de
vivacité et parfois même de fureur. Les femmes, qui ont la
charge de nourrir la famille, deviennent furieuses en voyant
leurs enfants manquer des choses les plus nécessaires à la vie.
Elles descendent dans la rue et, avec tout l'aveuglement, mais
aussi toute la force de la passion, elles vocifèrent leur haine
contre les aristocrates, les riches, les accapareurs ; elles se
mêlent aux hommes, attaquent les convois de farine ou,
comme les Parisiennes d'octobre 1789, vont à Versailles
chercher « le boulanger et le petit mitron.».

Ces troubles ont une répercussion inévitable sur la production et sur la circulation.

Ce qui est l'âme du commerce, c'est la confiance, c'est la
tranquillité et l'ordre. Or, si ces conditions viennent à manquer, les transactions régulières cessent, et les négociants
font place aux agioteurs. Le commerce devient un jeu, où se
risquent seuls les audacieux qui se plaisent aux coups impré-
vus de la fortune. Ou plutôt, c'est une sorte de lutte, où
tous les procédés sont bons, pourvu qu'ils conduisent au
succès, c'est-à-dire, à l'accumulation rapide de grandes

richesses. De là des fraudes et des spoliations plus ou moins déguisées qui augmentent la misère, et provoquent la défiance et les soupçons. Incapables de se procurer les marchandises de première nécessité, les malheureux agissent sur les pouvoirs publics et les poussent à décréter des mesures parfois maladroites, comme les lois du *maximum*, qui font empirer la situation plutôt qu'elles n'y portent remède.

Quand la circulation est entravée, la production se ralentit et, sur un grand nombre de points, elle cesse. De nombreux ateliers se ferment et jettent dans la rue une foule d'ouvriers condamnés ainsi au chômage forcé. Les grandes agglomérations urbaines sont surtout frappées, parce que la production n'y est pas limitée aux besoins de la population mais qu'elle s'étend sur un cercle beaucoup plus large, ouvert à l'industrie en temps ordinaire, fermé actuellement par suite des circonstances.

Une autre conséquence, c'est que tous ces ouvriers en chômage, privés de leur salaire habituel, se trouvent eux et leur famille dans une situation de plus en plus difficile, à mesure qu'elle se prolonge. Misère, souffrances, colère, plaintes, violences contre les auteurs supposés du mal, telle est la série des sentiments et des actes qui se développe chez ces malheureux troublés brusquement dans leur fonction. Il en résulte de nouvelles perturbations économiques. Quelques-uns, il est vrai, trouvent un autre genre d'occupations. Les jeunes gens, en particulier, se lancent avec ardeur dans les voies nouvelles qui leur sont ouvertes. Il arrive aussi que beaucoup cherchent l'emploi de leur activité en entrant dans les gardes civiques, dans les milices et autres troupes que le parti révolutionnaire organise pour résister à la force armée dont disposent les pouvoirs publics. Mais ce sont des forces perdues pour l'industrie et le commerce. En outre, la foule des désœuvrés s'accumule, malgré tout, dans les centres

urbains et constitue une armée toujours prête pour
l'émeute.

Aussi, pendant la Révolution, la question des subsistances
devint la question capitale dans les grandes villes, et plus particulièrement à Paris. Ce problème de la vie quotidienne
ne se posait pas seulement pour les prolétaires et pour
la foule des ouvriers sans ouvrage, mais encore pour les
boutiquiers, les rentiers qui avaient mis en réserve quelques économies, et même pour les gens exerçant des professions libérales. De là toutes les mesures, aussi vexatoires que
vaines, qui étaient prises pour assurer la vie du parti révolutionnaire victorieux : « Tous les objets nécessaires à la vie,
dit M. Espinas (1), étaient distribués selon l'ordre des arrivées, *également :* queue pour le pain, queue pour la viande
et les légumes secs, queue pour le charbon, queue pour le
bois, queue pour le billon. Plus de beurre, de savon, plus
de chandelles. Les rations de pain descendirent à trois quar-
terons par jour et par tête. Le pain manqua dans certaines
villes... »

Les individus vulgaires et les foules agissent sous la pression de la passion et de l'instinct. Il appartient aux *personnalités en relief* d'intellectualiser le sentiment, et de mettre
sous l'égide des idées les tendances souvent aveugles de l'é-
goïsme individuel ou collectif. C'est ici qu'apparaît le rôle
des guides économiques, rôle très important puisque l'intelligence, dans ce cas comme dans tous ceux où elle a lieu de
s'exercer, soustrait en partie les événements sociaux à la
nécessité qui préside au développement des faits purement
physiques.

C'est le parti, conservateur ou révolutionnaire, qui fixe le
but. Et le financier, qui nettement s'écarterait de ce but,
manquerait d'autorité ou risquerait de passer pour traître.
Ainsi en 1793, pendant le règne des sans-culottes, le prin-

1. *La Philosophie sociale du XVIIIe siècle et la Révolution*, p. 181.

cipe dominant, dont il ne faut point s'écarter si l'on ne veut pas être taxé d'aristocrate, c'est celui de l'égalité, une égalité stricte, qui fasse disparaître toutes les inégalités de la fortune et qui considère toute forme de richesse comme une marque d'incivisme. Dans son chapitre, *Le Socialisme et la Révolution française,* M. Espinas montre, par de nombreuses citations, le souci qu'avaient les Hébert, les Chaumette, les Saint-Just, les Robespierre et tant d'autres de frapper les riches au profit des prolétaires. « Que tous les sans-culottes soient payés, dit Robespierre le 8 mai à la Convention, aux dépens du Trésor public qui sera alimenté par les riches, et que cette mesure s'étende dans toute la République. » (1).

Toute la force de celui qui aspire à diriger les tendances plus ou moins obscures d'un parti vient donc de la confiance qu'on lui accorde. Mais, où il y a une part de contingence, c'est dans les conceptions économiques les plus propres à réaliser l'idéal impérieusement réclamé par le parti au pouvoir. La liberté reprend sur ce point ses droits. Puisque l'issue dépend, en partie, des combinaisons heureuses ou maladroites de l'intelligence, on aperçoit la possibilité d'échapper au pur fatalisme et de ne pas assister en spectateurs impuissants au déroulement nécessaire d'une évolution, dont la courbe serait, pour ainsi dire, tracée de toute éternité.

Cette remarque a son application naturelle dans la pratique. Ici, où il s'agit de théorie et où il faut montrer la marche réelle des événements, l'observation nous découvre l'importance des conceptions économiques. Si les projets sont absurdes, la violence mise à leur service n'aboutit pas à les faire prévaloir. Les décrets législatifs sont impuissants quand ils vont à l'encontre des lois économiques, ou quand ils sont en opposition avec les tendances fondamentales de la nature humaine. On décrète le *maximum* pour les denrées

1. *Idem,* p. 166.

de première nécessité. Mais le paysan et le marchand, ne trouvant plus un prix rémunérateur de leurs peines, ne vont plus au marché : les vivres se procuraient difficilement ; maintenant ils menacent de faire complètement défaut. On fabrique des assignats ou tout autre papier-monnaie, et on décrète que ce papier vaudra de l'or. Si l'émission est modérée et que les gages soient une garantie suffisante, cette monnaie fiduciaire circule et peut rendre des services. Mais si, dupe de cette facilité, le pouvoir multiplie outre mesure cette monnaie, toutes les menaces n'empêcheront pas la dépréciation d'une valeur fictive. Combien d'autres chimères sont mises en avant dans ces périodes de crise ! L'expérience impitoyable se charge d'en révéler l'inanité.

Les alchimistes du moyen âge se flattaient de ruser avec la nature et de transmuer les métaux en or. Ils s'étaient desséchés à la chaleur de leurs fourneaux et, malgré leur longue persévérance, n'avaient pu arriver à leur but, dans l'ignorance où ils étaient des conditions nécessaires à sa réalisation. De même, pour les problèmes économiques et sociaux. La science qui les pose aux époques de crise, ressemble au sphinx qui veillait aux portes de Thèbes et qui dévorait tous les passants incapables de résoudre sa redoutable énigme. Trouve ou meurs, disait-il. Et les cadavres s'amoncelaient sous les murs de Thèbes exhalant leurs odeurs pestilentielles, comme s'entassent les victimes des utopies sociales et de toutes les théories vicieuses. Et elles continuent à s'entasser, tant que ne se rencontre point l'Œdipe, sage interprète de la réalité, qui sait donner aux difficultés actuelles la solution la mieux appropriée aux circonstances, à l'état social, et surtout aux lois psychologiques de la nature humaine. C'est là une question de science appliquée. Certes, il faut tenir compte des conditions purement matérielles et des forces instinctives qui peuvent, au besoin, être assimilées aux forces physiques. Cependant, on est aussi en présence de forces morales qui laissent, si faible soit-elle, une place à l'activité intellectuelle et, par suite, à une perfectibilité, non pur résultat du hasard, mais fruit de l'effort intelligent et volontaire.

Lutte Politique. — Le parti conservateur est le gardien naturel de l'ancienne organisation sociale. Ce n'est que sous la pression des circonstances qu'il consentira à des sacrifices; et aux moindres sacrifices.

Mais ces circonstances peuvent devenir de plus en plus impérieuses, et imposer une série de changements précipités qui amèneront une transformation radicale. L'insuccès dans la répression des premiers troubles a révélé la faiblesse de l'État. Bien plus, il l'augmente. Car cette faiblesse tient à des causes dont l'efficacité augmente à la suite de la rébellion mal réprimée. Au contraire, le succès de la révolte encourage les espérances du parti hostile, avive ses sentiments et multiplie ses forces. Aussi, l'État a beau être muni d'institutions semblables à autant de forteresses et qui facilitent sa défense, les adversaires, dont la confiance s'accroît avec le succès, assiègent chacun de ces forts, s'en emparent successivement et les emploient, à leur tour, contre leurs anciens maîtres.

Un de ces forts les plus utiles à occuper, c'est le pouvoir législatif.

La loi, qui pendant si longtemps a plié les volontés à l'obéissance, ne perd jamais complètement son autorité, et, pour beaucoup, elle constitue le droit véritable, dont la valeur est bien supérieure à la force. Voilà pourquoi les deux partis s'efforcent, avec une égale ardeur, de mettre la loi de leur côté.

Les législateurs favorables au nouveau parti se sentant soutenus dans leurs revendications, repoussent les limitations de pouvoir que l'ancien droit constitutionnel avait établies et, jusqu'alors, rigoureusement maintenues. Ils ren-

versent les antiques barrières, et ce que leurs adversaires
appellent des empiétements illégitimes, ils le proclament une
juste extension de leurs droits. Lors de la réunion des états
généraux, le roi, se conformant aux anciens usages, voulait
que les délibérations eussent lieu par ordres séparés. Mais le
tiers état rejette cette séparation. Malgré les injonctions
royales, il persiste à revendiquer la réunion des trois ordres
et le vote par tête, deux mesures qui devaient lui assurer la
majorité et, par suite, la prépondérance. Assurément, au
point de vue du droit strict, la chose était illégale. Mais,
dans la révision du pacte social ébranlé, elle pouvait être
considérée comme équitable, puisqu'alors la volonté nationale, avec la part de contrainte qui lui est inhérente, l'emporte et décide.

Une première victoire en amène d'autres. Les états généraux, changés de nature, manifestent ce changement par le
nouveau nom qu'ils prennent : ils deviennent Assemblée
Nationale. Puis, les députés, qui avaient été convoqués seulement pour le vote des subsides, se font constituants et vont
porter les mains sur l'Etat tout entier. A partir de ce moment,
tous leurs efforts convergent vers un but unique : amoindrir
la puissance de l'Etat et augmenter les prérogatives ou, du
moins, les garanties du parti novateur. La royauté s'appuyait sur la noblesse, le clergé, la haute magistrature, les
officiers de l'armée. L'Assemblée ne manque aucune occasion
de frapper ces défenseurs du pouvoir. Dans sa *Déclaration
des Droits de l'Homme et du Citoyen*, elle supprime les anciennes distinctions basées sur la naissance ; elle proclame
tous les hommes égaux, « également admissibles à toutes les
dignités, places et emplois publics, selon leur capacité, et
sans autre distinction que celle de leurs vertus et de leurs
talents ». C'est le couronnement de la nuit du 4 août, où
la féodalité avait déjà reçu les plus graves atteintes. — A
tort ou à raison, le clergé était considéré comme un soutien

de l'ancien régime. Aussi, l'Assemblée le frappe d'abord dans sa puissance temporelle : la dîme est abolie ; les biens fonciers sont menacés, en attendant qu'ils soient saisis. Puis, elle vise à entamer son autorité morale, en brisant les liens qui le rattachaient à la papauté et, par suite, en le subordonnant plus complètement au pouvoir civil. — Les Parlements, qui avaient longtemps joui d'une certaine popularité auprès de la bourgeoisie, montrent trop de tiédeur pour le nouvel état de choses. Ils deviennent suspects. Aussi, ils n'échappent pas à la proscription qui s'étend à tous les corps, dont l'existence légale n'est plus reconnue. — Quant aux officiers, ils ont perdu la confiance des soldats. Menacés des vengeances populaires ils émigrent à l'étranger. — Après les auxiliaires du roi, c'est le roi lui-même dont les plus essentielles prérogatives sont attaquées et battues en brèche. Qui aura le dernier mot dans la législation ? Si le roi peut opposer un *veto* absolu aux décisions de l'Assemblée, la souveraineté n'aura pas changé de place et les conquêtes de la nation, toujours précaires, resteront à la merci d'une volonté entêtée. Après de vives discussions, il est décidé que le *veto* sera simplement suspensif. Ainsi, les efforts des législateurs, dans quelque direction qu'ils se portent, tendent à amoindrir les diverses prérogatives adverses, et à augmenter leurs propres pouvoirs.

En temps de révolution, les législateurs ne restent pas isolés, semblables à des sages qui étudieraient une société passée, sans participer aux passions de l'époque. Au contraire, ils sont en incessante communication avec le public et en sentent d'autant plus les influences que l'opinion publique a plus de liberté pour se manifester et se traduire en actes. Aussi, sans que de nouvelles élections viennent modifier la composition d'une assemblée, on voit son esprit varier et, dans ses changements, suivre les transformations qui se produisent parallèlement dans le parti que la majorité représente. Les timides, les modérés, ou plutôt tous ceux qui ne peuvent ou ne veulent pas suivre le mouvement accéléré des idées, perdent leur crédit et leur autorité. Après avoir été, parfois, les interprètes écoutés de la majorité, ils se voient de plus en plus délaissés, et même, mis en suspicion. Ils sont restés les mêmes et en possession de tout leur talent. Mais toutes leurs ressources oratoires et leurs habiletés parlementaires ont échoué, parce qu'elles se sont heurtées contre des idées et des sentiments différents.

Les uns se taisent, en attendant des circonstances plus favorables ; d'autres s'éloignent, et laissent ainsi une place plus large aux partisans des réformes audacieuses. Pendan toute la période de la Terreur, Sieyès se tient à l'écart, se contentant de « vivre » ; il ne reprend un rôle actif qu'après Thermidor. Dès octobre 1789, un des promoteurs de la Révolution, Mounier, le rédacteur du *Serment du jeu de paume*, n'avait pas suivi le mouvement des esprits. Il se retira d'abord en Dauphiné. Puis, après une tentative inutile de réaction, il émigra à Genève. Un grand nombre de députés imitèrent sa conduite et quittèrent l'Assemblée. Cette sorte d'épuration était volontaire. Plus tard, elle se fit par la violence. Dans la fougue de leurs passions, les partis s'irritèrent contre toute opposition, et, pour mieux supprimer les résistances, ils ne reculèrent pas devant la mort de leurs adversaires. Ces faits, empruntés comme exemples à la Révolution, ne lui sont point spéciaux. Mais on en retrouve de semblables, en particulier dans le Long Parlement d'Angleterre, qui, malgré l'absence d'élections, reflétait assez exactement les variations d'opinion dans le parti dominateur.

Ces influences, exercées du dehors sur les assemblées, viennent le plus souvent des clubs, de ces réunions où les orateurs sont en communication directe et immédiate avec le public, ou plutôt, avec les membres les plus actifs d'un parti. Les revendications de classes s'y manifestent hautement et trouvent un écho sympathique chez tous ceux qui, participant à la même vie, se trouvent dans une situation semblable, ont les mêmes intérêts et sont agités des mêmes passions. Elles se fortifient ainsi. Les modérés, qui cherchent à parler le langage de la raison, sont encore mieux et plus vite écartés que dans les assemblées législatives, où les membres tiennent à garder un certain décorum. Leurs idées et leurs projets sont repoussés avec indignation et, eux-mêmes, ils sont exposés à des huées et, parfois, à des violences. Les passionnés et les violents dominent, parce que, dans ces époques de troubles, la fièvre agite tous les esprits, exaspère tous les désirs, et que le propre de la passion est de tendre violemment à son but, sans vouloir tenir compte des obstacles.

Les clubs ont d'autant plus de force que leurs membres sont plus nombreux, plus actifs, mieux organisés. Le nombre appelle le nombre. Conscientes de leur faiblesse, les minorités se dérobent, sans autre ambition que de se faire oublier. L'activité est en proportion des avantages qu'elle promet. En révolution, toutes les espérances paraissent légitimes ; aussi l'activité est, comme l'espoir, sans limite. Les moins expérimentés savent que des énergies incohérentes et mal disciplinées perdent une grande partie de leur puissance. Aussi, les sociétés particulières s'associent entre elles, se fédèrent, se ramifient et, grâce à une direction partie du centre, concertent leurs efforts. Elles arrivent ainsi à en imposer aux pouvoirs les plus autorisés. Telle fut la puissante société des Jacobins, dont le siège principal était à Paris et dont l'influence rayonnait sur toute la France, grâce aux nombreux comités de province affiliés à la société-mère.

Les assemblées législatives ont aussi à subir la pression des foules, plus ou moins tumultueuses, qui viennent en force et d'une façon menaçante présenter des pétitions, ou plutôt donner des ordres. Ces foules se rassemblent surtout

dans les villes populeuses, où le mot d'ordre circule facilement et où un signal convenu (coup de canon, tocsin...) se
fait entendre en même temps de tous les intéressés. C'est
d'ordinaire, à la suite de quelque événement jugé dangereux
pour les réformes, que les membres les plus actifs du parti
révolutionnaire, surexcités par le danger, viennent manifester leur mécontentement et sommer l'Assemblée de prendre
des mesures pour conjurer le péril.

Après la fuite de Varennes, vers la fin de la Constituante,
les clubs des Cordeliers et des Jacobins s'agitèrent. Une
pétition, sommant l'Assemblée de voter la déchéance du
roi, fut déposée sur l'Autel de la Patrie ; une foule immense,
venue des faubourgs et de la banlieue de Paris, se rendit au
Champ de Mars pour la signer, et, malgré les injonctions de
la force armée, refusa de se disperser. A plusieurs reprises,
des scènes semblables se reproduisirent, et même, avec des
circonstances aggravantes, puisque la foule, armée de piques,
pénétrait jusque dans l'enceinte législative et, au milieu de
la confusion produite par un pareil envahissement, dictait
ses ordres, qui furent souvent écoutés. — Après le désastre
de Sedan, la population parisienne, irritée contre le gouvernement qu'elle rendait responsable des défaites, s'ameuta,
envahit la Chambre, chassa les défenseurs du régime
impérial et fit proclamer la déchéance de l'Empire.

Même sans recourir à des violences de cette sorte, le
public, quand on le tolère dans l'enceinte législative, agit
sur les résolutions des législateurs. La présence seule de
témoins et de juges limiterait déjà la liberté. C'est bien pis,
quand les assistants ont le droit, ou du moins la facilité de
manifester leur approbation et leur blâme. Alors, les orateurs n'ont pas seulement à persuader leurs collègues, mais
ils ont de plus à tenir compte des dispositions d'un public
passionné et facilement impressionnable. C'est ce qui apparut nettement dans les trois premières assemblées de la

Révolution. Pour provoquer les applaudissements des tribunes ou pour éviter les huées, les députés firent souvent des motions, qu'ils n'auraient point songé à proposer dans une délibération que les interpellations et les cris du public n'auraient point troublée.

L'explication des péripéties de la lutte politique en temps de révolution ne serait point complète si, aux différents facteurs énoncés plus haut, on n'ajoutait l'influence due aux *personnalités marquantes* ; à ceux qui se distinguent, dans les partis opposés, par les qualités supérieures de l'intelligence et du caractère. Dans le développement du drame qui se joue dans les enceintes législatives, ne voir que les premiers rôles et tout attribuer à la puissance de leur génie oratoire, c'est méconnaître l'action si réelle et si puissante des forces plus obscures ; de ces forces sans le concours desquelles toute l'éloquence des Démosthène, des Cicéron, des Mirabeau et de tous les orateurs les plus éminents devient une arme fragile, qui se brise entre les mains les plus adroites. Tout leur refuser, c'est tomber dans une erreur moins grave peut-être, mais encore très importante. En effet, ils ne créent pas le sentiment, mais ils l'avivent par la peinture habile de l'état de choses qui le provoque ; ils signalent les causes du mal, indiquent le but, préconisent des moyens déterminés, adoptent une tactique, et, suivant leur valeur intellectuelle, proposent des mesures législatives judicieuses, médiocres, ou foncièrement mauvaises. Il n'est donc pas indifférent que, dans une assemblée législative, il y ait des orateurs qui, en dehors de l'habileté oratoire, aient une assez grande intelligence des choses sociales pour tendre à un but par les moyens les plus pratiques.

Y a-t-il un moyen de favoriser le recrutement de cette élite intellectuelle ? C'est là une question qui touche aux applications de la sociologie et qui, par suite, est étrangère à la discussion actuelle. Pour le moment, il suffit d'avoir

montré que les facultés éminentes de l'esprit et du caractère
ont, ici comme en beaucoup d'autres cas, un rôle non négligeable dans la marche des événements.

Le Pouvoir Judiciaire. — Le pouvoir judiciaire est une
des prérogatives les plus enviables. Il n'est pas étonnant qu'il
donne lieu à une lutte très ardente entre les deux partis en
présence.

Les lois civiles et pénales, malgré la précision que les
législateurs cherchent à leur donner, laissent cependant aux
juges une grande latitude dans leur interprétation et leur
application, latitude qui engendre des abus dont les victimes
ont souvent à se plaindre, même en temps ordinaire. Les plaintes deviennent bien plus vives, quand les lois elles-mêmes
passent pour injustes et que les juges, en les appliquant,
mettent la force publique au service de privilèges mal fondés,
ou répriment, comme criminels, des actes qui tendent à la
rénovation sociale. Déjà, dans la période antirévolutionnaire,
les idées de droit et de justice étaient soumises à la critique,
et les principes mêmes de la législation étaient combattus au
nom d'un idéal nouveau. Mais, quand la révolution est ouvertement déclarée, les critiques se transforment en protestations
de plus en plus bruyantes et audacieuses ; elles ne se renferment plus dans les discussions théoriques, mais se traduisent en attaques directes. D'après l'ancien droit, ces attaques,
en opposition avec les lois établies, sont des actes délictueux
et criminels ; par suite, elles mériteraient d'être réprimées
avec rigueur. Aux yeux du parti hostile à l'ancien état de
choses, ces actes sont tout au moins excusables, souvent
conformes à la vraie justice, parfois même dignes d'admiration. Les coupables ne sont pas assis au banc des accusés,
mais sur le siège des juges. Les justiciers sont devenus les
criminels.

Avant de fournir les preuves historiques de ce « renversement des valeurs », il n'est pas inutile, au point de vue de la

philosophie sociale, de s'arrêter un instant sur ce cas d'antinomie morale et d'en montrer la genèse.

Les hommes ne sont pas de purs esprits, qui se conten-
teraient de refléter les choses avec une sereine indifférence ;
des spectateurs désintéressés, qui n'auraient pas à intervenir
dans le drame social. Loin de là. A part quelques penseurs
isolés, qui visent à l'impartialité sans y atteindre toujours,
la plupart des hommes sont absorbés par la pratique et
dirigés par le sentiment, c'est-à dire, par l'ensemble des
tendances que l'éducation a développées et qui se sont fortifiées sous l'influence du milieu et des occupations professionnelles. Or, ces tendances repoussent toutes les idées qui
ne s'accordent pas avec elles, ou avec le but auquel elles
tendent. Elles sont, d'ailleurs, d'autant plus intransigeantes
qu'elles ont moins à redouter la contrainte des lois, ce qui
arrive aux époques de troubles. En conséquence, les principes fondamentaux de la justice, pour le parti révolutionnaire, deviennent les suivants :

Non seulement les privilèges conférés par l'ancien droit
doivent être supprimés, mais leurs anciens possesseurs sont
des suspects et méritent d'êtres traités avec une rigueur particulière. Les partisans du régime nouveau doivent, au contraire, être protégés dans tous leurs actes utiles au parti.
Quant aux tribunaux, ils doivent se faire les interprètes
fidèles et les défenseurs dévoués de ces nouveaux principes.

Telles sont les raisons qui ont modifié les idées et qui
tendent à transformer les mœurs judiciaires.

L'ancienne magistrature n'est plus tolérée, sinon dans les
cas où elle fait cause commune avec le parti novateur. Dans
la longue lutte que les rois ont eu à soutenir contre la féodalité et contre les pouvoirs temporels de l'Eglise, les juristes, hommes de loi, prévôts, baillis, conseillers aux parlements, membres des cours souveraines, ont favorisé les

revendications royales, et, par des procès, dont quelques-uns sont célèbres, ont amené cette lente révolution, caractérisée par la suprématie reconnue de la royauté. Mais, le plus souvent, la magistrature s'oppose aux nouveautés, surtout quand elles s'appuient sur la violence et qu'elles tendent à la destruction d'un état de choses, où elle occupe une place, toujours honorable, souvent éminente. De là, l'hostilité des novateurs contre elle.

·Des faits, empruntés à différentes époques, prouvent qu'en général les juges professionnels sont les conservateurs du passé, les gardiens jaloux des traditions, des coutumes et des lois. L'Aréopage est un tribunal à composition aristocratique et qui reste dévoué aux institutions favorables à la noblesse. A mesure que les progrès de la démocratie s'accentuent, on juge nécessaire de restreindre leur juridiction et d'augmenter celle des Héliastes, qui offrent beaucoup de ressemblance avec nos jurés actuels. — En Judée, la sévérité des juges contre les novateurs chrétiens se manifesta souvent, et tout d'abord, contre Jésus, condamné par le grand-prêtre Joseph Kaïapha, de la secte sadducéenne, « très dure dans ses jugements », comme le dit Renan d'après l'historien Josèphe (1). Quelques années après, les Sadducéens n'ont pas désarmé : ils condamnent à la flagellation et à la prison Pierre, Jean et les principaux membres du collège apostolique (2). — A Rome, les juges ne font pas exception. Chevaliers ou sénateurs sont attachés à une idée du droit et refusent de s'adapter à une nouvelle conception de la justice, amenée par les ébranlements politiques qui se produisent dans les deux siècles immédiatement antérieurs au christianisme. Pour modifier l'esprit des tribunaux, il faut renouveler le personnel. — Dès les débuts de la première révolution d'Angleterre, les Chambres revisent et attaquent les arrêts

1. *Vie de Jésus*, 766.
2. *Les Apôtres*, 135.

de tribunaux, depuis longemps rendus et exécutés. Par des motions successives, elles demandent l'abolition de la Chambre étoilée, de la Cour du Nord, de la cour de haute commission ecclésiastique, de tous les tribunaux d'exception. Pour plus de sûreté, elles instruisent elles-mêmes le procès de Strafford et condamnent à mort ce ministre tout dévoué au roi. — Les Parlements en France pouvaient bien, à propos de leurs privilèges menacés, opposer quelque résistance à la royauté. Mais ils étaient d'un libéralisme trop timide pour suivre la marche rapide des transformations sociales. Aussi l'Assemblée nationale, dès la fin de 1789, brise l'ancienne organisation judiciaire, et réprime les velléités de résistance qui s'étaient souvent manifestées dans les Parlements de Bretagne et de Guyenne.

Pourquoi ces résistances des juges professionnels, et, par suite, d'où vient, pour un parti qui veut triompher de ces résistances, la nécessité de recourir aux menaces, aux violences, au renouvellement du personnel judiciaire ? La raison peut en être fournie par la *psychologie du juge,* c'est-à-dire, par l'analyse des principales tendances qui constituent son caractère, tel qu'ont pu le former l'éducation, les traditions et la contrainte de classe, les habitudes proprement professionnelles, et enfin les influences du milieu social.

Le principe du matérialisme historique nous semble, ici, d'une application manifestement insuffisante. Certes, l'intérêt et les autres tendances égoïstes ne restent pas complètement étrangers à ce groupe social. Mais ces tendances ne sont ni uniques, ni prépondérantes. Et cela d'abord, parce que leur opposition ne met pas les juges dans la nécessité de souffrir de la faim, d'être privés de leur liberté, de subir l'exil, de supporter le martyr et la mort. Ensuite, quand même ils auraient à courir quelques-uns de ces risques, l'intérêt et la crainte de la souffrance physique ne l'emporteraient pas toujours, tant sont fortes les habitudes de penser, et puissantes, les obligations imposées par l'esprit de corps. Pour bien comprendre la force de ces obligations, autrement dit, du devoir, il ne faut pas oublier que l'idée et le sentiment du devoir en général sont moins le produit de la réflexion personnelle que la résultante de la multitude des impressions venues du dehors. Or, ici, les impressions sont particulièrement pénétrantes. Et cela, pour plusieurs raisons. Les principes de la justice légale sont enseignés par des maîtres autorisés. L'étudiant les reçoit d'autant plus facilement qu'il a moins d'idées personnelles et que, pour mieux satisfaire aux examens, il a tout intérêt à accueillir, sans trop de critique, l'enseignement de ses juges. Puis il devient magistrat lui-même. Jeune, inexpérimenté, il se range le plus ordinairement à l'avis de ses collègues qui ont vieilli dans la carrière et dont l'autorité repose sur une longue pratique des affaires. Si, cependant, il a quelque velléité de faire prévaloir une opinion nouvelle, il reconnaît bientôt la difficulté de soulever le poids de la tradition et de la routine. Après quelques tentatives infructueuses, il est assagi et borne son ambition à adopter les idées communes à la magistrature, celles qui donnent la paix, la considération et des titres aux charges supérieures. Il est devenu, à son tour, un exemplaire accompli du type magistrat. C'est alors que, pénétré par l'esprit de corps, il s'efforce, avec la plus entière bonne foi, de le répandre autour de lui et de former les consciences des jeunes magistrats, d'après le modèle commun, qui lui paraît l'expression même de l'idéal, et dont il ne serait point permis de s'écarter sans une véritable trahison.

Voilà pourquoi les principes et les pratiques de la justice traditionnelle passent pour des obligations impérieuses. Cette idée de devoir professionnel a envahi toute la conscience, pénétré jusqu'au fond de la personnalité, de sorte que toute conduite en contradiction avec cette idée paraît un non sens,

une impossibilité, une lâcheté, une véritable annihilation de
soi-même.

D'où impossibilité pour les anciens juges de s'adapter au
nouvel état de choses, et nécessité pour le parti adverse de
tendre à une réorganisation judiciaire.

Mais cette réorganisation exige du temps, et l'impatience
d'un peuple en effervescence ne supporte point de délai. Il
lui faut une justice immédiate, dût cette justice être obtenue
par la violence et en dehors des règles d'une lente procédure.

Le moyen le plus ordinaire d'obtenir les arrêts désirés,
c'est de recourir à l'intimidation. La foule pénètre dans les
prétoires, et manifeste hautement ses haines, ses colères, ses
désirs de vengeance. Elle se rassemble, en armes, autour
des tribunaux, et, par ses cris et ses menaces, dicte aux
juges leur sentence. Dans le procès de Strafford, « la multi-
« tude s'assemblait chaque jour autour de Westminster,
« armée d'épées, de couteaux, de bâtons, criant : justice !
« justice ! et menaçant les lords qui tardaient à prononcer...
« Cinquante-neuf membres avaient voté contre le bill, leurs
« noms furent placardés dans les rues avec ces mots : Voici
« les Straffordiens, traîtres à leur pays » (1).

Quand les passions sont encore plus exaltées et que les
pouvoirs publics sont impuissants à les réprimer, l'intimidation des juges ne suffit plus. Le parti révolutionnaire recourt
à l'exécution directe. Ce sont des foules, composées des
éléments les plus violents du parti, qui rendent cette justice.
Justice sommaire, qui procède à une rapide information et
se décide sur des indices incertains ; justice passionnée
qu'inspire la vengeance de parti et qui, par suite, frappe
moins des fautes individuelles que des crimes collectifs, en
sévissant contre les personnalités les plus marquantes du
parti adverse.

1. Guizot. *Hist. de la Rév. d'Angleterre*, I, 283.

Tel est le caractère des exécutions qui se sont produites à Paris, dans certaines journées historiques. De Launay est mis à mort, parce qu'il est la personnification du régime détesté des prisons d'Etat ; Flesselles, Foulon, Berthier, parce qu'ils représentent les accapareurs et les affameurs du peuple. Dans les massacres de septembre, ce sont des catégories sociales que l'on frappe plutôt que des individus, dont la conduite particulière ne peut être connue. Les Septembriseurs égorgent, en effet, les prêtres réfractaires, les nobles partisans des émigrés, les Suisses antipatriotes de profession, les défenseurs de la royauté et, à défaut de la reine, son amie et son inspiratrice, Mme de Lamballe. En province, des exécutions de cette nature se produisent à Nîmes, à Avignon et dans beaucoup d'autres villes, où des pouvoirs réguliers n'existent pas, ou, du moins, n'ont pas la force voulue pour réprimer les émeutes populaires.

Au contraire, un parti est plein d'indulgence pour ses membres, alors même qu'ils se seraient rendus coupables des actes qu'on juge, le plus ordinairement, criminels. Il les prend sous sa protection, les défend quand ils sont accusés, et, s'ils sont mis en prison, emploie la violence pour les délivrer. Traduit devant le Tribunal révolutionnaire, Marat est absous, grâce aux manifestations sympathiques du peuple qui le porte en triomphe à la Convention. — Dans les journées de Septembre, les prisonniers considérés comme patriotes étaient relâchés au cri de : Vive la Nation !...

Mais ces jugements, où l'identité des inculpés n'est pas toujours exactement connue, sont trop manifestement contraires à la justice, pour être longtemps tolérés. Aussi, dès que le parti révolutionnaire prend un peu de solidité, il essaie de donner quelque régularité à la fonction judiciaire. Il organise des tribunaux : mais des *tribunaux dont les membres sont dévoués aux idées et aux principes de justice que le parti proclame.* Des juges ainsi recrutés participent

aux passions de l'époque, et, des attributs de la justice,
ne gardent guère que le glaive pour frapper leurs adversaires.
Tel fut le célèbre tribunal révolutionnaire établi par la
Convention. Il observait les règles les plus indispensables
de la procédure, poursuivait surtout les suspects de menées
contre-révolutionnaires, les arrêtait, instruisait rapidement
l'affaire, traduisait les inculpés en jugement et, après réqui-
sitoire de l'accusateur public, prononçait la sentence. Mais
sa justice restait encore trop expéditive et surtout trop par-
tiale. Il en est de même d'ailleurs de tous les tribunaux
exceptionnels qui, établis en temps de crise et dans un but
déterminé, ont pour principal souci le désir de satisfaire
aux vues du pouvoir qui les a créés.

Ce n'est que plus tard, qu'une organisation judiciaire
s'établit et fonctionne régulièrement. Mais il faut pour cela
que la lutte aiguë ait cessé et que la révolution ait triomphé
sans conteste. Cette organisation nouvelle rentre alors dans
les effets de la révolution, et, par suite, appartient à notre
troisième partie.

Le Pouvoir Exécutif. — Veiller au maintien de l'ordre
et à l'exécution des lois, tel est le rôle du pouvoir exécutif.
Pour bien comprendre les causes qui l'empêchent d'exercer
sa fonction, il faut tout d'abord connaître ce qui fait sa
force en temps normal.

Exécuter les lois confère à ceux qui en sont chargés une
grande puissance. En effet, les lois ne sont jamais assez
précises pour ne pas laisser dans l'application une grande
latitude. Voilà la porte ouverte aux abus favorables à l'extension de la puissance exécutive. Car, suivant les intérêts
de leur autorité, les chefs d'Etat et les agents exécutifs
subordonnés montrent plus de sévérité dans la répression
des délits, ou, au contraire, ferment volontairement les
yeux sur des illégalités manifestes. Certaines lois tombent
ainsi en désuétude, pendant que d'autres conservent toute

leur vigueur répressive, ou même deviennent plus dures que
la législation primitive ne l'avait établi et voulu.

Ces empiétements du pouvoir exécutif se produisent surtout quand le pouvoir législatif est intermittent ou trop faible. Dans l'intervalle des convocations des états généraux,
la Royauté reprenait tous ses droits et écartait les dispositions restrictives que, sous la pression des circonstances, elle
avait consenties. Les Parlements français avaient bien aussi,
par leur droit d'enregistrement et de remontrance, quelque
part de puissance législative. Mais ce n'était là qu'une ombre.
Une ombre capable d'effrayer les minorités royales, mais
dont avaient facilement raison les *lits de justice*, tenus par
les rois en pleine possession de leur force.

Non seulement les gouvernants ont la faculté d'incliner
les lois dans le sens de leurs préférences, mais ils disposent
encore de moyens très nombreux et très efficaces pour
augmenter leur pouvoir. Il ne faut pas oublier que la puissance exécutive a l'énorme prérogative de répartir les charges et de distribuer les exemptions, les grâces, les faveurs.
Aux adversaires, tout le poids des obligations ; aux tièdes,
une stricte justice ; aux amis, le trésor inépuisable des
indulgences et des bénéfices dans la large acception que ce
mot comporte. Est-il étonnant, après cela, que le nombre et
le dévouement des partisans s'accroisse ?

En outre, une savante organisation fait que l'impulsion,
partie du centre, se communique, par des voies sûres, jusqu'aux extrémités. Cette organisation est due à la hiérarchie
des fonctionnaires, répartis sur toute la surface du territoire,
et exécuteurs, d'ordinaire fidèles, des ordres qui émanent
du chef de l'Etat. Ce sont des exécuteurs fidèles, parce que,
malgré les différences de degré qui les séparent, tous les
membres d'une hiérarchie ont entre eux une certaine communauté de nature, et sont animés d'un esprit semblable.

L'observation nous montre que le subordonné est bien le

représentant du supérieur et qu'il en reflète avec beaucoup d'exactitude la physionomie morale. Il est hautain, dur, plein de morgue et de solennité gourmée, quand le gouvernement est autoritaire ; il est souriant, bénin, d'un accueil aimable et de manières courtoises, lorsque les chefs donnent l'exemple de la bienveillance. Il pousse même le désir de la ressemblance jusqu'à copier les particularités physiques du maître, sa perruque ou sa coupe de barbe.

Le trait fondamental de leur caractère, trait qui est apparent même aux degrés inférieurs de l'échelle ; c'est le goût de l'autorité qui résulte de l'exercice du pouvoir. Commander et être obéi deviennent, chez tous les dépositaires de l'autorité, des besoins qui se fortifient avec le temps et qui prennent des proportions énormes quand ils ne sont pas refrénés par les résistances légales.

Cette similitude de caractère, aux divers degrés de la hiérarchie, est une réalité que non seulement l'observation constate, mais qui est, de plus, en harmonie avec les effets bien connus de l'imitation et de la contrainte. L'inférieur a tout intérêt à plaire au supérieur. Or, il n'a pas de meilleur moyen de lui être agréable que de lui ressembler. Donc, il l'imitera, avec un désir très réel et très vif d'être une copie exacte de son modèle. D'ailleurs, si, par incapacité, négligence ou incompatibilité de nature, le subordonné restait trop dissemblable, il s'exposerait à des reproches, ou même, dans le cas où son originalité inopportune persisterait, il risquerait de perdre son emploi.

Tout concourt donc à mettre l'intelligence et l'activité des fonctionnaires au service du pouvoir central. Il en résulte une grande force, tant que le principe de subordination est sincèrement accepté et loyalement pratiqué, et que d'ailleurs les forces antagonistes n'ont pas pris trop de développement. Mais, en temps de révolution, ces deux conditions sont mal remplies. Aussi, le pouvoir exécutif, qui appartenait exclusivement à l'Etat, tend à passer de plus en plus entre les mains du parti adverse.

D'abord, après les attaques livrées aux agents du pouvoir et qui n'ont pas été réprimées avec succès, le lien hiérarchique se relâche. Les inférieurs n'ont plus la même confiance dans leurs chefs. Ils doutent soit de leur habileté, soit de leur bon vouloir, soit de leur puissance. Et chacune de ces hypothèses aboutit à la même conclusion, c'est qu'ils n'ont plus à compter sur l'appui qui faisait leur force. Par suite, ils se sentent isolés, et, en présence d'adversaires qui deviennent plus nombreux et plus menaçants, ils prennent peur. Ils n'ont plus foi dans la solidité du gouvernement, et commencent à tourner les yeux vers le nouveau régime dont la venue s'annonce pleine de promesses pour les uns, pleine de menaces pour les défenseurs attardés du passé.

Les sentiments de crainte et d'espoir exercent leur influence habituelle sur l'intelligence. Sans avoir pleine conscience des causes de ce revirement intellectuel, les fonctionnaires se mettent à concevoir des doutes sur la légitimité même du pouvoir dont ils étaient les agents autrefois convaincus. De défenseurs, ils deviennent critiques, et, à la première occasion, adversaires, ou tout au moins fonctionnaires passifs qui laissent avec prudence passer le flot révolutionnaire, sans autre ambition que de rester inaperçus.

Les chefs, pour des raisons analogues, restreignent de plus en plus leur fonction. Ils n'ont plus confiance dans la fidélité et le zèle de leurs subalternes. Aussi, ils ne commandent pas, dans la crainte de n'être pas obéis, ou ils commandent mollement, sachant qu'ils n'ont plus les moyens d'imposer leur volonté. En outre, ils se sentent surveillés. Et, dans la crainte de se compromettre, ils tergiversent, hésitent, évitent toutes décisions qui engageraient à fond leur responsabilité. Eux aussi, ils songent à la ruine du gouvernement et au triomphe de la révolution qui progresse. Par prudence, ils attendent les événements.

De sorte que tout concourt à séparer le faisceau des forces auparavant réunies, et à diminuer la valeur du pouvoir exécutif.

Cette faiblesse est d'autant plus grande qu'elle s'accompagne d'un progrès contraire dans le parti adverse. Le succès appelle le succès. Les violences incohérentes du début cessent pour faire place à une organisation de plus en plus régulière et solide. Les chefs du mouvement prennent chaque jour plus d'autorité auprès d'agents subordonnés, répandus dans la capitale et dans les provinces, et dont le nombre s'accroît sans cesse. Ce sont des aspirants aux nombreuses fonctions que la chute du gouvernement laisserait libres. Ils se montrent pleins de zèle pour les mériter, pleins d'ardeur dans l'espoir du succès prochain. D'où viennent-ils? Leur recrutement se fait de quelques chefs ambitieux ou mécontents qui tentent la fortune. Mais il s'opère surtout chez les agents subalternes que les nouveautés séduisent et qui ont plus à gagner qu'à perdre au changement. D'ailleurs, la lutte est tellement vive et étendue, qu'elle ne permet point de rester à l'écart. Point de milieu, il faut choisir. Ceux qui ne sont pas avec le parti révolutionnaire sont contre lui et ont tout à redouter de sa colère.

Une des forces les plus actives de la Révolution française fut le club des Jacobins, qui avait son siège à Paris et dont les ramifications s'étendaient sur toute la France. Cette société formait, à la lettre, un Etat dans l'Etat. Elle manquait de tout caractère officiel et ne disposait d'aucun pouvoir légal; et cependant, sa puissance était telle qu'elle dominait les délibérations des assemblées législatives, imposait ses vues aux ministres, surveillait les fonctionnaires, intimidait les suspects, contrecarrait les menées hostiles au développement de la révolution et, par son audace aidée d'une savante organisation, finissait par annihiler le pouvoir régulier. — La Ligue est encore un exemple frappant d'une association, formée en dehors des lois par l'adhésion volontaire de ses membres. Cette association prend une assez grande force pour battre en brèche la puissance royale et lui imposer, en somme, ses conditions les plus importantes. Henri IV n'achète Paris et la couronne que par l'apostasie. — Le « Covenant » écossais, les puritains et les autres sectes religieuses en Angleterre, les « Gueux » des Pays-Bas fournissent d'autres exemples du même genre, exemples dont il est inutile de poursuivre l'énumération.

La tactique, suivie dans les attaques contre le pouvoir exécutif, présente une certaine régularité. Tant que le parti est encore faible, il s'abstient, par prudence, de frapper à la tête. Ainsi, il évite d'attaquer le roi. Au contraire, il proteste de son zèle pour lui et proclame l'inviolabilité royale. Ce n'est pas le prince qui est responsable des défectuosités de l'administration, ce sont les ministres qui interprètent mal ses volontés et qui trahissent ses meilleures intentions. Donc, ils sont indignes de la confiance du roi qui doit les révoquer.

Mais le changement de quelques hommes ne suffit pas le plus souvent pour modifier l'état social. De petites concessions ne font qu'aviver les désirs et accroître la hardiesse. La responsabilité remonte des ministres à celui qui les choisit, les inspire, ou du moins, ratifie leur conduite. C'est au chef de l'Etat qu'on finit par s'attaquer, comme à la cause éminente du mal. Telle fut la marche suivie, en particulier, dans les révolutions d'Angleterre et de France. Après les supplices de Srafford et de Laud, la mort de Charles Ier; après la déchéance des créatures du roi et l'impuissance des ministères — impuissance attribuée aux intrigues royales — l'emprisonnement de Louis XVI, son procès et sa mort.

En résumé, la force du pouvoir exécutif vient surtout du droit que le gouvernement possède de nommer, à des fonctions honorifiques et lucratives, ses partisans les plus zélés. D'un autre côté, tout l'effort du parti hostile consiste à intimider ces fonctionnaires, à entraver leur action et, ce qui est encore préférable, à les éliminer et à les remplacer par un personnel dévoué aux nouvelles institutions. Ce renouvellement du personnel administratif est la marque la plus certaine de la marche ascendante d'une révolution. De toute nécessité, si l'esprit du personnel est différent, la pratique administrative se modifiera d'autant plus que les idées et les sentiments présenteront plus de contraste.

Lutte Religieuse. — L'histoire montre que la religion a été le plus souvent mêlée aux révolutions. Parfois même, elle a été le fait dominant et a servi à caractériser le mouvement social, dont elle avait été la cause la plus active.

Ce fait s'explique par la solidarité qui unit tous les groupes sociaux, solidarité telle que des changements importants, réalisés quelque part, ont un nécessaire contre-coup dans les autres parties du corps social. Dans une lutte qui heurte violemment les partis contraires, et cela sur les terrains les plus variés, il est impossible que la religion, ou plutôt, comme la religion n'a de réalité que dans les personnes qui la professent, il est impossible que ces personnes restent à l'écart dans une calme indifférence.

Quelle sera leur attitude en présence des événements qui tendent à une transformation sociale? Nul doute à cet égard. Elles seront favorables au mouvement révolutionnaire, toutes les fois que les réformes, réalisées ou tentées, seront en harmonie avec leurs croyances, aspirations et habitudes religieuses. Et leur ardeur à défendre les nouveautés sera proportionnée à l'intensité de leur foi. Dans le cas où leur vie religieuse serait menacée, elles se tourneraient, au contraire, contre les novateurs et se feraient les défenseurs de l'ancien régime; défenseurs d'autant plus actifs que les changements jetteraient plus de trouble dans leur conscience, dans leur manière de vivre et dans leur être social. Il se formera ainsi, au point de vue religieux, deux partis, l'un partisan des réformes, l'autre conservateur du passé.

Pour connaître leur action sur la marche des événements, il faut, tout d'abord, connaître la composition de ces deux partis.

Les conservateurs des traditions religieuses ne sont pas toujours d'accord avec l'Etat. Mais ils se trouvent dans les rangs de l'opposition, quand l'Etat, par l'usage de sa puissance législative, judiciaire et exécutive, porte atteinte aux croyances, aux privilèges ou aux garanties accordées par des lois antérieures. Tel est le cas des deux révolutions accomplies en Angleterre au xvii⁰ siècle. Elles eurent toutes deux un caractère religieux, parce que toutes les formes du protestantisme s'unirent entre elles et avec les autres catégories de mécontents pour s'opposer aux innovations de Charles Iᵉʳ et de Jacques II, soupçonnés d'incliner vers le papisme et de menacer l'existence des Eglises constituées.

D'autre part, les novateurs religieux ne sont pas toujours opposés aux pouvoirs publics. Mais, associés à la fortune des gouvernants, ils ont à soutenir le choc de la rébellion, qui cherche à détruire, avec l'Etat, les germes d'une innovation détestée. Tel fut le cas de la Réforme en France, à la fin du règne de Henri III et surtout pendant les années qui suivirent la mort de ce roi. Les Huguenots avaient pour eux la force des armes et l'autorité attachée au successeur légitime des Valois. Mais ils avaient à lutter contre la masse du public, hostile à leurs idées et qui, formant une ligue matérielle et morale, avait fini, malgré des insuccès dans les combats, par obtenir gain de cause.

Cette remarque préliminaire permet d'envisager les partis religieux en eux-mêmes et abstraction faite de leurs rapports avec l'État, puisque, suivant les cas, ils peuvent compter sur son appui, ou, au contraire, avoir à supporter le poids de sa puissance.

La révolution, avons-nous dit, est en marche. Cela veut dire que des troubles de diverse nature se sont produits : troubles économiques, nés des nouvelles lois fiscales, des violences populaires, des luttes armées, du désordre jeté dans le commerce et dans l'industrie ; troubles politiques et civils engendrés et par une génération rapide de lois, décrets, ordonnances qui bouleversent l'ordre social, et par l'impuissance répressive des tribunaux, et par la faiblesse d'un gouvernement qui se désagrège, tandis que l'opposition grandit et se fortifie.

Si la religion n'était qu'un sentiment intérieur, renfermé dans la conscience, ne vivant que d'espérances solitaires, caché dans l'asile mystérieux des personnalités individuelles, elle conserverait, au milieu des tempêtes, la sérénité chantée par Lucrèce. Les yeux fixés sur l'idéal divin, l'homme religieux, satisfait d'entretenir au fond de son être une foi pleine de promesses éternelles, resterait étranger aux perturbations sociales, ou, du moins, s'il y participait, ce ne serait point pour des motifs religieux.

Mais cet isolement mystique n'existe pas. Les sentiments religieux ont sans doute leur racine dans la nature humaine mais ils ne s'y développent pas spontanément. Les consciences communiquent, et, avant que les tendances individuelles aient eu le temps de prendre une forme originale, elles reçoivent leur direction de l'époque et du milieu confessionnel. A leur tour, ces consciences frappées à l'empreinte commune, transmettent à d'autres les croyances reçues. Il se forme ainsi, dans un État, une ou plusieurs sociétés spirituelles, où tous les membres admettent un même *credo* et s'intéressent à sa conservation.

Cependant, tous ne le font pas avec le même zèle. Et il

est important, pour mesurer l'influence de ces groupes religieux, d'en connaître les éléments les plus actifs.

Les croyances communes ne resteraient pas longtemps dans le même état, si elles n'étaient point fixées dans des formules rigoureusement définies, et maintenues par des cérémonies, où tous les mouvements et les moindres gestes sont réglés avec l'exactitude la plus minutieuse. Cette science, souvent compliquée, des formules hiératiques et des cérémonies religieuses n'est pas à la portée de tous. Et cependant, ce n'est là encore que l'écorce de la religion, les signes symboliques d'une réalité cachée. Il faut pénétrer plus avant, dans ces profondeurs mystérieuses où il devient possible d'entrer en communication avec les puissances souveraines, dominatrices de la nature et de l'humanité, sources de peines infinies et de récompenses éternelles. Or, tous sont loin d'être également capables de percer ces mystères, et d'arriver à la foi solide et sûre. Beaucoup, absorbés par leurs travaux quotidiens, ne songent même pas à se poser de pareils problèmes ; une petite minorité seule s'y intéresse. Et encore, malgré le désir sincère d'arriver à la vérité, tous, dans cette minorité, ne tomberaient point d'accord s'ils jouissaient d'une pleine liberté. Témoin les hérésies des premiers temps du christianisme, hérésies si fréquentes, tant que l'autorité religieuse ne fut pas assez forte pour réprimer les fantaisies ou, si l'on veut, les interprétations individuelles.

Comment donc l'accord dans les dogmes et dans le culte s'obtient-il ? Par deux moyens, l'autorité qui provoque l'imitation et la contrainte qui l'impose. Or, ces deux moyens supposent l'existence d'une hiérarchie : d'un côté, des maîtres qui ont le prestige de la science et le pouvoir de commander ; de l'autre des fidèles qui écoutent et qui obéissent. Voilà donc la société religieuse divisée en deux parties : l'une qui a surtout pour mission d'instruire, l'autre qui a l'obligation d'accepter l'enseignement donné, sans avoir la liberté d'y introduire des modifications essentielles.

Par la loi de la division du travail, dont l'action se fait sentir ici comme dans les autres phénomènes sociaux, les deux parties vont se séparer de plus en plus. Les simples fidèles, conscients de leur infériorité, prendront une attitude plutôt passive au sujet des questions religieuses, et ils tourneront leur activité dans des voies diverses, suivant les nécessités de la vie sociale. Au contraire, le petit nombre de ceux qui auront plus de compétence, plus de goût, plus d'ardeur en ces matières, tendront à constituer une catégorie spéciale, une élite qui se consacrera exclusivement aux études et aux pratiques religieuses.

Que cette occupation, décorée du nom de sacerdoce, soit réellement supérieure aux autres, il n'importe. L'important à signaler ici, c'est qu'elle constitue une véritable profession, soumise à des conditions matérielles, capable de donner à l'esprit et au caractère une empreinte spéciale, et imposant pour son exercice un ensemble d'actes déterminés. Les religieux les plus adonnés à la vie contemplative doivent vivre. Par suite, s'ils ne sont pas eux-mêmes producteurs de richesses, — ce qui est fréquent — il faut qu'ils tirent leur subsistance d'offrandes, de dons, de legs fournis par les fidèles qui ont recours à leurs offices. En outre, les donations et les legs les mettent en rapport avec l'Etat ; car la transmission des biens ne s'opère pas en toute liberté. Elle est soumise à des règles imposées par le pouvoir. En particulier, quand les donations ont la prétention d'être perpétuelles, il faut, pour que ce caractère anormal leur soit reconnu, la constitution d'un privilège accordé et garanti par la puissance publique. D'un autre côté, les chefs des communautés religieuses, pour remplir leur office de guides et de directeurs, ont besoin d'une autorité qui leur permette de rectifier les croyances erronées et de corriger les actes contraires à des prescriptions précises. Mais quel est le domaine légitime de leur juridiction et quelle est l'étendue de leur pouvoir répressif? Voilà deux nouvelles sources de rapports avec l'État. Inutile, d'ailleurs, de passer en revue tous les cas où les deux pouvoirs, temporel et spirituel, entremêlent leurs fils. Il suffit de rappeler, pour la question qui nous occupe, que les choses de la religion ne se produisent pas dans l'empyrée, mais qu'elles touchent au sol et tiennent, par mille rapports, à la société.

Or, dans les bouleversements sociaux, quels sont les individus qui, pour des raisons religieuses, vont être le plus directement atteints, soit en bien, soit en mal? L'histoire et la logique répondent à la fois : les professionnels de la religion, pontifes, prêtres, pasteurs, moines, tous ceux, quel que soit le nom qui les désigne, dont la fonction principale est de surveiller et de pratiquer avec exactitude les cérémonies du culte. Voilà l'élément actif du parti religieux, celui qui prendra la tête du mouvement et qui le dirigera dans le sens de ses intérêts de classe.

Cela ne veut point dire que ces chefs religieux peuvent agir d'une façon capricieuse, arbitraire, sans tenir compte des idées, des sentiments et des habitudes propres au corps des fidèles. Ils sont dans la même situation que les autres chefs de parti, à l'égard de la foule qu'ils ont la prétention de diriger. Ils peuvent beaucoup, ils ne peuvent pas tout. Leur force est empruntée. Elle est faite de toutes les forces individuelles, prêtes à l'attaque ou à la résistance, à la condition qu'on ne s'écarte pas trop du point où les portent, plus ou moins inconsciemment, leurs croyances, leurs idées, leurs désirs, leurs intérêts. A certains moments, les exhortations des prêtres et autres chefs religieux soulèvent les masses ; à d'autres, leurs appels les plus éloquents restent sans effet. Pourquoi ? c'est que, dans le premier cas, il y avait correspondance de sentiments et d'intérêts, et que, dans le second, cet accord n'existait pas. Ces restrictions faites, il n'en reste pas moins acquis que, grâce à leur autorité, les prêtres arrivent souvent à grouper les forces individuelles, à leur donner plus de cohérence et à leur imprimer une direction plus efficace.

Mais pour qu'on n'accuse pas la théorie précédente de se renfermer dans des généralités qui pourraient paraître vagues, tâchons d'en éclairer les principes à la lumière des faits.

Soit la lutte religieuse pendant la Révolution française. Deux partis sont en présence, l'un qui cherche à conserver le plus possible du passé, l'autre qui combat le catholicisme comme un obstacle aux réformes. Or, de quels éléments se compose le parti conservateur ? En première ligne des membres du clergé, qui peuvent présenter quelques différences sur des points secondaires, mais qui, dans le fond, sont animés de sentiments semblables. Ainsi, les curés se rallient au tiers état pour la réunion des trois ordres ; ils ne font pas non plus obstacle à l'aliénation des biens du clergé, qui servent surtout au luxe des évêques et qui, aux yeux des plus honnêtes, paraissent peu compatibles avec les vertus évangéliques. Mais, plus tard, quand la Constitution civile et l'obligation du serment constitutionnel semblent porter atteinte à l'autorité du prêtre, la plupart des membres du clergé, à quelque degré de la hiérarchie qu'ils soient placés, se sentent menacés dans leur fonction même et dans les avantages de diverse nature qu'elle comporte. Et comme, d'autre part, ils ne reçoivent pas des compensations suffisantes, ils font bloc, pour ainsi dire, et offrent une résistance générale.

Cette résistance est d'autant plus efficace que les ministres du culte et les membres des congrégations forment, après l'épuration des éléments inférieurs produite par les circonstances elles-mêmes, un corps homogène où la solidarité n'existe pas seulement en fait, mais où elle est reconnue et sentie.

L'action peut, d'ailleurs, se concerter d'autant plus facilement que les membres, tout en étant semblables par les idées, les intérêts et les aspirations, ne sont cependant pas complètement égaux. Ils sont subordonnés les uns aux autres et soumis à une hiérarchie qui est admise sans réserve, parce qu'elle est moins l'expression faillible de la volonté des hommes qu'une institution réellement divine. Excellente condition pour obtenir la meilleure des obéissances, celle qui n'est pas seulement imposée par la crainte, mais qui vient de l'adhésion volontaire de l'esprit confiant dans la supériorité du maître. En outre, le clergé sait qu'il n'est pas isolé. Il a des auxiliaires, des défenseurs, des amis dévoués et puissants, au delà des frontières. L'histoire lui a appris que de semblables crises se sont produites et que l'Eglise, par sa patience inlassable, a pu les traverser, en reprenant plus tard les positions perdues. Car l'Eglise est une société plus étendue et plus puissante que la nation : tandis que les nations changent ou même disparaissent, elle reste, pense-t-elle, immuable avec des promesses d'éternité. Telles sont les idées qui, au milieu des situations les plus critiques, entretiennent l'espoir et encouragent la résistance. Aussi, quand le pape rejette la Constitution civile et le serment constitutionnel, les prêtres en majorité deviennent des insermentés et des réfractaires ; mais ils restent, malgré tout, les vrais interprètes de la doctrine et conservent leur autorité auprès des autres membres du parti.

Les chefs ne suffisent pas pour constituer ni une armée ni un parti. A côté de l'élite, il faut des membres plus obscurs qui soient disposés à prêter aux chefs leur concours moral et, à l'occasion, leur appui matériel et physique.

Ce qui décide à entrer dans un parti religieux, ce sont moins les convictions dogmatiques que les exigences de la

profession. Ou plutôt, les deux choses sont le plus souvent
unies et c'est la profession qui, après les préparations communes de l'enfance, incline l'adulte vers la foi, ou l'indifférence, ou l'hostilité. En effet, l'homme qui appartient à la
catégorie sociale déterminée par la fonction n'est pas complètement son maître. Même en matière religieuse, il subit
la contrainte de classe. A moins de passer pour suspect,
chacun est obligé de suivre le courant général, celui qui
semble le plus favorable aux intérêts actuels de la corpora-
tion. Ce mot « intérêts » est pris, du reste, dans sa signification la plus étendue et comprend non seulement les biens
matériels, mais encore l'indépendance, le pouvoir, l'autorité, les satisfactions diverses qui sont en rapport avec les
goûts et les habitudes. Naturellement, cette pression de classe
se fait plus sentir dans les périodes de troubles, quand le
choc des partis est plus violent et que chaque groupe lutte,
sinon pour l'existence, du moins pour un accroissement de
vie sociale.

Un des exemples les plus frappants de cette prédominance de la fonction sur les croyances elles-mêmes est
précisément fourni par la noblesse et même par la bourgeoisie de la Révolution. Avant 1789, la noblesse, qui
s'était mise à l'école de Voltaire et des encyclopédistes,
était sceptique, frondeuse et, sinon hostile, du moins dis-
posée à ne voir dans la religion qu'un simulacre d'où la
vie réelle s'était retirée. La révolution éclate. Frappés
dans leurs privilèges et dans leur rôle social, les nobles, intéressés à la conservation du passé, reviennent à d'autres sentiments et deviennent les alliés fidèles du clergé. D'où vient
ce revirement? Il est impossible de l'attribuer à la force de
raisons purement intellectuelles. Mais, de toute évidence, il
est dû à la pression des circonstances qui obligent la noblesse à
abriter ses droits sous l'égide de la religion. Même évolution
dans la bourgeoisie riche. Elle est voltairienne, tant qu'il

s'agit d'affaiblir le clergé, considéré comme un obstacle à son ambition. Mais quand son but est atteint et qu'à son tour elle se voit menacée, dans sa fortune et son influence, par les sans-culottes athées et niveleurs, elle revient en arrière et ne s'oppose plus au rétablissement du culte.

Les intérêts professionnels l'emportent donc, lorsqu'ils sont en conflit avec les idées religieuses. Cependant, il existe, objectera-t-on, de nombreuses exceptions à cette règle. Comment les expliquer ?

Ces exceptions sont plus apparentes que réelles. D'abord, si les intérêts professionnels ne sont engagés fortement ni dans un sens, ni dans un autre, une plus grande liberté est laissée à chacun, qui suivra ses préférences personnelles. La variété dans ce cas sera la règle. Même quand les intérêts professionnels sont en jeu, ils n'exercent pas sur tous une égale influence. Ainsi, le clergé français disposait d'immenses revenus et entretenait, pour les besoins du culte, différentes sortes de travailleurs qui avaient tout intérêt à la conservation de sa fortune et de son influence ; imprimeurs de livres pieux, fabricants d'objets de piété, fournisseurs attitrés, architectes diocésains, bedeaux, sacristains et autres employés du culte, etc. Qu'on joigne à cette catégorie les vieillards, qui, sortis de leur profession, n'y portent plus qu'un intérêt restreint ; les jeunes gens qui n'ont pas encore reçu la profonde empreinte du métier et qui, grâce à leur jeunesse, peuvent s'adapter à un autre genre de vie ; les ignorants, qui sont trompés sur leurs véritables intérêts et qui sont habitués depuis longtemps à supporter passivement le joug du clergé, comme cela s'était produit en Bretagne, en Vendée et dans quelques provinces ; surtout les femmes qui ne participent pas entièrement à la vie de leur mari et qui conservent, dans le mariage, les habitudes religieuses de leur jeunesse. On saisira alors les raisons qui empêchent chaque profession d'agir en bloc dans les questions purement religieuses. Mais ces exceptions, loin d'être incompatibles avec le principe, servent plutôt à le confirmer. L'homme en tant que membre d'une société, vaut surtout par la fonction qu'il exerce ; et, dans le choix entre deux partis, il se rangera d'ordinaire au parti qui semble le mieux favoriser ses tendances et son rôle social.

C'est d'après le même principe que s'explique la formation du parti adverse.

Et d'abord, quels en seront les chefs ? Ceux dont l'être social recevra le plus grand accroissement de la déchéance du clergé et qui, d'ailleurs, ont des qualités intellectuelles et morales capables de balancer l'autorité des chefs religieux.

Sous la Réforme, lorsque la lutte est ouvertement engagée, les chefs du parti novateur sont non seulement les grandes individualités dont l'histoire a recueilli les noms, comme Luther, Mélanchton, Zwingle, Calvin... mais la foule des prêtres, moines et nonnes qui s'étaient mariés et avaient rompu avec Rome. Voilà la phalange d'élite qui, sur le terrain religieux, montrera le plus de cohésion et de force pour empêcher un retour au passé ; retour qui ferait évanouir en fumée leur influence, accrue au contraire par les progrès de la réforme religieuse. Leur attitude n'est point, du reste, le résultat d'un rêve prémédité, d'une intention formelle. Mais, comme Luther le reconnaît lui-même, ils conduisent moins les événements qu'ils ne sont portés par eux. — « Dieu me conduit, écrivait-il, il me pousse, il m'en- « lève ; je ne suis pas maître de moi-même ; je voudrais « vivre dans le repos et je suis précipité au milieu du « tumulte et des révolutions. » (1). Pendant la Révolution française, les meneurs du parti anticatholique se recrutent surtout parmi les savants, les philosophes, les écrivains qui avaient à se plaindre des sévérités de la censure ecclésiasti-

_____
1. *Hist. générale*, par Lavisse et Rambaud, IV, 403.

que, et, en général, parmi tous les intellectuels indépendants dont le rôle social devenait prépondérant à mesure
que l'influence religieuse baissait.

Ici, comme plus haut, les chefs ne suffisent pas. A côté
d'eux, il faut des soldats plus obscurs qui les soutiennent de
leurs sympathies et de leurs secours effectifs.

De quels éléments se forma cette armée ? Elle se composa
tout d'abord des catégories sociales, créées artificiellement
par l'État et qui sont les victimes des lois religieuses antérieures. Ainsi, les protestants et les juifs furent au premier
rang des ennemis du clergé, puisqu'ils avaient fortement à
gagner à la ruine de son influence, et cela, dans toutes les
professions qui, par le seul fait de la religion, avaient à
subir une gêne et une diminution.

Les catégories professionnelles, qui montrèrent le plus
d'hostilité à la religion, furent les petits marchands ; les
ouvriers travaillant à leur compte, seuls ou avec un nombre
très restreint d'auxiliaires salariés ; surtout les ouvriers travaillant à la solde d'un patron, ceux qu'on désigne aujour-
d'hui sous le nom de prolétaires et qui formaient l'élément
le plus considérable de ce qu'on appelait alors le peuple.
Certes nous ne voulons point dire qu'il y ait eu unanimité,
puisque nous avons signalé nous-même des exceptions. Mais
il n'en reste pas moins établi que la grande majorité de ces
groupes sociaux était acquise au parti antireligieux.

Pourquoi ? C'est qu'il n'y avait pas, chez les membres
de ces groupes, des dispositions purement individuelles, nées
du tempérament, du caractère et des circonstances accidentelles. Mais la profession avait créé en eux des tendances
communes qui, favorisées par les influences sociales du
moment, avaient entraîné la majorité à manifester son hostilité à l'égard de la religion. C'était la religion, en effet,
qu'ils rendaient responsable de leur infériorité, non pas tant
comme individus que comme membres d'un groupe social,

dont les services n'étaient pas appréciés à leur juste valeur. Pour eux, le clergé catholique, reniant les principes égalitaires du christianisme primitif, s'était constitué le défenseur des puissances, et, après un moment d'incertitude, s'était rallié à l'aristocratie. Il était lui-même la personnification de l'inégalité, par la supériorité de nature qu'il s'attribuait sur le corps des fidèles, et par la hiérarchie qu'il maintenait parmi ses propres membres ; hiérarchie aux degrés multiples qui allait depuis le petit desservant de campagne jusqu'au pape, vicaire de Jésus-Christ sur la terre et, par suite, sorte de Dieu vivant. La religion, ainsi que l'avaient enseigné les philosophes et que le proclamaient les journalistes, les pamphlétaires, les orateurs des clubs et de la Convention, la religion était l'obstacle à l'égalité et au bonheur social qui devait résulter de cette égalité pour les classes si injustement dépouillées de leurs droits.

Voilà les deux partis en présence. Comment vont-ils lutter ? Puisque les deux partis ne sont pas complètement homogènes mais composés d'éléments divers, chacun de ces éléments combattra avec les ressources propres dont il dispose.

Les chefs, se plaçant sur le terrain des idées, luttent par la parole et par la plume. Dans leurs prédications ouvertes ou secrètes, les prêtres cherchent à alarmer les consciences sur les dangers d'abandonner les anciennes pratiques, dangers qui menacent non seulement la vie présente, mais aussi et surtout la vie future. Les évêques, guidés par le pape, s'engagent dans une résistance ouverte contre les pouvoirs publics, méconnaissent les évêques constitutionnels et refusent de leur accorder l'institution canonique. Le pape, en possession d'une plus grande indépendance, condamne la Constitution civile du clergé et interdit le serment, dans les brefs du 10 mars et du 13 avril 1791. Les écrivains, dévoués à la cause catholique, multiplient les attaques contre les adversaires du clergé. A mesure que la lutte devient plus ardente, le ton des pamphlets augmente de violence : c'est la passion qui parle avec toutes ses exagérations, ses faussetés, ses injustices, ses grossièretés.

Hâtons-nous d'ajouter que, dans l'autre camp, les procédés de polémique sont semblables. Les passions surexcitées s'attaquent à d'autres personnes, mais elles ne conservent ni plus de mesure, ni plus de justice. Les mots sont presque des armes ; car, ils sont moins faits pour éclairer les esprits que pour précipiter les volontés à l'action et à la vengeance. A force d'entendre répéter que les répressions énergiques sont nécessaires, cette idée s'imprime profondément dans les esprits et tend de plus en plus à se traduire en actes. Pendant la Terreur, des prêtres sont emprisonnés et quelques-uns, en nombre plus ou moins considérable, sont massacrés ou exécutés.

D'un autre côté, les excitations des pamphlétaires royalistes et les prédications exaltées des prêtres réfractaires ne restent pas inutiles : les paysans vendéens se lèvent à la voix de leurs recteurs. Si l'insurrection n'est pas déterminée exclusivement par des motifs religieux, du moins ces motifs sont les plus apparents, les autres moins avouables étant dissimulés et allant se perdre dans un égoïsme inconscient. Dans le Midi éclatent aussi des désordres, en attendant que les germes de haine et de vengeance, favorisés par la Restauration, se développent et produisent ces massacres flétris par l'histoire sous le nom de Terreur blanche.

La lutte religieuse dans la Révolution française a été prise comme exemple pour donner plus de précision à la pensée. Mais les explications précédentes s'appliquent, *mutatis mutandis*, aux diverses luttes religieuses qui ont pu se produire aux époques révolutionnaires.

Les partis adverses agissent toujours d'après les éléments qui les composent ; et ces éléments constitutifs des partis sont formés par les groupes professionnels qui ont intérêt soit au renversement des anciennes institutions religieuses, soit à l'établissement des nouvelles. Ainsi, quels ont été les défenseurs les plus zélés du christianisme primitif? De petits commerçants, des ouvriers, des esclaves, tout ce petit peuple qui vivait dans les grandes villes et pour lequel l'aristocratie romaine n'avait jamais assez de dédain. Et ces déshérités se rattachaient au christianisme, parce qu'il exaltait l'état des pauvres au détriment des riches qui, d'après l'Evangile, étaient des sépulcres blanchis et, par leur condition même de riches, chargés de tant de crimes « qu'ils ne pouvaient pas plus entrer dans le royaume des cieux qu'un câble passer par le trou d'une aiguille ». Dix-huit siècles après, ces malheureux s'étaient retournés contre le catholicisme, puissance oppressive, qui, reniant ses principes d'égalité et de fraternité, avait consacré la domination des riches, des forts, des violents. La conduite semble tout opposée. Elle est la même dans le fond. Le ressort intime qui fait agir la volonté dans un sens déterminé, c'est *l'intérêt de classe; c'est-à-dire tout ce qui peut favoriser le développement de l'être social; ou encore, tout ce qui relève le rôle social que chacun joue en tant que membre d'un groupe déterminé.*

CHAPITRE III

LA LUTTE ARMÉE

« La raison du plus fort est toujours la meilleure », dit
La Fontaine non sans quelque ironie. Pour Joseph de Mais-
tre et d'autres apologistes de la guerre, cette pensée doit
être prise à la lettre : la raison du plus fort est la meilleure
dans tous les sens. La meilleure non seulement en fait,
puisqu'elle triomphe des raisons intellectuelles les plus judicieuses et les plus persuasives, elle est encore la plus excellente et la plus parfaite, parce qu'elle est la manifestation
du droit et que, par une sorte d'harmonie mystique, elle
s'accorde toujours avec la justice.

Il ne s'agit pas ici de discuter une théorie qui, par sa
transcendance même, échappe à tout contrôle. La question
à examiner est une question de fait, qui peut être résolue
par une observation positive.

Or, à ce point de vue et quelle que soit la valeur morale
qu'on attribue à la force, il faut reconnaître que, dans la
lutte entre l'Etat et le parti révolutionnaire, le dernier mot
lui appartient. Quand les hommes sont séparés par des tendances et des idées irréductibles, les discussions verbales ne
sont plus qu'un cliquetis de paroles inutiles. Le seul moyen
de dénouer le conflit a toujours été de recourir aux luttes
armées.

Dans cette partie qui est exclusivement réservée à l'étude,

non de l'idéal, mais de la réalité, il nous reste à examiner les progrès que la révolution peut réaliser, grâce à la force.

Pour bien saisir l'action de la force, remarquons avant tout que tout phénomène social, de quelque nature qu'il soit, ne peut être bien compris qu'à la condition d'être rattaché *aux agents qui le produisent*. Car, si l'on examinait les faits sociaux à part, comme des réalités capables de s'engendrer les unes les autres dans une évolution nécessaire, on s'exposerait à ériger en lois des contingences essentiellement accidentelles. D'un autre côté, si, par une observation plus précise des réalités historiques, on était frappé de la succession irrégulière des phénomènes sociaux séparés par abstraction, on risquerait de les considérer comme réfractaires à la science, c'est-à-dire aux liaisons constantes et générales. Au contraire, en remontant aux causes productrices, il devient possible de délimiter avec quelque exactitude la part de succession régulière et, d'un autre côté, la part de contingence ou de hasard, si on entend par là un concours de circonstances très complexe et très rare.

Les phénomènes sociaux dont il s'agit ici sont les émeutes, les répressions armées, les guerres civiles, les guerres extérieures avec leurs différentes péripéties, victoires ou défaites. Les agents auxquels ces événements doivent êtres rapportés, sont les catégories sociales dont les membres ont pour fonction, soit permanente, soit accidentelle, de se livrer à des luttes armées.

En temps normal, le Gouvernement dispose d'une force publique suffisante pour triompher de toutes les résistances, qu'elles soient isolées et éparses, ou collectives et organisées. En temps de révolution, cette supériorité n'existe plus ou, du moins, reste douteuse. Le parti novateur ne s'est plus contenté d'agiter des idées ; mais, par des actes de violence, il a pris conscience de sa force. Il a montré son intention d'engager la lutte sur ce terrain, et, par la brusque révélation de ses ressources, il a frappé d'intimidation le parti gouvernemental, dont la faiblesse a été, par contre, subitement dévoilée.

A mesure que la révolution progresse, le rapport entre les deux forces hostiles varie, mais dans un sens favorable au parti de l'opposition. La puissance révolutionnaire, qui était d'abord inférieure, arrive à balancer la puissance publique. Puis, cet équilibre est rompu, et le rapport primitif est renversé. L'ancien régime est réduit à la défensive et finit par succomber.

Pourquoi ?

L'explication sociologique consistera à indiquer les causes générales des succès et des revers. Elle se distingue de l'explication historique qui, s'appuyant précisément sur les lois sociologiques, s'attacherait à la solution d'un cas concret, considéré avec tout l'ensemble de ses particularités. Quant à l'histoire, elle a, ici, pour rôle de fournir des matériaux à l'induction scientifique et aussi de servir de contrôle aux lois établies.

La loi sociologique dominante, loi confirmée par une foule de faits historiques et qui atteint presque l'évidence axiomatique, est la suivante : La force d'une armée tient au nombre, aux ressources, et surtout à la qualité des belligérants.

Toutes choses égales d'ailleurs, la supériorité du nombre, lorsqu'elle est bien marquée, est un gage de succès.

Quant aux ressources, elles consistent en habillements, armes, munitions, subsistances et, en général, dans tous les objets matériels qui sont nécessaires à l'entretien d'une armée ainsi qu'à ses moyens d'attaque ou de défense. L'imperfection du matériel militaire, le manque ou la défectuosité des armes sont souvent, pour le parti révolutionnaire, une cause d'infériorité et d'insuccès.

Pour simplifier la question, supposons les choses à peu

près égales sous ces deux derniers rapports. Il restera à examiner la qualité des belligérants, qualité qui peut, en général, être considérée comme un facteur essentiel de la force d'une armée et qui devient ici le facteur unique.

Cette étude ne sera menée d'une façon méthodique qu'à la condition d'étudier tour à tour les éléments constitutifs d'une armée : le chef suprême, les officiers subordonnés suivant une hiérarchie déterminée, et enfin les simples combattants. En outre, une armée ne se compose pas d'éléments séparés qui peuvent agir d'une façon indépendante ; sa force vient, pour la plus grande part, du concours que se prêtent tous ces éléments, quand ils sont unis entre eux par la communauté des idées, des sentiments et des volontés. Il faudra donc connaître encore l'esprit qui les anime tous.

Le chef d'une armée ne peut tout faire. S'il est mal secondé, toute son énergie, toutes ses qualités militaires, en les supposant éminentes deviennent stériles. Après Waterloo, la France épuisée ne voulait plus combattre, et Napoléon n'a même plus la puissance d'abdiquer. Ce n'est plus bientôt qu'un pauvre prisonnier, hanté de rêves de bataille, mais qui restent des rêves. Cependant, si un chef ne peut rien sans auxiliaires, il est loin d'avoir un rôle inutile. C'est lui qui tient en ses mains toutes les forces subordonnées ; lui qui peut, d'un mot, les lancer dans l'action, ou, au contraire, comprimer leur élan. Or, si cette direction, quand elle est prudente et habile, produit les plus heureux effets, dans d'autres cas, elle est nuisible, et devient une source de mécontentement et une cause de faiblesse.

Par impéritie, lâcheté ou indécision, les chefs ne savent pas utiliser les forces dont ils disposent et qui, peut-être, auraient été capables d'étouffer la révolution à ses débuts. Les subordonnés ne sont point assez aveugles pour ne point remarquer ces défauts dans le commandement supérieur.

Ils s'irritent, ils se plaignent de se voir abandonnés ou plutôt trahis et sacrifiés, quand quelques-uns des leurs tombent, comme au 14 juillet 1789, victimes de l'insurrection. Ils perdent confiance et ne montrent plus à leurs chefs le même attachement. La discipline se relâche ; le devoir d'obéissance ne s'impose plus avec la même rigueur : des hésitations se produisent pour savoir s'il faut suivre le courant ou y résister ; le désir de pactiser avec la révolution pénètre dans l'esprit de tous ceux qui auraient plus à gagner qu'à perdre dans un changement de régime. Les plus énergiques et les plus compromis sont seuls disposés à continuer la lutte. Mais la tête manque. L'organisation de la résistance se fait mal. Les idées opposées, les ambitions rivales, les desseins contradictoires se heurtent dans une confusion essentiellement funeste. Des compétitions se produisent au sujet du commandement et engendrent des divisions, des divergences de vues, des actions mal concertées, qui sont autant de causes de faiblesse.

Ce tableau est une représentation exacte du désordre produit dans la force publique par l'incapacité de Louis XVI.

Maintenant, pourquoi Louis XVI était-il un incapable ? Pourquoi n'y avait-il pas en lui l'étoffe d'un Richelieu, ou simplement, l'énergie guerrière de Charles Ier ? C'est là une question qu'il n'appartient pas à la sociologie de résoudre. Le fond de chaque personnalité est constitué par un *quid proprium* qu'une psychologie et une physiologie mieux informées pourraient peut-être pénétrer, mais qui, en tout cas, ne pourraient s'expliquer complètement par des influences sociales. A ce point de vue, il faut reconnaître dans la genèse des événements une part de contingence, non absolue sans doute, mais du moins relative à l'état de nos connaissances. Cette contingence doit être attribuée à l'intervention des personnalités soit éminentes, soit inférieures à la moyenne des intelligences et des caractères, et qui, dans les deux cas, jouent un rôle important, lorsqu'elles occupent un rang social supérieur.

Après le chef suprême viennent les chefs subordonnés ou le corps des officiers. Ils constituent l'élite de l'armée, parce que, d'ordinaire, ils portent au plus haut degré les qualités militaires. En effet, c'est par goût que l'officier a choisi la carrière des armes ; c'est par une éducation spéciale qu'il a développé ses dispositions naturelles ; c'est par les obligations professionnelles elles-mêmes qu'il les a encore fortifiées et fixées en habitudes ; et enfin, c'est par les influences multiples, quotidiennes et concordantes de son milieu, que tout son être est façonné d'après l'idéal commun.

Cet idéal se compose de qualités physiques et morales. A celui qui peut être appelé à prendre part à une expédition militaire, il faut un corps robuste, vigoureux, souple, rompu à tous les exercices physiques; des membres habiles dans le maniement des armes; des sens pleins de finesse, ou, du moins, en état complet d'intégrité. Chez les officiers de carrière, l'importance accordée à la force se révèle dans la tenue, dans l'attitude, dans la physionomie où tout s'accorde pour mettre plus en relief les qualités purement physiques. L'extérieur est ici la manifestation des sentiments intimes. Il forme un contraste saisissant avec l'apparence que se donnent, par exemple, les prêtres, dédaigneux des avantages corporels et qui tiennent à montrer ce dédain par la simplicité de leurs costumes et par l'humilité de leur tenue.

La force brutale ne suffit pas, même dans une lutte individuelle, où l'habileté a déjà sa part dans le succès. A plus forte raison, elle est insuffisante dans les luttes, où de grandes masses de combattants sont en présence. Tous les mouvements doivent être concertés avec sagesse, si l'on ne veut pas que la bravoure individuelle reste stérile. Ce rôle de direction appartient aux officiers. Or, pour qu'il soit rempli avec compétence, il faut être en possession de connaissances techniques, qui demandent un apprentissage spécial et parfois de longues études. Voilà pourquoi les officiers ne s'improvisent pas. Cependant, il faut remarquer qu'en temps de guerre, ces connaissances s'acquièrent bien plus rapidement : l'expérience corrige les défauts de tactique qui se traduisent aussitôt en insuccès.

Enfin, aux qualités physiques et intellectuelles, doivent se joindre les qualités morales, celles qui relèvent de la sensibilité et de la volonté. Le courage, par lequel on affronte les dangers les plus graves et les plus imminents, est la vertu militaire par excellence. La peur paralyse toutes les facultés ; elle jette la confusion dans l'esprit et l'empêche d'user de toutes ses ressources, tant l'idée du danger est obsédante ; elle trouble le corps lui-même, qui devient incapable d'accomplir les actes nécessaires. Chose plus grave encore, elle se traduit par des signes extérieurs que les subordonnés reconnaissent et qui enlèvent toute autorité au commandement. Elle est même contagieuse et propage autour d'elle sa funeste influence. Voilà pourquoi la lâcheté est méprisée et le courage, imposé comme un devoir rigoureux par la contrainte de classe, dont nous avons maintes fois signalé les effets, et dont l'influence ne se fait sentir nulle part plus fortement que dans l'armée.

Cette contrainte s'exerce par deux moyens différents, mais qui concourent à un même résultat, celui de dompter l'instinct, pourtant si vivace, de la conservation personnelle. Le premier de ces moyens consiste dans l'application d'une discipline sévère qui réprime toutes les tendances personnelles et qui tend à absorber l'individu dans la collectivité, en le courbant à l'obéissance passive, tant qu'il n'occupe pas le sommet de la hiérarchie. Le second moyen est la force de l'opinion, opinion générale qui opprime les consciences particulières. Elle les opprime d'autant plus sûrement que sa tyrannie est moins aperçue et que les sentiments qu'elle inspire passent pour spontanés. De là, la force du point d'honneur, qui est le désir plus ou moins caché de mériter l'estime de ses pairs et de susciter en eux des sentiments d'admiration. Il prend une intensité particulière chez ceux qui ont l'habitude de vivre ensemble, qui peuvent mutuellement surveiller leur conduite et qui ont ainsi un critérium facile pour mesurer le mérite de chacun. Ce qui arrive dans l'armée.

Les officiers de carrière donnent au parti qu'ils favorisent une force d'autant plus grande qu'ils se rapprochent davantage du type idéal tracé plus haut.

L'histoire montre que les armées qui étaient dépourvues de cette élite, malgré le nombre et l'ardeur des combattants, n'étaient souvent qu'une cohue incapable de résister à des troupes mieux conduites. Les révoltes de paysans ont causé parfois de grands ravages ; mais, faute d'une direction habile, elles ont été vite réprimées. Témoin les Bagaudes, ces paysans gaulois révoltés contre Rome sous l'empereur Dioclétien, qui furent vaincus en Bourgogne et écrasés par Maximien au confluent de la Marne et de la Seine. — Témoin, sous la Réforme, la guerre des paysans. En quelques semaines, ils détruisirent des centaines de couvents et de châteaux. Mais leurs succès furent de courte durée. Ils furent vaincus par les nobles, dont l'organisation militaire était supérieure, grâce à leur éducation et à la pratique constante des choses de la guerre. — Au commencement de la première révolution d'Angleterre, l'armée royale, composée en grande partie de *cavaliers* et d'anciens officiers, la plupart instruits dans les guerres du continent, remporta plusieurs succès sur l'armée des Parlementaires. En France, également, à part la victoire de Valmy, les armées révolutionnaires éprouvèrent de nombreux échecs, tant que la pratique de la guerre n'eut pas formé un corps d'officiers, capables de combler les vides laissés par l'émigration de la noblesse.

A leur tour, les cadres ne suffisent point. Derrière les chefs, il faut des soldats prêts à exécuter leurs ordres, à les seconder de tout leur courage et de tout leur dévouement. En temps normal, la subordination et une stricte obéissance sont maintenues par la discipline, une discipline qui punit avec sévérité les manquements les plus légers à la règle et qui, à force d'imposer les marques extérieures du respect, finit par en imprimer le sentiment réel au plus profond de l'être. L'honneur du soldat devient le désir de mériter l'estime de ses chefs, et cette estime ne s'obtient que par l'obéissance, une obéissance qui va jusqu'au sacrifice de la vie, lorsque les chefs le demandent. D'ailleurs, les mécontents ne sont qu'une infime minorité. Ils sentent leur impuissance et, par crainte des châtiments, ils sont obligés de dissimuler. Ou même, dominés par l'esprit de corps, ils arrivent, après quelques vaines tentatives de résistance, à se laisser entraîner par le courant général. L'individualité récalcitrante disparaît pour faire place à une unité façonnée sur le modèle commun.

Quand, à tous les degrés, la subordination est reconnue comme une nécessité et observée comme un bien, l'armée possède une très grande puissance. Aussi, si elle ne rencontre pas en face d'elle une autre armée, animée du même esprit, elle emporte toutes les résistances. Reste-t-elle fidèle au Gouvernement, les émeutes, partout où elles éclatent, sont vite réprimées. La révolution s'arrête à son premier stade ; elle est, pour ainsi dire, tuée dans l'œuf. Tant que Napoléon III disposa de son armée, les mouvements populaires ne furent jamais que des manifestations sans importance. Mais, dès que cette armée fut dissoute par la défaite, l'empire s'écroula à la première secousse d'une foule dépourvue de toute force réelle. Si, au contraire, l'armée est hostile au gouvernement, ainsi que cela arrive dans les complots militaires, aucune résistance sérieuse ne peut lui être opposée. L'armée triomphe et impose ses conditions, pourvu toutefois qu'elle n'élève pas trop haut ses prétentions et ne force pas la population civile à se soulever et à organiser la défense contre elle. César passe le Rubicon, et, avec ses légions de Gaule composées de vétérans aguerris et dévoués, bat les troupes du Sénat. La suite de l'histoire de Rome présente plusieurs exemples de cette sorte. Les légions proclament *imperator* leur général, et les révolutions se succèdent, du moins les révolutions de palais, puisque, si le personnel gouvernemental change, l'armée reste toujours la classe prépondérante. — Dans les temps modernes, mêmes résultats. Bonaparte, à son retour d'Egypte, a pour lui toutes les sympathies de l'armée, et avec son appui, il n'a pas de peine, au 18 brumaire, à renverser le Directoire. — Le Deux-Décembre est une réédition de brumaire. Grâce à l'armée, Napoléon III détruit la République et rétablit l'Empire.

Dans les cas précédents, la disproportion est trop grande pour que la lutte puisse se prolonger. Mais il existe des situations où les deux forces opposées se font mieux équilibre. Le cas le plus fréquent est celui où l'armée régulière, au service de l'Etat, est affaiblie, tandis que les forces révolutionnaires s'accroissent, s'organisent et finissent par triompher.

L'armée régulière peut être composée de troupes étrangères et de troupes nationales.

En temps de révolution, l'élément étranger est plutôt une cause de faiblesse que de force. Les mercenaires combattent une révolte avec plus d'énergie, parce qu'ils ne sont pas retenus par des sentiments de sympathie et de pitié à l'égard de compatriotes. Mais, d'autre part, ils provoquent plus de mécontentement. Les étrangers, pense le peuple, sont faits pour les guerres extérieures, mais ils ne devraient pas intervenir dans les guerres nationales. Les faire servir à verser le sang des citoyens est un crime de lèse-nation, digne de soulever l'opinion des patriotes et de redoubler leur fureur. Charles Ier se discrédita par son alliance avec les Irlandais, détestés en Angleterre comme opposés de race et de religion. — Dans la journée du 10 août 1792, les Suisses défendirent avec courage les Tuileries. Mais ces étrangers, à la solde de la royauté, excitèrent la colère du peuple des faubourgs, qui parvint, avec la Garde nationale, à les envelopper dans les Tuileries et à les massacrer.

Si les troupes sont nationales, elles participent aux passions que la révolution a déchaînées. De là, des divisions possibles entre les différents éléments de l'armée qui, dans le choix d'un parti, sont portés à suivre celui qui promet le plus de satisfaction à leurs intérêts, à leurs vues, à leurs désirs. C'est ainsi que les soldats et les sous-officiers des Gardes françaises sont favorables à la Révolution qui va briser les barrières légales opposées à leur avancement. Les officiers nobles, au contraire, sont hostiles, parce que ces principes d'égalité offensent leur orgueil et portent une grave atteinte à leurs privilèges. La confiance réciproque, qui fait la force d'une armée, n'existe plus. Les chefs doutent des soldats et, à leur tour, les soldats soupçonnent les chefs de trahir leur cause.

Mais force ou faiblesse sont des termes relatifs. Ils impliquent une comparaison, comparaison que, dans chaque cas particulier, il faut établir entre les ressources armées de l'État et celles du parti révolutionnaire.

A part les cas signalés plus haut de complot militaire, les premières manifestations de la force révolutionnaire consistent en émeutes et en insurrections mal réprimées. Le Gouvernement n'a pas pu, ou il n'a pas voulu user des moyens de rigueur. Il n'a pas pu, lorsque déconcerté par une brusque attaque, il a été incapable de grouper sur le point menacé des forces suffisantes. C'est ainsi que la Bastille fut prise, malgré la supériorité de ressources en hommes, en armes et en munitions que l'État possédait alors à Paris. Parfois, ce n'est pas la force qui manque au Gouvernement, mais plutôt la volonté de s'en servir contre des concitoyens auxquels se mêlent des femmes et des enfants. La pitié et la sympathie l'emportent sur la nécessité de la répression. Et, sans doute, cette cause concourut avec la première pour la prise de la Bastille.

Après ces premiers succès, les émeutiers s'enhardissent. Un commencement d'organisation s'opère. Pour Lamarck et les partisans de sa théorie, la fonction crée l'organe. Ici, quelque chose de semblable se produit. La nécessité sentie d'opposer la force à la force fait surgir, des classes sociales intéressées, les éléments les plus actifs, les plus propres, par leur hardiesse juvénile à jouer le rôle de défenseurs du parti. Ils deviennent des habitués de l'émeute, et, sentant l'utilité d'une organisation, si rudimentaire soit-elle, ils se choisissent ou reconnaissent des chefs. Voilà toute une armée, cachée mais cependant réelle, où les mots d'ordre circulent, et prête à répondre aux appels qu'on lui fera. Au 20 juin 1792, c'est elle qui, sous la conduite du brasseur Santerre, défile devant l'Assemblée au chant du *Ça ira*, et qui de là marche aux Tuileries et coiffe le Roi du bonnet rouge.

De pareilles recrues sont bonnes pour un coup de main, non pour une résistance sérieuse. Quand le Gouvernement dispose de forces importantes et se montre disposé à les employer, il faut, pour affronter la lutte, non des émeutiers d'occasion, mais des hommes qui se vouent exclusivement au métier des armes. Si le parti révolutionnaire dispose de l'autorité législative, il crée une force nationale, composée de telle façon qu'il pourra compter sur son dévouement. Après l'arrestation du Roi à Varennes, la Constituante, émue du danger que révélait la fuite du Roi, décrète la formation d'une armée de trois cent mille gardes nationaux, destinés à combattre la coalition étrangère. — Le Parlement d'Angleterre arme également des troupes pour combattre l'armée royaliste de Charles Ier qui, après avoir quitté Londres, était allé planter son étendard de guerre à Nottingham. Si le parti révolutionnaire est dénué de tout pouvoir légal, il a recours aux enrôlements volontaires. Des comités se forment, non seulement pour la levée des hommes, mais aussi pour procurer aux combattants des armes et des munitions. Dans la guerre d'Indépendance des Etats-Unis, c'est de cette façon que se forma le premier noyau de la résistance (1).

Maintenant quelle sera l'issue de la lutte ?

Il n'est pas douteux que, dans tous les cas, le résultat ne tienne à des causes déterminées, et telles que leur retour reproduirait les mêmes effets : il n'y a ni fatalisme, ni arbitraire. Le fatalisme consisterait à croire que le résultat, écrit à l'avance dans le livre mystique des destinées, se produira *quoi qu'on fasse* ; croyance propre à paralyser la volonté et contraire, du reste, à toutes les inductions historiques. Défaites ou succès ne sont pas non plus le résultat d'une sorte de coup de dés, où les forces inconscientes agiraient seules et où l'activité intelligente n'aurait point de place ou du moins se trouverait réduite au minimum.

Les événements militaires n'échappent pas plus que les autres au déterminisme. Les raisons existent toujours. Mais quelques-unes sont particulièrement délicates à apercevoir, bien que cependant elles nous paraissent avoir un rôle prépondérant. Ces raisons sont d'ordre psychologique. Ce qui fait la force d'une armée, c'est l'esprit qui l'anime à tous les

---

1. « Dans les campagnes, des bandes armées interrompirent le cours de la justice ; la milice s'exerçait dans tous les villages ; un comité insurrectionnel, dominé par Samuel Adams et Warren réunit de la poudre et des armes. » Lavisse et Rambaud. *Hist. générale*, VII, 540.

degrés de la hiérarchie, un esprit de solidarité, de confiance
réciproque, un esprit fait d'idées et d'aspirations communes :
idée surtout que la guerre est un bien ; sentiment très vif
et très impérieux que la mort est préférable à la défaite. La
force d'une armée, c'est chez les chefs des qualités d'esprit
et de caractère, une intelligence des choses militaires toujours prête à l'action et dont la lucidité ne se laisse point
troubler par la peur ; bref, ce rare composé de qualités
qu'on nomme le génie militaire. Elle réside aussi dans les
officiers subordonnés qui doivent, sur une moindre échelle,
montrer les qualités du chef supérieur. La constatation de
leur mérite est plus facile et rentre mieux dans la sphère
des connaissances sociologiques, parce qu'il ne s'agit pas
d'une personnalité unique, mais de tout une catégorie
d'êtres, où les qualités et les défauts extrêmes se neutralisent pour ne laisser paraître que les qualités moyennes,
dont la connaissance suffit. Enfin, le troisième facteur de
la victoire ou de la défaite, ce sont les soldats, les simples
combattants qui paraissent user seulement de la force physique. Et cependant, ce serait s'en faire une très fausse idée
que de les considérer ainsi. Car, en dernier ressort, ce qui
arme leur bras et ce qui les maintient fidèlement à leur
poste, malgré des périls imminents, c'est l'idée et le sentiment.

Mais précisément la délicatesse de ces raisons rend leur
perception plus difficile, et, par suite, la prévision des résultats est pleine d'incertitude. C'est là un aveu d'ignorance
que le sociologue ne doit pas plus hésiter à faire que le
médecin qui, au début d'une maladie, est incapable d'en
prédire l'issue avec assurance. Dans les deux cas, le problème est trop complexe et trop délicat pour recevoir une
solution certaine.

CHAPITRE IV

LES ÉVÉNEMENTS

Les nécessités de l'exposition nous ont obligé à examiner successivement les différents éléments qui constituent chaque parti, et les faits sociaux qui résultent de leur activité. Mais, dans la réalité, ces éléments, caractérisés par le genre de lutte que chacun soutient, sont solidaires : ils se prêtent un mutuel secours, ou, quand l'un d'eux vient à mal remplir son office, tous les autres s'en ressentent. De même, les événements, dus à l'activité de chaque catégorie sociale, ne se développent pas en une série continue et indépendante. Ils s'entremêlent sans cesse. Après avoir été des effets, ils deviennent à leur tour des causes; causes heureuses ou nuisibles, suivant que l'influence, exercée par elles sur chaque espèce d'agents, augmente ou diminue la force du parti.

Le succès sur un point favorise le succès sur les autres. C'est là un fait d'expérience facile à constater, et dont l'explication peut être, elle aussi, facilement fournie, grâce aux analyses antérieures.

En 1789, l'État obéré ne peut plus faire face à ses dépenses. Il fait appel aux états généraux et accorde ainsi au tiers état un grand pouvoir. Celui-ci en profite pour for-

muler ses plaintes dans des documents officiels et pour donner, dans la rédaction de ses *Cahiers* un corps à ses revendications, à ses plans ou même à ses rêves de réorganisation
sociale. — Cette grande manifestation inspire du courage aux
députés du tiers, qui, réunis à Versailles, sentent leur force.
Invités à délibérer séparément, ils s'y refusent et prêtent,
dans la salle du Jeu de Paume, le serment de donner une
Constitution à la France. Le roi cède et autorise la réunion
des trois ordres. — Ce succès des députés augmente l'audace
de ceux qui sont disposés à employer la force. Paris se soulève ; la Bastille est prise ; ses défenseurs sont mis à mort ;
les têtes de fonctionnaires et officiers du roi sont promenées
sur des piques, à travers la ville. Pas de sanction : l'émeute
n'a été ni réprimée ni punie. — Recrudescence d'audace chez
les partisans de la violence et de la force. Mirabeau menace
et parle avec colère des « hordes étrangères ». Le peuple de
Paris reçoit Louis XVI avec des fusils, des haches, des
piques, et même avec quelques pièces d'artillerie. La Garde
nationale s'organise avec un chef populaire, La Fayette. Les
paysans se soulèvent, brûlent les chartes et démolissent les
châteaux. — Les défenseurs du Roi, les députés de la noblesse
et du clergé sont atterrés: ils votent l'abolition de leurs
propres privilèges. — Les députés du tiers consacrent cette
suppression par un acte solennel. A l'exemple du congrès
américain, ils proclament les droits de l'homme et du
citoyen, droits fondés sur l'égalité et la liberté de tous, sans
aucune distinction. — Paris souffre de la faim, Versailles est
en fête. La foule va chercher le roi ; elle ne rencontre pas
de résistance sérieuse ; elle affirme ainsi sa force, tandis que
le parti de la Cour devient plus conscient de sa faiblesse.
Les nobles émigrent et les pauvres obtiennent la création d'un
atelier à Montmartre pour vingt mille hommes. — D'un autre
côté, l'Assemblée nationale se montre plus audacieuse dans
ses revendications. Elle dépouille le roi des privilèges inhé-

rents à la monarchie absolue ; elle se réserve le droit de faire les lois, d'établir les impôts, de décider de la paix et de la guerre; elle réduit le monarque, autrefois tout-puissant, à n'être plus qu'un fonctionnaire pourvu d'une liste civile déterminée. Puis elle décide une série de réformes qui ont toutes pour objet de détruire les privilèges et de donner la prépondérance au tiers, ou même aux classes inférieures de la société.

Le succès a aussi des dangers. Le parti qui triomphe est souvent emporté, par l'ivresse même du succès, au delà des limites de la justice. Il dépasse les revendications équitables et porte atteinte à des droits essentiels, ceux sans lesquels une classe de citoyens croirait ne pouvoir exercer sa fonc-tion propre. Il arrive alors que l'indifférence ou même les sympathies du début se transforment en hostilité ; en hosti-lité d'autant plus vive que les intérêts professionnels sont plus profondément menacés.

Ainsi, les membres du clergé, dépouillés déjà de leurs dîmes et de leurs richesses en biens fonciers, n'acceptent pas la diminution morale que leur fait subir, suivant eux, la *Constitution civile du clergé*. Ils résistent et usent de toute leur influence pour soulever la conscience du roi et des fidèles contre ces nouveautés religieuses, condamnées, du reste, par le pape. De là des résistances opiniâtres et une longue série de difficultés. Le roi fuit. On le ramène de force à Paris. Ses défenseurs à l'intérieur et à l'extérieur n'en sont que plus irrités et plus disposés à engager une lutte sans merci. A l'Etranger surtout s'organise une vaste coali-tion qui engage la Révolution dans les mesures les plus vio-lentes et dans des guerres qui ne doivent se terminer qu'à la Restauration.

Le hasard, si l'on entend par là des causes réelles mais dont le concours est imprévisible, joue aussi son rôle dans la suite des événements.

A différentes reprises, l'importance d'une personnalité supérieure a été signalée, et cette influence est incontestable, quel que soit l'ordre de choses où cette supériorité exerce son action. Le cours des événements peut donc être modifié par l'apparition du grand homme et par sa mort. Mais dans quel cas des modifications de cette sorte se produiront-elles ? Sur ce point, la prévision sociologique ne peut être réalisée avec certitude. En effet, la genèse de l'homme de génie tient à un ensemble de conditions très difficiles, pour ne pas dire impossibles à déterminer. D'un autre côté, la mort dépend de causes si multiples qu'on ne peut jamais être assuré que l'une d'elles n'agira pas. Ainsi, le grain de sable qui va se placer dans l'uretère de Cromwell, et qui détermine sa mort, est, suivant la remarque de Pascal, un événement considérable, mais imprévisible, et dont la contingence s'étend, en partie, aux événements postérieurs.

Le hasard ne porte pas seulement sur les hommes éminents. Il peut faire sentir son influence sur un grand nombre d'hommes à la fois. Ainsi une disette a son contre-coup sur les classes pauvres, exposées par là aux souffrances de la faim, menacées dans leur existence même, et, par suite, plus portées au mécontentement et à la révolte. La famine qui désolait la France en 1789 ne fut pas sans action sur les émeutes qui éclatèrent pendant cette année et dont quelques-unes furent faites à ce cri : Du pain ! Mais, ici comme plus haut, la prévision sociologique n'existe pas, puisqu'une disette tient à un concours de causes météorologiques dont les lois sont mal connues.

Une nation n'est pas isolée. Elle entretient de nombreux rapports avec l'étranger et, de ce chef, la révolution peut être favorisée ou contrariée.

Pour être complet, il faudrait donc étudier les influences qui viennent de l'étranger. Mais ces influences sont si nombreuses et si diverses que, pour être faite avec quelque exactitude, leur étude nécessiterait des développements considérables. Il vaut donc mieux l'écarter complètement que de la traiter d'une façon superficielle, et ne point pénétrer dans le domaine, si vaste, de la politique étrangère. La question des mouvements qui se produisent à l'intérieur des États a assez d'étendue pour qu'il soit nécessaire de l'étudier seule, et sans y joindre une autre question digne, par son importance, d'une étude spéciale.

Disons seulement, d'une façon sommaire, qu'une révolution sera contrariée par un gouvernement étranger, toutes les fois qu'elle semblera un danger pour la stabilité de ce gouvernement et pour la prospérité des classes prépondérantes dont il est l'expression ou le défenseur. Quant aux détails de cette influence, nous en écartons expressément l'explication. Il faut se limiter.

Enfin le dénouement se produit : ou la tentative révolutionnaire échoue, ou elle aboutit à son résultat. Tantôt, c'est une colonie qui s'affranchit, ainsi que cela eut lieu pour les États-Unis à la suite de la guerre d'Indépendance ; tantôt une nation se démembre, ou un pays, soumis à une puissance étrangère, recouvre son autonomie, tels les Pays-Bas qui secouent le joug de l'Espagne ; tantôt enfin, c'est l'ancienne société qui se transforme dans sa structure interne, sans qu'il y ait de modifications appréciables dans le nombre des habitants, dans l'étendue du territoire ou même dans les rapports avec l'extérieur.

Le mot « révolution » est plus spécialement réservé pour désigner ce dernier cas. Et, d'ordinaire, on y joint une épithète pour indiquer le genre de changement qui a été principalement réalisé dans la constitution de l'État.

Les révolutions qui apportent des modifications profondes dans l'organisation d'une société peuvent se ramener à trois types : les révolutions 1° politiques, 2° religieuses, 3° sociales. Elles sont ainsi appelées, suivant que les changements portent sur l'organisation du pouvoir et sur les droits politiques des citoyens ; ou sur les croyances religieuses et l'exercice du culte ; ou enfin, suivant que la transformation est encore plus complète et s'applique à toutes les classes de la société, touchées jusque dans leur fond, c'est-à-dire, jusque dans leur activité professionnelle, dont la valeur est, selon les cas, diminuée ou rehaussée.

De quelque révolution qu'il s'agisse, sa nature reste la même dans le fond. Le trait caractéristique de toute révolution, c'est *que les classes dominantes ne sont plus les mêmes, ou du moins ne sont plus recrutées dans les mêmes catégories sociales*. Le parti victorieux, après avoir pris des mesures révolutionnaires pour assurer son succès, cherche à consolider sa conquête par des mesures plus régulières, mais qui tendent toutes, par une sorte de logique plus ou moins consciente, à assurer sa prédominance.

C'est d'après les intérêts, les sentiments et les idées des différentes classes, constitutives de ce parti, que la société va se réorganiser.

Etudier ce travail de réorganisation, c'est étudier les effets des révolutions, ce qui nous conduit naturellement à la troisième partie de cet essai.

TROISIÈME PARTIE

RENAISSANCE

CHAPITRE PREMIER

TRANSFORMATION DE L'ÉTAT

La révolution a triomphé. Les pouvoirs publics ne sont plus entre les mêmes mains, et il ne s'agit pas seulement d'un changement de personnel, mais l'esprit du gouvernement est changé, changé d'autant plus profondément que la révolution a été elle-même plus profonde. Les anciennes classes, favorisées dans le régime antérieur, sont dépossédées de leur autorité. Ce sont les classes rivales, groupées ensemble dans le parti victorieux, qui dominent et qui vont chercher à faire prévaloir leurs intérêts et leurs idées dans la nouvelle organisation qui se prépare.

La victoire obtenue, une difficulté se présente, qui peut devenir une pierre d'achoppement pour le régime nouveau. Uni tant qu'il s'agissait de détruire l'ancien gouvernement, le parti vainqueur ne reste pas toujours d'accord pour savoir ce qu'il faut conserver, modifier, supprimer, transformer. Les tendances propres à chacun des éléments du parti se manifestent, et, si elles sont trop différentes, elles entrent en conflit. Il en résulte parfois une période d'agitation et de désordres qui désagrège le parti, lui enlève une grande partie de sa force, encourage la réaction du parti opposé, dont elle favorise le retour et le triomphe.

La révolution française de 1848 en est un exemple. Le Gouvernement de Juillet avait été emporté dans la courte tourmente des journées de février. Mais les classes ouvrières, qui avaient tant contribué au succès de l'insurrection, étaient trop séparées de la bourgeoisie commerçante et intellectuelle pour s'entendre longtemps avec elle. L'antagonisme se manifesta par les sanglantes journées de juin, qui creusèrent entre les opposants un fossé encore plus large. D'un autre côté, le Gouvernement provisoire mécontenta les paysans, propriétaires du sol, par l'impôt très impopulaire des quarante-cinq centimes. Le coup d'Etat de Napoléon devenait possible et devait se réaliser dans peu de temps, à la suite d'une série de mesures réactionnaires qui l'annonçaient et le préparaient.

A la même époque, des phénomènes analogues se produisirent en Italie, en Allemagne et en Autriche. Après des insurrections heureuses, l'opposition révolutionnaire, qui avait été assez forte pour détruire, se montrait impuissante à organiser. Le parti libéral manquait de cohésion et succombait bientôt sous les coups de l'ancien parti gouvernemental, qui, revenu de sa première surprise, se lançait avec vigueur dans la réaction.

Supposons que la révolution dure, et qu'elle dure assez longtemps pour pouvoir manifester ses tendances.

Elle dure. Cela signifie que les classes prépondérantes s'entendent, ont trouvé entre elles un terrain de conciliation, ou, du moins, que l'une d'elles est assez forte pour imposer aux autres sa volonté et sa direction. En un mot, il y a union, union basée sur une communauté de vues, d'idées et d'intérêts.

Quel usage le parti victorieux va-t-il faire de la puissance ? L'histoire, d'accord ici avec la psychologie des groupes sociaux, l'indique avec beaucoup de netteté. Le parti au pouvoir s'efforcera de transformer la société dans le sens de ses intérêts, en vue de la réalisation de ses idées et d'après les moyens et les ressources dont il dispose.

Lois Constitutionnelles. — Les révolutions accomplies dans une société sont comparables au travail de transformation qui s'opère dans les métamorphoses de certains insectes. L'animal tire de lui-même les matériaux destinés à la formation de l'être nouveau, mais les molécules organiques n'ont plus ni la même place, ni la même structure, ni la même fonction. Des organes, autrefois prépondérants, sont devenus secondaires, ou même, entièrement dissociés, ils se sont perdus dans la masse, n'entrant plus qu'à l'état d'éléments anonymes dans la structure des nouveaux organes dominateurs. Ainsi, le ver blanc, qui menait une vie souterraine, se dépouille de ses anneaux et, après une courte période passée à l'état de nymphe, apparaît sous la forme du hanneton, avec des élytres et des ailes qui lui donnent une vie aérienne. De même, le têtard est un poisson, pourvu de branchies et menant une vie exclusivement aquatique ; par sa transformation en grenouille, cet être devient amphibie, respire au moyen de poumons et subit, dans les autres parties de son corps, des modifications corrélatives.

Les choses se passent d'une façon analogue dans une société qui vient de traverser une crise révolutionnaire et qui, n'ayant plus besoin de recourir aux violences de la lutte, cherche une organisation stable. La stabilité est incompatible avec des mesures de circonstance, sans cesse modifiables et qui, par suite, jettent le trouble et l'incertitude dans les esprits. Ordre, sécurité, voilà donc les premières nécessités qui s'imposent dans la réorganisation sociale.

Mais cet ordre lui-même, comment l'obtenir ? La lutte révolutionnaire était dirigée contre les pouvoirs publics. Maintenant qu'elle est terminée, au profit de l'opposition, le premier soin du parti victorieux est de régler l'organisation du pouvoir ; de donner une solution nouvelle au problème de la souveraineté. Dans le conflit des droits, il faut qu'il existe un droit supérieur, mis au-dessus de toute contestation et capable dans toutes les occasions importantes de décider en dernier ressort.

L'histoire, d'accord avec les lois de psychologie sociale, montre que le parti victorieux établit des lois constitutionnelles en harmonie avec ses propres intérêts, ou même, d'une façon plus précise, avec les intérêts des classes qui ont tenu la tête du mouvement. Les représentants de ces classes mettent l'autorité de la loi au service de leurs idées. Et ces idées, expression de leurs intérêts et de leurs sentiments, ils en font des axiomes fondamentaux, des principes premiers du droit, sur lesquels reposera tout l'édifice de la législation, mais qui eux-mêmes restent souvent cachés et mystérieux, en tout cas, intangibles.

Le plus ancien de ces principes, le plus universellement mis en pratique, bien qu'il ne soit pas toujours formellement énoncé, c'est que le droit appartient à la force.

La *force* a joui, à toutes les époques, d'un grand prestige, et, si l'on consent à se mettre un instant au point de vue de ceux qui la possèdent, il faut reconnaître que tout n'est pas pas en elle mensonge et pur simulacre du bien. La force chez l'homme n'est pas le simple déploiement des énergies physiques, mais elle s'accompagne de qualités de caractère et de sentiments moraux. Pour triompher des autres, il faut d'abord triompher de tous ces maîtres intérieurs qui nous inclinent à la paresse, à la gourmandise, à la peur ; il faut savoir se plier à la discipline, respecter les lois de l'honneur, véritable code moral du groupe et dont les prescriptions parfois d'une extrême sévérité exigent la loyauté, le dévouement et même le sacrifice de la vie. En un mot, il faut rester fidèle à l'esprit de corps et pratiquer cette solidarité qui va, au delà des mouvements extérieurs, jusqu'aux sentiments les plus intimes. Autre avantage de la force, c'est que la supériorité de ce côté est incontestable : les vaincus la reconnaissent eux-mêmes par leur soumission. Il n'est pas étonnant que, par une génération toute naturelle de sentiments, la conscience d'une force supérieure engendre, chez leurs possesseurs, la confiance, la fierté, l'orgueil, la volonté de puissance, l'ambition, l'affirmation de sa supériorité, en un mot, le droit de commander.

Non seulement ils veulent commander dans le présent, mais ils cherchent à régler l'organisation sociale de façon à perpétuer leur suprématie, en associant le pouvoir à la force, et en faisant que la force reste en leur possession, ou même passe à leurs descendants. De là, ces constitutions aristocratiques où les pouvoirs dirigeants sont confiés à une noblesse vouée principalement au métier des armes, et qui, maîtresse des grades supérieurs dans l'armée, maintient les autres classes dans la sujétion ; noblesse souvent héréditaire et qui tend à former une caste fermée, où règnent l'orgueil et le sentiment d'une supériorité innée. Volontiers ils se considèrent comme issus d'une race distincte, une race de dieux ou de héros, comme disaient les anciens, une race de sur-hommes, comme diraient les partisans de Nietzche.

L'une des plus remarquables et des plus typiques parmi ces révolutions aristocratiques fut l'établissement du régime féodal qui eut lieu dès la fin du ixe siècle, en France et dans la plupart des Etats d'Europe. Les seigneurs formaient, dans chaque pays, une vaste hiérarchie, dont tous les rangs étaient exactement déterminés. Les droits et les obligations étaient fixés suivant des règles à peu près uniformes. Mais le point central du système, celui autour duquel gravitait tout le reste, était que la richesse et le pouvoir doivent appartenir à la force, à ces qualités militaires qui se transmettent d'une génération à une autre comme un héritage de famille.

A Sparte et dans toutes les autres cités antiques, formées sur son modèle, les constitutions étaient fondées sur des principes analogues. La classe militaire avait la prépondérance, tandis que les autres classes restaient assujetties. Elles faisaient à peine partie de la cité puisqu'elles ne participaient pas aux droits essentiels du citoyen et n'intervenaient pas dans les décisions importantes. — Dans les premiers temps de la république romaine, c'étaient aussi les patriciens qui dominaient ; et les patriciens étaient, avant tout, l'élite de l'armée.

En dehors de ces exemples empruntés à l'antiquité, on peut invoquer des faits plus récents et mieux connus pour faire ressortir, d'une façon plus frappante encore, la dépendance étroite entre la nature d'une constitution et les intérêts de la classe sociale, dont la force est la raison d'être. Soit, par exemple, Bonaparte à la chute du Directoire. Grâce au prestige de ses victoires en Italie et en Egypte, il est le chef admiré et obéi de l'armée. Sans l'armée, Bonaparte, avec tout son génie et toute son audace, ne serait qu'une individualité sans puissance, un atome social perdu dans une masse de plusieurs millions d'atomes semblables, un pur néant. Sans Bonaparte, l'armée, à tort ou à raison, se croirait très affaiblie. Les deux réunis sont tout-puissants. Il y a donc entre eux communauté d'intérêts. Il y a aussi communauté de sentiments. L'armée, formée tout d'abord d'éléments divers, s'est, sous l'empire d'habitudes communes, fondue en un seul corps qu'anime un même esprit, esprit dont le général toujours victorieux est la plus haute personnification. Quant à Bonaparte, son ambition s'alimente de l'ambition semblable de tous ces officiers grandis dans la guerre et dont la fortune est attachée à la sienne. Elle est faite aussi de cette poussière d'orgueil que soulèvent, dans leur marche victorieuse, les plus obscurs de ses soldats.

Aussi, tous, exaltés par la force triomphante des baïonnettes, dédaignent les pouvoirs publics et aspirent à établir en leur faveur une suprématie qui ne fera que traduire dans la réalité leur propre sentiment.

Par quel moyen ce résultat sera-t-il atteint ? C'est en transportant dans la société tout entière l'organisation qui fait la force de l'armée. Dans l'armée, il y a subordination à tous les degrés, jusqu'à ce qu'on arrive au chef suprême, qui commande sans avoir à obéir ni même à subir de contrôle véritable. Dans la nation, l'idéal sera d'établir une semblable hiérarchie, avec un pouvoir central, qui sera le moteur irresponsable de la vie sociale. Tels sont, en effet, les principes directeurs dont Napoléon s'inspire pour modeler la réalité sur cet idéal. C'est de là que dérivent la Constitution de l'an VIII, le sénatus-consulte de l'an X qui crée le consulat à vie, et enfin le sénatus-consulte de l'an XII, qui confère à Napoléon le titre d'empereur et qui constitue une nouvelle dynastie en établissant l'hérédité dans sa famille.

Ce n'est pas tout. Et, comme pour mieux montrer combien l'histoire se répète, même à de longs intervalles, lorsque les conditions sont les mêmes, voilà que surgit une nouvelle aristocratie, semblable à celle du moyen âge et de l'antiquité. Le privilège de droits héréditaires, Napoléon l'étend à ses partisans les plus fidèles et particulièrement aux officiers supérieurs, qu'il décore des titres pompeux empruntés à l'ancienne noblesse. D'ailleurs, cette aristocratie, d'origine guerrière surtout, ne possède pas seulement des titres et des honneurs. Mais elle reçoit de vastes fiefs, sans compter les immenses richesses qu'elle a pu acquérir par un pillage méthodique, pillage regardé comme un droit.

A la force pure s'oppose le *pouvoir moral*, qui tend à prédominer dans l'organisation sociale, toutes les fois que les classes, intéressées à la suprématie de l'idée, se trouvent actuellement maîtresses.

Les premiers antagonistes de la souveraineté basée exclusivement sur la force sont les défenseurs de la religion, les partisans d'un *droit divin* supérieur à toutes les puissances humaines, et seul capable d'inspirer, non la crainte, mais le respect et le sentiment de la légitimité.

Rien de plus logique que leur théorie, dès qu'on admet leur postulat fondamental : la volonté de Dieu peut être connue. Il est évident, en effet, qu'il faut se soumettre à cette volonté, pour beaucoup de motifs dont chacun, pris à part, serait décisif. D'abord la résistance est inutile : la volonté de Dieu ne peut manquer d'aboutir à sa fin. De plus, la résistance est funeste : le révolté s'expose par là à des punitions inévitables. Enfin, la résistance est déraisonnable, puisque la volonté divine ne peut errer, mais se porte, avec une clairvoyance infaillible, toujours au plus grand bien. Le seul point où il soit plus difficile d'emporter la conviction est de montrer comment cette volonté de Dieu peut être connue.

Mais, dans le sujet actuel, il ne s'agit pas de rechercher la genèse plus ou moins mystérieuse du sentiment religieux, ni les causes de sa diffusion dans une société et de l'intensité à laquelle il peut atteindre. Il suffit d'accepter les données historiques et de savoir qu'*en fait* des hommes, à certaines époques, ont passé pour les interprètes autorisés de la volonté divine et les agents sûrs de cette puissance mystique.

Or, ces prêtres, pontifes, prophètes, pasteurs, moines… quel que soit le nom qu'on donne aux chefs des communautés religieuses, ou même ces particuliers, non soumis à une hiérarchie mais rattachés ensemble par le lien religieux, tous ont visé à un même but, chaque fois que, par la faveur des circonstances, ils ont été les maîtres de l'État. Alors, la force était dépossédée de la souveraineté, ou elle ne devenait légitime qu'à la condition de se mettre au service de la religion. De là, des constitutions purement théocratiques et des constitutions où l'élément religieux tient une place en rapport avec l'importance des classes plus particulièrement intéressées à garantir, par les lois les plus fondamentales, le prestige, la puissance et les intérêts de la religion.

Dans l'Inde, lorsque les brahmanes dominent, ils font de

leur prééminence un article de foi. Dans la génération des castes, ils s'attribuent l'origine la plus élevée, en se faisant sortir de la bouche même du dieu. — En Egypte, les prêtres se sont mis également au-dessus des guerriers, et, par leur pouvoir de juger le Pharaon après sa mort, ils dominent la royauté. — Chez les Hébreux, la souveraineté appartient à Jéhovah. Quand les chefs de la nation, suffètes ou rois, entraînés par l'ambition et le désir du pouvoir, sont portés à l'oublier, ce sont les prêtres ou les prophètes, voués plus particulièrement au culte, qui se chargent de le leur rappeler. Il n'y a pas de révolutions proprement dites, mais de simples éclipses du pouvoir spirituel qui finit toujours par reprendre le dessus. De là, le caractère franchement théocratique des différents gouvernements qui se sont succédé en Israël.

Mais ces exemples sont anciens et, par suite de leur grande antiquité, peut-être douteux et contestables. Pour en trouver de plus probants, il faut s'adresser à des époques historiques enveloppées de moins d'obscurité.

La grande révolution, dont les effets persistent encore aujourd'hui en Europe après avoir traversé de longs siècles, est la révolution opérée par l'établissement du christianisme. Or, ces effets sont dans un rapport étroit avec l'esprit de la communauté chrétienne, de l'Eglise au sens primitif du mot, et surtout de ses chefs les *anciens* et les *surveillants* qui bientôt donneront leur nom aux prêtres et aux évêques. D'après cet esprit, la souveraineté ne peut appartenir qu'au défenseur de l'Eglise, à l'empereur qui non seulement abolira toutes les persécutions violentes et qui supprimera toutes les restrictions diverses apportées au culte chrétien, mais qui, de plus, accordera des privilèges étendus à la nouvelle religion. Constantin commence, par un édit qui semble n'être qu'un acte de tolérance et que la réparation d'une injustice ; Théodose continue les faveurs impériales et met le glaive de l'empire au service de la foi, telle qu'elle a été proclamée dans le concile de Nicée.

Ces concessions et ces faveurs sont en rapport direct avec la puissance du parti chrétien sans cesse en progrès. Et ce qui le prouve, c'est que la souveraineté des empereurs se trouve menacée, toutes les fois que le pouvoir temporel entre en conflit avec le pouvoir spirituel, dont les chefs augmentent sans cesse les prérogatives. Théodose lui-même est obligé de faire pénitence aux portes de la cathédrale de Milan. Plus tard, Henri IV, le puissant empereur d'Allemagne, est excommunié par l'ancien moine Hildebrand ; et, pour obtenir son pardon, il doit subir la honte de Canossa. C'est, du reste, à cette époque que l'affirmation du droit divin se produit avec le plus de force. Au concile de Rome, Grégoire VII proclame la déchéance de l'empereur en disant : « De la part du Dieu tout-puissant, Père, Fils et Saint-Esprit, j'interdis au roi Henri, qui s'est soulevé par une insolence inouïe contre l'Eglise, le gouvernement de tout le royaume teutonique et de l'Italie. Je relève tous les chrétiens du serment qu'ils lui ont fait ou feront ; je défends que personne lui obéisse comme à un roi. Car il est juste que celui qui travaille à diminuer l'honneur de l'Eglise perde lui-même l'honneur qu'il paraît avoir. » (1).

Voilà ce qui se passe dans les pays où le catholicisme domine. Mais si, à la suite d'une révolution religieuse, l'autorité papale est abolie, l'idée de souveraineté légitime se transforme, et la transformation s'opère d'après les sentiments et les idées du parti qui triomphe. Tels sont les exemples caractéristiques que fournit le protestantisme dans différents Etats d'Europe, et particulièrement en Allemagne et en Angleterre.

Dans la première période de la Réforme, après des alternatives de revers et de succès, les princes d'Allemagne ont

1. Villemain. *Histoire de Grégoire VII*, t. II, 53.

triomphé des Hasbourg, champions de la suprématie papale. Aussi, dans la paix d'Ausbourg, conclue en 1555, ils obtiennent le libre exercice de leur culte, et leur indépendance à l'égard de la juridiction épiscopale, qui ne doit plus s'exercer dans leurs domaines. Le temps de Canossa est bien loin.

Sous Henri VIII d'Angleterre, éclate le schisme dont un des effets immédiats est l'affranchissement du pouvoir royal vis-à-vis de la papauté, affranchissement proclamé par l'*Acte de Suprématie*. Cet acte, d'une haute importance au point de vue constitutionnel, ordonnait en effet « que le roi fût accepté, regardé, reconnu comme unique et suprême chef, sur la terre, de l'Eglise d'Angleterre et qu'à sa couronne fût joint et uni, pour le posséder et en jouir avec ce titre et cette qualité, tout pouvoir d'examiner, réformer, redresser et amender telles œuvres et irrégularités qui doivent ou peuvent être réformées légalement par autorité ou juridiction spirituelle » (1). A la suite des deux révolutions successives d'Angleterre, les rapports entre la royauté et la papauté sont même complètement intervertis. De dominante qu'elle était, l'autorité papale devient méconnue, suspecte et même complètement proscrite sous le nom de papisme.

Le droit divin persiste au fond de toutes ces métamorphoses ; et catholiques, protestants, gallicans, luthériens, calvinistes, presbytériens, écossais, évêques anglicans, puritains, anabaptistes, quakers... tous se prétendent les interprètes fidèles de la volonté divine, volonté qui se prête avec une complaisance inlassable à tous les accommodements que le parti victorieux réclame ou, plutôt, impose. Il n'en est pas moins réel ; capable, suivant les cas, tantôt d'opposer à la force brute la résistance d'une inertie invincible, tantôt l'action impétueuse de la révolte. Car il tire sa puissance des sentiments et des ressources que possède toute communauté

1. Lavisse et Rambaud, *Histoire générale*, IV, 57.

religieuse, dirigée par des chefs plus particulièrement intéressés à son triomphe, et à son triomphe sous la forme la
mieux appropriée à leurs intérêts professionnels ainsi qu'à
leur autorité morale. Le droit divin est un de ces phénomènes subjectifs, avec lesquels la psychologie moderne nous
a familiarisés : il est la projection au dehors des sentiments,
des croyances et des volontés qui animent un groupe religieux. A le concevoir dans sa haute généralité, il est le foyer
de convergence de tous les rayons qui partent des consciences individuelles et qui deviennent, en se réunissant, plus
lumineux, plus ardents, plus actifs.

Quand les possesseurs de la *richesse* terrienne ou mobilière viennent à triompher, ils mettent en avant un principe de domination moins transcendant, mais qu'ils parviennent bien vite à investir d'autorité et de prestige. Ce
nouveau droit, auquel les apôtres convaincus ne manquent
pas, c'est le droit inhérent à la fortune. Non seulement la
propriété est sacrée, mais elle confère à qui la possède un
caractère spécial de grandeur, une marque distinctive de
mérite, de supériorité sociale, de compétence politique. Etre
riche, c'est donner des preuves d'intelligence, de capacité,
de vertu. Par suite, c'est posséder des titres suffisants pour
jouer dans l'Etat un rôle prépondérant. Aussi, le centre de
tout système constitutionnel né des classes riches, c'est
la richesse. Tout gravite autour d'elle qui, semblable au
Deus ex machina des anciens tragiques, sert à résoudre
toutes les difficultés.

Au moyen âge se produit le mouvement communal qui
est une revendication de la bourgeoisie des villes contre la
noblesse et l'Eglise. Les commerçants et industriels ont la
fortune, et, en face de leurs maîtres avides et toujours
besogneux, ils sentent la puissance de l'argent. L'idée, née
du commerce, que tout est matière à contrat, les engage à

acheter, à deniers comptants, des charges, des privilèges, des
droits. Souvent ils s'aperçoivent que les textes les plus clairs
peuvent être faussés et que la loyauté chevaleresque ne s'applique pas à des marchands. Ils se tournent alors du côté de
la force. A l'imitation des puissants féodaux et grâce à leurs
ressources pécuniaires, ils élèvent de hautes murailles, derrière lesquelles ils puissent abriter leurs chartes et aux
réclamations injustes, répondre par des coups d'estoc et de
taille. Parfois les communes se forment, à la suite de quelque audacieux coup de main, comme à Laon, où l'évêque
est tué dans une insurrection. Alors, gens de métier, gens
de négoce, membres des différentes corporations, tous jurent
solennellement le pacte d'alliance. Mais toutes ces constitutions communales, à apparence démocratique, restent pour
la plupart essentiellement bourgeoises : le « menu peuple »
est écarté des affaires, et, seuls, les possesseurs de la fortune peuvent participer au pouvoir.

L'Angleterre présente en grand un phénomène de souveraineté de la fortune, de ploutocratie. Après les révolutions
du xviiᵉ siècle, le droit divin, en tant du moins qu'il prend
un point d'appui à l'étranger, n'existe plus ; le droit de la
force n'a pas sa raison d'être dans un pays où les armées
permanentes sont souvent réduites à un effectif insignifiant ;
mais un autre droit devient prépondérant et, pour ainsi dire,
le signe caractéristique de la nation anglaise. En dépit des
apparences contraires, la souveraineté véritable appartient
aux deux formes existantes de la fortune : la propriété foncière et la richesse mobilière, dont les principales sources
sont l'industrie, le commerce, et l'exploitation coloniale.
Suivant la formule connue, « le roi règne, mais ne gouverne pas », le gouvernement appartient aux ministres ; les
ministres sont sous la dépendance du Parlement, et particulièrement, de la Chambre des Communes ; et les députés
des Communes, qui comptent un grand nombre de *bourgs*

pourris, sont à la discrétion des riches propriétaires. Le principe que la souveraineté appartient à la fortune avait si bien évolué qu'« en 1814 la plupart des sièges de député n'étaient plus que des propriétés acquises par héritage ou par achat » (1).

En France, le régime basé sur la suprématie de l'argent s'épanouit après la révolution de juillet. Sous Charles X, l'aristocratie nobiliaire avait dominé, et l'Eglise avait reconquis une grande partie de son ancienne prépondérance. La royauté de Louis-Philippe est essentiellement bourgeoise. La pairie héréditaire est supprimée, ce qui est une atteinte directe au principe de la noblesse. Quant au cens électoral et au cens d'éligibilité, ils sont abaissés pour permettre à la bourgeoisie moyenne d'exercer une influence dominante dans les collèges électoraux, puis à la Chambre des députés, et enfin dans le ministère, puisque, d'après le régime parlementaire, il est responsable. Le principal moteur est l'argent. Et ce gouvernement pourrait prendre pour devise le mot d'un de ses plus illustres défenseurs : Enrichissez-vous !

Lorsque la révolution a été accomplie par les classes inférieures, d'autres principes sont invoqués, ou plutôt établis et imposés. Mais s'ils changent, la loi de leur formation reste toujours la même. *Les nouveaux principes dérivent de la nature des classes dominantes*, et, par une adaptation dont l'histoire montre l'uniformité, ils se mettent d'accord avec les idées et les tendances essentielles des groupes sociaux arrivés au pouvoir.

Pour les interprètes du nouveau gouvernement, tous les précédents principes sont vicieux, irrationnels, injustes. La force, loin de constituer le droit, n'est que brutalité, tyrannie, crime ; le droit ne saurait non plus être rapporté à la volonté divine, volonté mystérieuse, impénétrable en elle-

1. Seignobos. *Hist. politique de l'Europe contemporaine*, 17.

même, mais que les partis religieux plient en tous sens, suivant leurs intérêts, leurs passions et leur orgueil dominateur ; quant à la richesse, loin de constituer un droit, elle est plutôt le fruit de la spoliation, la marque presque certaine d'une injustice. La vraie source du droit, c'est la raison, la raison humaine qui n'est pas le privilège d'une élite, mais qui est la propriété commune de tous. Toutes les distinctions établies antérieurement sont des distinctions artificielles que la nature n'a point faites, et que la raison impartiale méconnaît et repousse.

Tous les membres d'une société sont donc égaux et possèdent la même parcelle de souveraineté. Dans les petites cités, cette part de souveraineté s'exerce directement. Si, dans les sociétés plus étendues, cet exercice direct n'est point praticable, la souveraineté, bien que concentrée dans un petit nombre de mains, émane toujours de la même source : le pouvoir est confié à des délégués, à des représentants ; mais le souverain, dont ceux-ci restent toujours justiciables, c'est le peuple. La volonté de la nation, libre de se manifester dans des assemblées régulières et suivant des voies légales, telle est la loi suprême, tel est le principe fondamental des constitutions démocratiques.

Les théoriciens de ce droit nouveau, à base essentiellement rationnelle, n'ont manqué à aucune des époques où leurs revendications avaient chance d'éveiller dans les esprits un écho sympathique. L'un des plus éminents fut J.-J. Rousseau qui, dans son *Contrat Social*, sut donner à ce droit les formules les plus frappantes et les plus logiquement enchaînées. C'est lui qui eut le mérite de montrer que le lien social n'a rien de mystique et que si, au point de vue purement historique, sa formation est due à la puissance des armes ou de la richesse, cependant toute sa solidité provient, en droit, du concours de toutes les volontés.

Mais il ne s'agit pas ici simplement d'idées théoriques. Il

faut montrer que ces idées sont passées dans le domaine des réalités comme les conséquences logiques des révolutions, toutes les fois que les classes dominantes avaient intérêt à faire de l'égalité naturelle de tous les hommes le principe essentiel de la vie sociale. Les deux exemples les plus typiques sont fournis par les deux plus puissantes démocraties des temps modernes : les États-Unis et la France.

Avant que la guerre ne fût terminée, les défenseurs de l'indépendance proclamèrent, dans leur déclaration célèbre de juillet 1776, les principes démocratiques qui devaient, quelques années plus tard, servir de base à la constitution des États-Unis. Voici les principaux points de cette déclaration qui étaient en pleine harmonie avec les sentiments d'un peuple nouveau décidé à rompre avec les traditions monarchiques :

« Nous regardons comme incontestables et évidentes par elles-mêmes les vérités suivantes : que tous les hommes ont été créés *égaux* ; qu'ils sont doués par le créateur de droits inaliénables... que pour s'assurer la jouissance de ces droits, les hommes ont établi parmi eux des gouvernements dont la juste autorité émane du *consentement des gouvernés* ; que, toutes les fois qu'une forme de gouvernement quelconque devient destructive de ces fins, pour lesquelles elle a été établie, le peuple a le droit de la changer, de l'abolir et d'instituer un nouveau gouvernement en établissant ses fondements sur les principes et en organisant ses pouvoirs dans la forme qui lui paraîtra la plus propre à lui fournir la sûreté et le bonheur... Lorsqu'une longue suite d'abus et d'usurpations montre évidemment le dessein de réduire un peuple sous le joug d'un despotisme absolu, *ce peuple a le droit et il est de son devoir de renverser un pareil gouvernement*, et de pourvoir par de nouvelles garanties à sa sûreté pour l'avenir. »

La Révolution française commence aussi par une *Décla-*

ration *des droits de l'homme et du citoyen*, déclaration qui renferme les mêmes principes, énoncés d'une façon aussi catégorique et avec la même force de conviction. C'est que la situation est la même dans le fond. Le tiers état, conscient de sa force et assuré de sa victoire prochaine, manifeste des sentiments intimes et exprime des idées qui correspondent à ses intérêts de classe. Il ne veut plus se soumettre à une autorité étrangère, mais seule méritera son respect la loi qui sera l'expression de la volonté générale ; il est décidé à ne plus obéir qu'à lui-même.

Cependant, malgré la proclamation de principes nettement démocratiques, la constitution de 1791, votée par l'Assemblée nationale, reste encore imprégnée de survivances de l'ancien régime : elle reconnaît au roi un droit de *veto*, conserve le principe de l'hérédité royale et surtout méconnaît l'égalité des citoyens, en les répartissant dans deux catégories distinguées par la fortune et pourvues de droits différents. Pour que les idées de droit naturel reçoivent leur pleine application, il faut aller à la constitution de 1793, votée à une époque où les partis extrêmes dominent ; ou même, franchir un plus long intervalle et attendre les révolutions de février 1848 et de septembre 1870. La volonté nationale, exprimée par la majorité des citoyens, est alors absolument maîtresse.

Lois Politiques. — Aux lois constitutionnelles proprement dites se rattachent, d'une façon très étroite, les lois politiques, qui ont pour principal objet de déterminer la part qui revient à chaque catégorie de citoyens, dans la direction des affaires publiques. Elles aussi vont refléter avec exactitude l'état d'esprit des classes nouvellement arrivées au pouvoir.

Après une révolution, l'échelle des valeurs sociales n'est plus dressée de la même façon, ni les droits politiques soumis aux mêmes conditions.

Dans les sociétés fondées sur la force militaire, les lois politiques se modèlent fidèlement sur les idées de la classe dominante. Or, quel est l'esprit qui anime une armée, depuis les chefs suprêmes jusqu'aux plus obscurs combattants? C'est que l'homme vaut surtout par les qualités guerrières, le courage, l'habileté dans le maniement des armes, le dévouement, la fidélité aux chefs, la discipline rigoureuse, le vif sentiment de l'honneur, qui n'est autre, du reste, que la reconnaissance de ces qualités par les compagnons d'armes, c'est-à-dire, par les plus autorisés à les proclamer. D'où une grande division dans la société. Au premier rang se trouvent ceux qui s'adonnent aux travaux de la guerre et qui constituent une aristocratie en possession des droits les plus importants. A un degré voisin, quoique un peu inférieur, sont placés les représentants de la religion et des puissances morales qui, dans aucune société organisée, ne peuvent être dénués d'autorité. Et loin, bien loin au-dessous, se trouvent les classes vouées aux besognes utilitaires et qui, dépourvues de droits politiques, ne participent pas ou, du moins, ne participent que dans une faible mesure aux fonctions gouvernementales.

Les institutions tendent à maintenir cette séparation et à constituer une aristocratie où la naissance et la race confèrent des droits naturels à la domination. De là, sur un même territoire, des familles qui ont la prétention d'appartenir à des races supérieures ; qui, imbues d'orgueil héréditaire, tiennent à ne pas altérer la pureté de leur sang par des mésalliances et à éterniser ainsi leur suprématie.

A Sparte, la cité politique n'est composée que des purs Spartiates. Les anciens habitants de la Laconie ne sont que des colons et des esclaves. — A Rome, les patriciens ont longtemps composé exclusivement le Sénat, rempli les charges de consuls, possédé la prépondérance dans les assemblées publiques. Et, si l'influence politique de la plèbe a aug-

menté avec le temps, c'est que Rome, essentiellement guerrière, avait besoin des plébéiens pour le recrutement de ses
armées. — Sous la féodalité, la valeur sociale est mesurée par
la naissance et par les aptitudes militaires qui semblent y être
inhérentes. Le chef suzerain a sous ses ordres des vassaux,
qui lui doivent l'hommage et qui, en retour de leur fidélité,
reçoivent une terre et les droits les plus étendus sur elle et
sur ses habitants. C'est un contrat qui lie les deux parties et
qui implique entre elles une certaine égalité. Au contraire,
rien de commun avec les bourgeois des villes, les vilains et
les serfs qui subissent les charges sans participer aux droits.
— Les germes de ce système politique fondé sur l'honneur,
la fidélité au chef et le dévouement volontaire, se trouvaient
antérieurement dans la Gaule avant la conquête romaine, et
dans l'antique Germanie où les habitudes guerrières tenaient
tant de place. Ces mœurs se sont, du reste, perpétuées en
Allemagne, plus que dans les autres contrées d'Europe, sinon
en Russie. Et c'est à la force de cet esprit militaire qu'il faut
sans doute attribuer la prépondérance que garde la noblesse
dans ces deux pays.

Après une révolution religieuse, les lois politiques se ressentent de la nouvelle organisation sociale, où la prépondérance est acquise aux représentants de la religion dominante.

C'est le règne des saints, des purs, des élus. Ils considére-
raient comme un sacrilège de mettre sur un pied d'égalité
les vaincus, c'est-à-dire les impies, les hérétiques, les schismatiques, tous ceux qui sont en rébellion contre la parole
divine, qui s'insurgent contre la volonté de Dieu. Car les
impies, en méconnaissant les vérités les plus importantes,
montrent un aveuglement qui les rend indignes de jouer un
rôle politique dans la société. La tendance est donc de
rejeter en dehors de la cité tous les hétérodoxes, ou, si pour

différentes raisons on les conserve, de leur donner le moins de part possible à la direction des affaires.

Avant Constantin, les chrétiens étaient persécutés ; après, les rôles sont intervertis. Le paganisme devient une cause de suspicion et d'incapacité politique jusqu'à ce que Théodose, dans son édit de Thessalonique, le proscrive ainsi que toutes les hérésies, en ordonnant que tous les sujets de l'Empire « demeurent dans la religion telle que l'apôtre Pierre l'a transmise aux Romains ». — L'Espagne, entamée par la conquête sarrazine, fait, pendant tout le moyen âge, un effort pour se débarrasser des Maures et des Juifs, qui non seulement sont dépourvus de tout droit politique, mais qui, de plus, ne possèdent pas même la liberté du culte. — Sous Henri IV, les protestants obtiennent certaines garanties. Mais Louis XIV révoque l'édit de Nantes et, subissant l'influence des Jésuites, les oblige à s'expatrier. — En Angleterre, la conduite du clergé dominant est la même. Le serment du *test* est la pierre de touche qui sert à écarter des fonctions publiques tous ceux qui, même dans les coins obscurs de la conscience, entretiendraient des croyances contraires à l'anglicanisme. — En Allemagne, la Réforme procède de même. Dans chaque État, la minorité est écrasée et, d'après la paix d'Augsbourg, les particuliers doivent accepter le *credo* religieux du prince. On pourrait ainsi multiplier les exemples, sans trouver, semble-t-il, d'exception véritable à cette uniformité de conduite.

A l'avènement de la bourgeoisie commerçante et industrielle, la législation politique prend un autre caractère, un caractère en rapport avec la qualité dominante de cette classe : la possession de la richesse. L'argent devient alors le critérium du mérite et du patriotisme. Aussi, tous ceux qui sont dépourvus de fortune, les esclaves, les ouvriers, les employés, les petits fonctionnaires, et parfois même les lettrés, les savants et les artistes sont exclus de la cité politique.

Car aux yeux de la bourgeoisie riche, tout homme privé de propriété, l'est en même temps de jugement et de volonté saine. De toute nécessité, il méconnaît l'importance de la richesse et ne sait pas qu'elle est le ressort intime qui donne le mouvement à la machine sociale ; il se repaît de chimères et de billevesées. Ce serait un guide aveugle. C'est de plus un mécontent, un amateur de nouveautés et de désordres, un agitateur toujours prêt à bouleverser la société.

Voilà d'après quelles maximes les lois politiques sont établies, lorsque les classes riches sont au pouvoir. Dans toute l'antiquité, il n'est venu à la pensée d'aucun législateur d'accorder les droits du citoyen aux esclaves, qui, loin d'avoir des biens propres, ne s'appartenaient pas eux-mêmes. D'ailleurs, les citoyens eux-mêmes étaient, dans beaucoup de cités, répartis dans des classes diverses, d'après la fortune. A Athènes, l'égalité n'était pas complète, puisque, d'après la constitution de Solon, on distinguait quatre classes de citoyens : les eupatrides, les chevaliers, les zeugites et les thètes. —A Rome, dans les assemblées centuriates, l'influence appartenait en réalité aux riches composant la première classe, puisqu'à elle seule elle comprenait plus de la moitié des centuries, bien que le nombre de ses membres fût très inférieur au nombre total des membres des autres classes. —A Florence, l'influence politique appartenait dans le xiiie siècle aux *popolani grassi*, à ceux qui exerçaient les arts majeurs. Il en fut de même dans la plupart des républiques italiennes, où l'autorité était réservée aux possesseurs de la fortune. —Dans les temps modernes, la bourgeoisie signale son accès au pouvoir par des lois politiques qui favorisent les riches. C'est ce qui se produit en France à la Restauration et, d'une façon encore plus manifeste, après la révolution de Juillet. Le régime politique s'appuie sur le cens : seuls peuvent être électeurs et éligibles, ceux dont la richesse est attestée par le chiffre élevé de leurs contributions immobilières.

Dans les sociétés démocratiques, les anciennes distinctions passent pour des faveurs, des privilèges qui demandent à être abolis. Le principe de l'égalité tend à développer ses effets ; tous les hommes adultes sont mis sur le même pied, tous font partie de la cité et pèsent du même poids dans les décisions à prendre. Ainsi, dans les petites cités de la Grèce, les citoyens se réunissaient sur l'agora et, après avoir entendu leurs orateurs, acceptaient ou repoussaient de leurs suffrages les projets qui leur étaient soumis. — Dans les Etats modernes, les citoyens, dispersés sur de vastes territoires, nomment des représentants qui se réunissent dans les Chambres ou Parlements, confèrent entre eux et prennent des résolutions en harmonie avec les sentiments et les intérêts de leurs électeurs.

Le droit de suffrage est universel, à part les distinctions d'âge, de sexe, de nationalité ou d'indignité civique bien constatée. Et encore, ces restrictions tendent souvent à diminuer.

Il faut toujours avoir un certain âge pour participer à l'action politique. Mais, dans les démocraties les mieux organisées, la limite d'âge est abaissée. Les droits politiques ont été, le plus ordinairement, refusés aux femmes. Cependant, quelques Etats en Amérique et en Australie ont montré moins d'exclusivisme à cet égard. Les étrangers, quoique domiciliés sur le territoire d'une nation, n'appartiennent pas à cette nation et, par suite, ne peuvent être considérés comme portant un intérêt réel aux affaires du pays. Au contraire, ils restent suspects, parce que chaque société forme un groupe séparé des autres par les mœurs, les traditions, les idées et les intérêts ; un groupe bien distinct et souvent hostile. Et cependant, ces préjugés contre l'étranger perdent souvent beaucoup de leur vivacité. C'est ce qui arrive chez les peuples qui se développent grâce à une incessante immigration et qui, se souvenant de leur passé récent,

tendent à favoriser leurs imitateurs. Aux Etats-Unis, la
naturalisation s'est obtenue longtemps avec une extrême
facilité. Aujourd'hui, elle rencontre plus d'obstacles, parce
qu'il faut lutter contre le flot des immigrants pauvres et
contre la pénétration menaçante de la race jaune. Pour les
déchéances politiques infligées par les tribunaux, elles sont
beaucoup plus rares et réservées, non à de simples délits,
mais aux crimes.

Ainsi, lorsque le peuple prend possession du pouvoir, il
s'efforce, par des lois protectrices de l'égalité, de ne point
retomber dans l'oppression antérieure. La cité politique est
largement ouverte à tous les deshérités de la fortune. Leur
qualité d'homme suffit.

Lois Administratives. — « Dans tout germe vivant, dit
Claude Bernard (1), il y a une idée directrice qui se développe et se manifeste par l'organisation. » Dans la formation
de l'être social qui naît d'une révolution, l'idée directrice est
encore plus manifeste. C'est elle qui, inspirée par le parti
victorieux, façonne la matière sociale en travail. Elle la modèle
d'après un petit nombre de types sociaux que l'histoire
répète et que l'observateur découvre sous les modifications
de détail apportées par les circonstances ; modifications
d'ailleurs plus ou moins importantes, produites dans le sens
du progrès vers des structures supérieures, ou dans le sens
rétrograde vers des formes plus imparfaites. C'est cette idée
directrice qui a donné à la société nouvelle sa constitution,
c'est-à-dire sa structure fondamentale. C'est elle encore qui,
par l'établissement des lois politiques, a fixé la nature de
l'organe directeur et réglé son fonctionnement. C'est elle,
en un mot, qui a créé l'Etat et l'a organisé sur un plan spécial.

Comment cet Etat, encore embryonnaire, va-t-il se développer?

1. *Introduction à la Médecine expérimentale*, 162.

Il ne le fera pas d'une façon capricieuse, mais en suivant les tendances de sa nature propre, combinées avec les circonstances ambiantes, tantôt favorables et tantôt contraires. La logique présidera au développement des organes secondaires, à leur structure, au personnel chargé de les mettre en mouvement et, par suite, à leur fonctionnement.

Cette logique, encore une fois, n'est pas fataliste en ce sens que les conséquences se réaliseraient infailliblement *quoi qu'on fasse*. Mais elle est tout imprégnée d'idée et donne place à l'initiative intellectuelle des hommes supérieurs. Certes, leur rôle n'est point de contrecarrer les aspirations du parti qu'ils ont la prétention de représenter. Ils se briseraient dans cette résistance et seraient emportés par le courant. Mais si le but est posé par les classes maîtresses d'après leurs intérêts et leurs sentiments, les moyens pour y atteindre sont des découvertes réservées à l'intelligence. Or, c'est aux génies politiques qu'il appartient de ne point prendre des rêves pour des réalités ; de ne pas chercher à donner la vie à des fantômes ; de les chasser de leur esprit et d'en montrer le néant à leurs concitoyens trop crédules. C'est à eux de trouver des moyens pratiques pour la réalisation d'une œuvre durable ; durable, parce qu'elle donnerait satisfaction aux tendances fondamentales de la société et réduirait de plus en plus, avec le temps, les haines de la lutte et les mécontentements nés des froissements d'intérêts. Habileté et prudence politiques ne sont pas de vains mots.

Au sujet de l'administration, un problème d'une extrême importance se pose tout d'abord. Faut-il conserver le cadre administratif tel qu'il existait antérieurement, ou y a-t-il lieu de le transformer ? La réponse est variable suivant les cas, mais elle est toujours dictée par un même motif déterminant. L'ancien régime est conservé, toutes les fois qu'avec un personnel animé d'un esprit différent, il est capable de sauvegarder les intérêts du parti victorieux et d'en assurer la prépondérance. C'est ce qui est arrivé en France, à la suite des différentes révolutions qui se sont succédé depuis le premier Empire. La division en départements, administrés par des préfets et relevant d'un pouvoir central tout-puissant, a été maintenue sans changement, parce que, grâce à elle, les hommes politiques au pouvoir, pensaient exercer sur leurs adversaires la pression dont ils avaient longtemps supporté le poids.

Une réforme s'impose, au contraire, quand l'organisme ancien paraît mal approprié aux besoins nouveaux. On supprime quelque fonction particulièrement gênante, ou on en conserve le simulacre, en maintenant le titre mais dépouillé de ses anciennes prérogatives; ou bien encore on crée quelque fonction nouvelle dans le but de protéger des droits auparavant méconnus. Ces modifications sont, d'ailleurs, d'autant plus importantes que la révolution elle-même a été plus profonde. Parfois même, l'ancien moule est brisé et la refonte est complète.

A Athènes, après la constitution de Solon, le titre de roi est maintenu, mais le titulaire a perdu sa suprématie. Il n'est plus qu'un des neuf archontes, chargé de présider l'Aréopage et, en sa qualité de pontife de la Cité, de juger seulement les questions relatives à la religion. Clisthènes, dans le but d'affaiblir les Eupatrides, supprime les quatre tribus où dominait le culte héréditaire d'une famille et, à la place, institue dix nouvelles tribus avec un culte national. — A Rome, la royauté est supprimée, comme elle l'est dans tous les pays où elle semble un obstacle et un danger. L'hérédité disparaît; le pouvoir se dédouble et deux consuls sont nommés annuellement. Plus tard, après la retraite du peuple en armes sur le Mont Sacré, on décide la création de deux tribuns, chargés de la défense du peuple et pourvus dans ce but de prérogatives importantes : le *veto*, l'inviolabilité et le droit d'accuser les consuls. — Après l'établissement du christianisme, l'évêque prend en mains la défense des intérêts religieux et, dans les cités, il fait contrepoids à l'influence de l'aristocratie. Son rôle ne fait que s'accroître avec le temps, et de morale qu'elle était au début, son autorité devient positive et officielle avec le titre de *défenseur de la cité.* — Avec l'invasion des Barbares, l'organisme savant et compliqué de l'administration romaine est détruit. La centralisation, avec les habitudes et l'esprit de soumission qu'elle exige, est antipathique à ces hommes qui, en temps de guerre, supportent l'obéissance et encore une obéissance volontaire, mais qui, en dehors des expéditions guerrières, veulent l'indépendance et le droit de commander en maîtres dans les limites de leur domaine. Aussi l'État se fragmente et se réduit en une poussière de seigneuries presque complètement autonomes. — Quand la royauté, appuyée sur les légistes et la bourgeoisie, accroît sa puissance, l'organisation féodale s'affaiblit et tend à être remplacée par un pouvoir central fortement hiérarchisé et, par suite, capable de faire sentir son action à la multitude des agents répandus sur tout le territoire. Or, pourquoi cette administration puissamment centralisée et habilement hiérarchisée reparaît-elle ? C'est que la bourgeoisie commerçante, industrielle et savante, qui domine sous la royauté des Philippe le Bel et des Louis XI, réclame une protection contre les vexations, l'arbitraire, l'injustice, l'oppression de l'aristocratie, et qu'une protection efficace ne peut être obtenue que d'une royauté forte, capable de briser toutes les résistances locales et de faire sentir au loin une action toujours souveraine.

Inutile de prolonger la liste de ces exemples. Les précédents suffisent pour confirmer cette loi historique en plein accord, du reste, avec les lois de psychologie sociale : *Tout groupe social qui détient le pouvoir s'efforce de l'organiser de façon à satisfaire ses intérêts et ses idées.*

Reste la question du personnel.

Ici, les principes se dégagent avec non moins de netteté. Après une révolution, les classes dominantes établiront, pour le choix du personnel administratif, des règles favorables au maintien de leur puissance, règles toujours inspirées par leurs intérêts, leurs sentiments et leurs idées.

Dans une aristocratie, fondée sur les distinctions de race, de caste et de famille, c'est la naissance qui dictera les choix. Les places supérieures seront réservées à ceux qui occupent les premiers rangs dans la hiérarchie nobiliaire ; l'accès des dignités et du pouvoir sera rigoureusement fermé aux enfants des familles obscures. — Quand la bourgeoisie riche domine. les charges sont souvent vénales ; et, si elles n'appartiennent pas directement à ceux qui peuvent les acheter, elles reviennent toujours aux riches par les conditions imposées à l'obtention des emplois, conditions qui exigent la richesse. Ainsi, depuis la Révolution, les charges de magistrature ne s'achètent plus. Mais. cependant, elles restent pour la plupart entre les mains des fils de la bourgeoisie, parce qu'elles demandent, pour être remplies, une préparation coûteuse dans les facultés de droit et un long stage gratuit. — Dans une démocratie, les fonctions, même les plus élevées, sont accessibles à tous, sans aucune distinction de naissance et de fortune. Et d'ailleurs, pour que ces facilités, inscrites dans les lois, ne soient pas de simples apparences, les fonctions sont rétribuées de façon à permettre au titulaire de mener une vie en rapport avec le rang qu'il occupe (1). De plus, certaines de ces fonctions sont électives. Par suite, elles appartiennent en majorité à ceux qui se montrent les plus disposés à défendre les intérêts du grand nombre. Quelques-unes, il est vrai, ne sont pas rétribuées ; mais si elles restent

1. Dernièrement en France les sénateurs et les députés ont élevé leur traitement de 9 000 à 15.000 francs.

gratuites, c'est qu'elles laissent aux élus assez de loisir pour exercer leur profession.

ORGANISATION JUDICIAIRE. — Outre l'organisation administrative, l'État en voie de rénovation tend à modifier les institutions judiciaires et à les mettre en harmonie avec les réformes accomplies d'autre part.

Ici encore, point de caprice ; mais une logique interne préside aux transformations que l'histoire rapporte et qui suivent les grandes secousses révolutionnaires. Notre principe directeur reste toujours le même et montre ainsi, par la variété de ses applications, sa portée et sa solidité. Appliqué au cas présent, ce principe est que les modifications ou *les transformations judiciaires sont toujours réglées d'après les intérêts, les sentiments et les idées des classes dominantes, idées interprétées par les représentants autorisés de ces classes.* Le but est posé par le groupe social. Et ce sont les interprètes de ce groupe qui, soit en s'inspirant du passé ou de l'étranger, soit en suivant leurs propres conceptions, cherchent à trouver les moyens les plus propres à la réalisation des aspirations communes.

Le propre d'une aristocratie guerrière ou religieuse, c'est de considérer ses membres comme étant d'une essence supérieure. Par suite, la justice ne consiste pas, pour cette aristocratie, dans une égalité abstraite où l'on jugerait les actes en eux-mêmes, sans faire acception de personnes. Elle doit, au contraire, tenir grand compte des parties en présence, en faisant varier ses appréciations suivant la qualité des agents. Or, comment obtenir cette partialité ? Par un moyen infaillible, et d'une simplicité si grande qu'il s'est présenté naturellement à l'esprit de tous les législateurs : en instituant des tribunaux dont les juges appartiendraient eux-mêmes à l'aristocratie. Avant même que la législation civile ne soit réformée, l'esprit de corps, agissant avec sa force habituelle, rend alors des arrêts en conformité avec les idées de supériorité et les idées de prééminence qui animent le groupe. Voilà ce dont l'histoire fournit les exemples les plus nombreux et les plus manifestes.

A Athènes, avant les réformes de Solon, les Eupatrides s'étaient réservé, entre autres privilèges, la connaissance exclusive des formules du droit et le pouvoir de juger les causes civiles et criminelles. L'exercice de ce pouvoir judiciaire parut tellement obscur et arbitraire, qu'une des premières revendications du peuple fut que le droit civil et criminel fût porté à la connaissance de tous. L'archonte Dracon s'était contenté de codifier les coutumes suivies par les Eupatrides. Mais son interprétation exacte n'en fit que mieux ressortir la rigueur de cette juridiction impitoyable aux petits, frappés des pénalités les plus graves et souvent de la mort pour les plus faibles délits. — A Rome, une situation semblable produisit des résultats analogues. Les patriciens étaient seuls à connaître les lois, d'ailleurs fort incomplètes. Aussi, quand un plébéien était appelé en justice, il était à la discrétion du magistrat qui, appartenant à une famille patricienne, le frappait de pénalités souvent graves, toujours arbitraires. Pour remédier à une situation devenue intolérable, les plébéiens obtinrent la promulgation des lois connues sous le nom de *Lois des douze tables*. Comme le code draconien, elles énonçaient les coutumes judiciaires suivies par les patriciens, et elles parurent pleines d'iniquités. Aussi fallut-il la mort de Virginie et la révolte qui suivit, pour déterminer les décemvirs à reconnaître l'égalité civile entre les deux ordres de citoyens. — Au moyen âge, deux aristocraties vivent côte à côte, la noblesse et le clergé, et elles ont chacune leur juridiction particulière inspirée par l'esprit propre à ces grands corps. Pleins de l'orgueil héréditaire, animés par les sentiments militaires tenus en éveil dans des luttes incessantes, les seigneurs exercent à l'égard des vilains et des serfs une justice très sommaire, et la potence qui est dressée aux portes du château n'est pas un instrument inutile. Ils sont tellement persuadés de la légitimité de la force que, dans les contestations entre eux, c'est elle qui décide du droit. Le duel est une institution régulière et si bien entrée dans les mœurs, qu'elle s'impose même à ceux qui sont incapables de recourir directement à ce moyen de droit : les veuves, les orphelins, les communautés religieuses se font représenter en justice par des champions, chargés de soutenir leur cause, les armes à la main.

Les officialités, composées d'ecclésiastiques, suivent une procédure toute différente. Le duel, loin de servir à la découverte du bon droit, est une injustice en soi, un acte condamnable que saint Louis, fidèle interprète du clergé, réprouve et tend à proscrire. Pour les officiaux, le prétoire du juge ne doit être qu'une dépendance du confessionnal, un tribunal de la pénitence dont les pouvoirs sont étendus, afin d'aboutir toujours aux mêmes résultats : l'aveu du coupable et l'expiation, c'est-à-dire, l'effacement de la faute par une peine proportionnée à la souillure de l'âme. Tous les moyens paraissent légitimes pour forcer à l'aveu l'inculpé sur qui pèsent de lourdes présomptions. Et c'est avec une parfaite sérénité que, dans les réduits obscurs où ils opèrent, les juges inquisitoriaux multiplient les supplices. *Quant à la gravité des fautes, elle est réglée d'après les intérêts, les sentiments et les idées du clergé.* Les crimes contre la religion sont punis avec la dernière sévérité, et les actes qui, commis contre des laïques, ne sont que des fautes légères, deviennent des attentats criminels, des profanations odieuses, d'horribles sacrilèges, lorsqu'ils sont dirigés contre les clercs ou même les objets du culte. Portés à l'indulgence pour les délits qui ne portent pas atteinte à l'autorité de l'Église, les officialités et particulièrement les tribunaux de l'Inquisition montrent une rigueur impitoyable pour les hérétiques, les schismatiques, les libres penseurs qui, par

leur refus de se soumettre à l'Eglise, nient sa suprématie
et tendent à diminuer son autorité et sa puissance.

Les choses changent de face lorsque, à la suite d'une
révolution, l'aristocratie est dépossédée de ses privilèges judiciaires et que les juges sont recrutés dans la bourgeoisie ou
dans le peuple. Les variations politiques entraînent des
variations dans la constitution des tribunaux, et celles-ci, à
leur tour, en amènent de correspondantes dans l'esprit des
juges, dans leur manière de procéder, dans la nature de
leurs arrêts, et particulièrement dans l'application des
peines.

A Athènes, à mesure que la constitution devient plus
démocratique, l'Aréopage, où les tendances aristocratiques
s'étaient maintenues, perd de son autorité, au profit des tribunaux dont les membres étaient tirés des classes populaires. C'est ainsi que sous Périclès, vers la fin du vᵉ siècle,
dominent les Héliastes, corps judiciaire composé de
6.000 membres recrutés indistinctement dans tout le peuple, par voie de tirage au sort. Pour se convaincre combien
ces juges, qui se contentaient, pour tout salaire, du triobole
quotidien, étaient hostiles à l'aristocratie et à la bourgeoisie
riche, il suffit de se rappeler les attaques dirigées contre eux
par Aristophane qui, dans la comédie des *Guêpes*, se fait
l'interprète des rancunes de son parti. — A Rome, l'égalité civile avait été proclamée par la *Loi des douze tables*, et
cependant le pouvoir judiciaire ne tombe point entre les
mains du peuple, comme à Athènes. Il est arraché au
Sénat, mais il passe à l'ordre équestre qui est, dans l'antiquité romaine, l'équivalent de la bourgeoisie commerçante
et financière des temps modernes. La raison en vient des
obstacles que la démocratie pure avait rencontrés dans son
développement ; obstacles qu'avaient suscités, d'un côté, la
puissance patricienne du Sénat affaiblie mais jamais entièrement abolie, de l'autre, l'influence sans cesse grandissante

de la richesse, concentrée surtout entre les mains des Chevaliers. Mais quelle que soit son origine, toujours est-il que ce pouvoir judiciaire, exercé par l'ordre équestre, s'imprègne de l'esprit des nouveaux juges. Ceux-ci, fidèles interprètes des sentiments de leur classe, se servent de leur prérogative pour empêcher le Sénat de trop approfondir les affaires de péculat, de concussion et de marchés avec l'Etat qui formaient la source la plus importante de leurs richesses. — En France, vers le xiii siècle, la bourgeoisie des villes s'allie à la royauté. Elle fournit alors cette pépinière de juristes qui, s'inspirant des intérêts de leur classe, tendent à la destruction des juridictions féodales et ecclésiastiques. Ils travaillent à la suprématie d'un seul pour mieux supprimer la multiplicité des despotismes ; ils fortifient l'autorité du roi, mais de façon à jouir eux-mêmes, par une heureuse réciprocité, d'un prestige emprunté mais sans cesse grandissant ; ils accroissent la puissance royale, mais de façon à être les instruments nécessaires de cette puissance, et pour en retirer des bénéfices directs, au point de vue non seulement de la sécurité et de l'intérêt, mais aussi de l'honneur. Ce sont, en effet, les Parlements de Paris et des provinces qui furent les auxiliaires les plus précieux de la royauté et qui, en même temps, augmentèrent la puissance du tiers état, jusqu'au moment où, après la Révolution, cette puissance devint prépondérante.

La magistrature, sous la monarchie de Juillet et sous le second Empire, est surtout issue de la bourgeoisie. Elle se montre, par suite, dévouée aux intérêts du commerce, de l'industrie et des autres sources de la fortune. — Les institutions modernes ne donnent, chez aucune nation, une place importante à des juges tirés du peuple. Le principe du jury est bien démocratique, mais il est faussé dans son application. Cependant les essais faits en France dans la voie des juridictions populaires suffisent à montrer la vérité de notre thèse fondamentale : *L'esprit d'un tribunal se modèle sur le sentiment des juges qui le composent ; et ces sentiments, à leur tour, s'harmonisent avec les sentiments, les idées, les intérêts du groupe social auquel ces juges appartiennent.*

LOIS CIVILES. — Un moyen encore plus efficace d'imposer les idées et les volontés du parti triomphant, c'est de les incorporer dans les lois. Tout à l'heure, il s'agissait de déterminer les pouvoirs politiques. Maintenant, il s'agit de régler la vie civile, en mettant de l'ordre dans la multiplicité des rapports que tous les membres de la cité, hommes, femmes et enfants ont, soit entre eux, soit avec les choses.

A la suite d'une révolution, ces rapports ne restent point stables, mais ils sont modifiés dans un sens favorable aux prétentions des classes nouvellement prépondérantes. Les revendications qui, avant la crise, s'étaient renfermées dans le domaine de la théorie, tendent à passer à l'état de réalités. Pendant la lutte, elles avaient déjà reçu un commencement d'application qui se ressentait de l'effervescence des passions et qui était souvent désordonnée, excessive, maladroite. Quand la période d'agitation est traversée, les lois de circonstance sont revisées, et une législation mieux coordonnée tend à s'établir.

Voyons les formes principales de cette évolution et ses variations suivant la nature de l'État, expression des classes maîtresses.

Les lois civiles ont pour objet de régler les rapports des particuliers entre eux, au triple point de vue de la condition des personnes, des biens susceptibles d'appropriation, des contrats résultant d'un accord entre les volontés.

Le point capital est de fixer la condition des personnes, c'est-à-dire d'établir des catégories sociales, distinguées par des caractères nettement définis. Car tout le système législatif repose sur les principes qui servent à cette détermination. Pour se reconnaître dans la multiplicité infinie des lois civiles de tous les pays et de tous les temps, le premier soin doit être de rechercher la nature de ces principes ; nature qui varie suivant les Etats, mais toujours de façon à s'harmoniser avec les idées dominantes.

Quand une aristocratie se rend maîtresse du pouvoir, non seulement elle s'attribue par la Constitution les droits politiques les plus étendus afin d'immobiliser le pouvoir en ses mains, mais encore elle dispose la législation civile de façon à s'approprier la meilleure part des richesses et à retenir ces richesses par l'établissement de privilèges. Pour cela, elle décide que la naissance est la qualité fondamentale qui permettra de distribuer les citoyens en des catégories diverses. D'où une grande séparation entre les hommes. Les uns sont nobles, eupatrides, patriciens, magnats, lords, grands... et, quel que soit le nom sous lequel ils se désignent, ils ont la prétention d'avoir une supériorité de nature. Les autres, d'une essence inférieure, doivent être maintenus dans leur état d'infériorité.

Une conséquence importante résulte de cette distinction fondamentale. Puisque la naissance a une valeur aussi grande, il faut, par des lois sur le mariage et la constitution de la famille, faire que la race dominatrice se conserve, autant que possible, pure de tout mélange. De là des dispositions rigoureuses pour empêcher ou du moins décourager les mésalliances.

Ainsi, à Rome, la femme participe à la condition de son mari, et les enfants héritent de la condition du père. Par suite, la patricienne romaine qui s'unissait à un plébéien avant la loi *Canuleia* (1) tombait dans la plèbe et toute sa postérité subissait la même déchéance. De plus, son mariage n'était point consacré par les cérémonies religieuses en honneur dans sa classe, et les dieux eux-mêmes, dont elle avait appris à redouter la colère, étaient hostiles à cette mésal-

1. J. Marquardt. *La vie privée des Romains,* t. I, p. 35.

liance. Intérêt, amour-propre, croyances religieuses, tout s'unissait comme pour l'attacher fortement au groupe social dont elle faisait partie. — Sous toutes les latitudes et à toutes les époques, la noblesse s'est toujours comportée de la même façon. Quand elle a abandonné ces principes, c'est qu'elle y a été réduite par la force des circonstances, et sous la pression victorieuse des classes inférieures en révolte.

Quand les races, amenées à vivre sur un même territoire, se distinguent par des caractères ethniques bien déterminés, la race dominatrice s'attribue encore plus ouvertement des privilèges. Et, comme le mélange des sangs se reconnaît avec plus de sûreté, les lois sur les mariages sont observées avec encore plus d'exactitude. Les groupes ethniques différents tendent à former des castes qui ne se pénètrent pas et qui, tout en vivant côte-à-côte, ne se mêlent pas.

Telles sont les castes de l'Inde qui, d'après les ethnographes, sont des survivances de races distinctes. — En Espagne, un phénomène semblable s'est produit, quand au moyen âge la race indigène s'est efforcée de rester pure de tout mélange avec les éléments étrangers. — Mais les exemples les plus typiques sont fournis par les colonies européennes. Les Indiens, les Nègres et même les Jaunes ont été longtemps, et sont encore considérés comme appartenant à des races inférieures. Aussi, les Blancs forment une aristocratie naturelle, d'autant mieux affermie qu'elle repose sur des marques extérieures plus facilement discernables. Le préjugé de race, protégé d'ailleurs par des avantages matériels, conserve son prestige et se maintient fidèlement à travers les générations. Les hommes, dont la paternité peut facilement se dissimuler et entraîne peu de charges, prennent les femmes de couleur, non comme épouses, mais comme concubines. Quant aux femmes blanches, elles défendent avec une fidélité plus persistante l'intégrité de la race, parce que la maternité ne peut se cacher, que la mère, par un instinct invincible s'attache à ses enfants quelle que soit leur origine, et enfin que, par amour maternel, elle ne veut point entraîner ses enfants dans sa propre déchéance.

Si une révolution religieuse vient à se produire, la condition des personnes se trouve soumise à un nouveau critérium. Les supériorités de naissance, de fortune, même de services rendus sont méconnues, si elles ne sont associées à ce mérite essentiel, celui d'adopter les croyances du parti dominant. Le mot de passe qui donne accès à la puissance, aux honneurs et parfois aux droits civils est : *credo.* C'est lui qui permet d'entrer dans cette catégorie de personnes que les lois civiles tendent à ménager, à défendre, à favoriser. Au contraire, les dénis de justice, les vexations, les persécutions se multiplient à l'égard des mécréants qui ont le tort de rester fidèles au passé, ou de suivre avec courage les lumières d'une raison vaillante et désireuse de progrès.

Deux résultats peuvent alors se produire. Ou bien les persécutions sont si violentes et si continues que toute opposition de croyances disparaît : l'unité religieuse finit par s'établir, et les rigueurs des lois ne sont plus applicables que dans des cas particuliers, considérés, suivant leur gravité, comme des délits ou des crimes. Ou bien les religions différentes sont tolérées. Mais alors leurs sectateurs forment des catégories distinctes qui ne sont pas en possession des mêmes droits civils. Témoin les Juifs pendant tout le moyen âge ; les chrétiens en pays musulman ; les protestants sous Louis XIV ; les catholiques irlandais après la Réforme et les tentatives infructueuses de restauration du catholicisme, sous Charles Ier et sous Jacques II.

Dans la communauté religieuse elle-même, des distinctions sont établies entre les personnes d'après l'importance du rôle qu'elles jouent en religion. Alors même que l'égalité entre tous les membres de la communauté est reconnue en droit, elle n'est pas réalisée en fait. Par la révolution qui a

emporté le paganisme pour instituer à sa place le christianisme, la société, grâce à la prépondérance de l'élément
religieux, s'est trouvée divisée en deux classes, le clergé et
la masse des fidèles ; deux classes dont la séparation n'a fait
que s'accentuer avec le temps et que les lois civiles ont traitées
d'une façon profondément différente. Les clercs, même aux
degrés inférieurs de la hiérarchie, possédaient des immunités,
garanties par les lois et les institutions. Ils avaient un caractère sacré qui, même dans les délits de droit commun, les
empêchait d'être soumis aux juridictions ordinaires. Il en
résulta cette conséquence d'une extrême importance, c'est
que le clergé, grâce à ses privilèges, se rendit, dans chaque
Etat, indépendant des pouvoirs publics, et forma par-dessus
les frontières une grande association, dont la force n'a pu
être brisée en partie que par la Réforme et la Révolution
française.

Cette distinction entre le clergé et le corps des fidèles
n'est point particulière au christianisme. On la retrouve
dans toutes les sociétés où l'élément religieux obtint la prédominance : dans l'ancienne Egypte, dans l'Inde, chez les
Mèdes, chez les Hébreux, au Thibet moderne, où les prêtres,
brahmanes, mages, lévites et lamas formaient ou forment
encore une classe supérieure, pourvue de privilèges garantis
par les lois.

Quand la révolution est accomplie par le parti populaire,
le cadre des anciennes classifications est brisé. Les privilèges
attachés à la qualité des personnes sont supprimés ; la loi
devient impersonnelle, abstraite, générale. Plus de distinction
de naissance, de race, de religion. L'égalité entre tous les
citoyens est proclamée. Les seules différences qui sont maintenues tiennent au sexe, à l'âge et à la nationalité. Ces différences peuvent être atténuées, mais il ne semble pas qu'elles
puissent jamais être supprimées. En tout cas, la réalité historique n'en a pas encore présenté d'exemple.

L'égalité entre les hommes est proclamée dans la constitution, reconnue par les lois civiles, défendue par les tribunaux. De grandes conséquences en résultent. Auparavant, les conditions des hommes étaient le plus souvent fixées dès la naissance, et l'activité du plus grand nombre, renfermée dans un champ restreint, restait languissante et sans ressort. Les grands projets et les vastes pensées étant interdits à la majorité, les enfants suivaient d'ordinaire les traditions paternelles et tournaient dans le cercle de la routine. De là, une société régulière, mais un peu apathique et comme figée dans une forme immobile. Avec la démocratie, tous les espoirs sont permis, l'ambition n'a point de limites, et cela, non pas dans une classe restreinte et jalousement fermée, mais dans toutes les couches sociales, même les plus humbles. La mère américaine, en berçant son enfant, peut rêver pour lui la fortune d'un milliardaire ou les premières charges de l'Etat. En France également, quand la révolution fut consommée, il y eut une poussée d'ambition qui agita toute la société. De là résulta une vie intense et même fiévreuse. Rien de stable, de défini, mais une matière sociale toujours en fermentation, où les éléments changeaient constamment de forme et de valeur.

Dans une aristocratie, la propriété foncière tend à rester dans les mêmes familles, parce que sa transmission intégrale est garantie par les dispositions légales relatives aux successions, et que d'ailleurs sa possession est un gage d'indépendance et de privilèges. Dans une démocratie, les restrictions qui s'opposaient à la vente ou à la division des héritages sont supprimées. Les propriétés foncières rentrent dans la catégorie des richesses ordinaires, qui appartiennent aux plus travailleurs, aux plus habiles et aux plus heureux. La concurrence est ouverte à tous. Aussi la terre ne tarde pas à changer de mains et souvent (1) à se diviser, alors même

1. Comme la propriété terrienne est soumise aux lois de la concur-

que les grandes expropriations révolutionnaires ne se seraient
pas produites par la violence.

Ce qui augmente encore les mutations de fortune immobi-
lière et le morcellement de la terre, ce sont les lois fiscales
et les lois relatives aux successions, donations, legs... L'État
ne fait plus de distinction entre les biens nobles, roturiers ou
de mainmorte ; tous sont également soumis à l'impôt. De
plus, les droits du père de famille sont réduits. Puisque tous
les hommes sont égaux, le droit d'aînesse n'a plus sa raison
d'être ; et tous les enfants, garçons et filles, mis sur un pied
d'égalité, prennent une part équivalente dans la succession.

Dans une aristocratie, les *contrats* entre supérieurs et inférieurs ne sont pas libres. La loi, complice de la puissance,
fait que les conditions, imposées plutôt que consenties, sont
toujours à l'avantage des plus forts et maintiennent les faibles dans leur sujétion. Ainsi, après la conquête germani-
que, les antiques propriétaires du sol avaient fini, sous l'empire des coutumes et des lois, par tomber tous dans la
servitude de la glèbe. Par un juste retour, les révolutions
démocratiques affranchissent la terre et tendent à la remet-
tre entre les mains de ceux qui la fécondent de leur
travail.

Mêmes tendances rénovatrices dans l'exercice des fonctions
et des métiers. Les fonctions gouvernementales, administratives, judiciaires, sont accessibles à tous. Il n'y a plus ni
tare originelle, ni mérite héréditaire. Chacun peut être l'ouvrier de sa fortune et arriver aux charges les plus élevées,
puisqu'elles sont accordées au mérite personnel, et que le
mérite personnel est permis à tous.

Quant aux métiers et aux professions dépourvues de
caractère officiel, la révolution, dans quelque sens qu'elle se

rence, elle ne se divise qu'autant que le morcellement constitue un
avantage économique. Mais les lois civiles n'interviennent pas.

fasse, ne les laisse pas d'ordinaire dans leur état antérieur. Les classes nouvellement dominantes modifient les règlements suivant leurs intérêts et leurs idées. Ainsi, sous l'ancien régime, le peuple des ouvriers était victime des maîtrises et des jurandes. Et la révolution supprima les corps de métiers et garantit la liberté du commerce et de l'industrie (1).

L'État nouveau ne se désintéresse pas non plus des professions libérales. Suivant les cas, il redoute la lumière ou la recherche. Les gouvernements qui reposent sur la force se montrent hostiles aux recherches de l'esprit. Ils usent de sévérité à l'égard des « idéologues » et s'efforcent, par des lois restrictives de la liberté, d'empêcher la manifestation de la pensée. Les livres sont soumis à la censure ; la presse périodique, menacée de communiqués, d'amendes. parfois de suppression ; les auteurs, souvent persécutés et exilés. La parole est encore moins libre. Pas de réunions publiques, où l'on puisse discuter en liberté les questions politiques et religieuses, et où il soit permis de critiquer les actes du Gouvernement. Les œuvres théâtrales sont soumises à une censure préalable qui en interdit la représentation, toutes les fois que ces œuvres renferment des attaques plus ou moins déguisées contre les actes du pouvoir, ou contre les doctrines dont il s'est constitué le défenseur.

Le pouvoir, lorsqu'il est entre les mains d'un clergé, se montre particulièrement ombrageux et intolérant à l'égard des doctrines adverses, qu'elles soient, du reste, philosophiques ou religieuses. Témoin Savonarole à Florence, Calvin à Genève, le clergé français sous la Restauration, l'Église anglicane après la réforme d'Henri VIII et après les deux

1. A notre époque, les classes ouvrières sont, en général, disposées à répudier la liberté de l'industrie et à réclamer les syndicats, les associations ou même l'organisation socialiste. Mais le principe de leur action reste le même : c'est l'intérêt de classe qui les porte à réclamer le régime industriel qui leur paraît le plus favorable.

révolutions du xviie siècle, les presbytériens d'Ecosse, les inquisiteurs d'Espagne...

Les révolutions populaires sont, au contraire, favorables à la large diffusion des idées. L'infériorité du peuple paraît surtout due à l'ignorance dans laquelle ses maîtres antérieurs voulaient le maintenir, pour mieux justifier leur droit à la puissance et au gouvernement. Aussi, quand les classes populaires arrivent au pouvoir, elles demandent qu'on leur ouvre toutes grandes les sources du savoir. Presse libre, parole libre, voilà ce qu'elles réclament, fermant volontairement les yeux sur les abus de la liberté de penser, pour n'en voir que les avantages et l'accroissement de dignité que l'instruction confère.

Mais l'instruction ne donne tous ses fruits, qu'à la condition d'être commencée de bonne heure, lorsque l'esprit de l'enfant, affranchi de toute préoccupation étrangère, peut consacrer toute son activité à l'étude. Aussi les défenseurs des vrais intérêts du peuple, les interprètes de ses aspirations à demi inconscientes cherchent à mettre l'enseignement à la portée de tous : ils multiplient les écoles (1).

Quel esprit anime cet enseignement ? Il varie suivant les idées et les tendances du parti dominant. Si, dans ses luttes antérieures, ce parti a eu à combattre les défenseurs de la religion officielle, il se montrera hostile à cette religion. Et cette hostilité se manifestera dans les matières enseignées, dans les méthodes suivies et, surtout, dans le choix du personnel. Dans le cas contraire, le clergé officiel aura la haute main sur l'enseignement. Il s'efforcera de recruter un personnel dévoué aux idées religieuses, ou plutôt, à sa propre prépondérance dans l'État. Et il veillera, par un contrôle sévère sur les ouvrages classiques, à ce qu'aucune croyance hostile à la religion ne pénètre dans ces esprits neufs, et

1. Le *Manifeste communiste* réclame « l'éducation publique et gratuite de tous les enfants », § 53.

par suite plus capables de recevoir l'empreinte profonde et durable de l'enseignement.

Tels sont les divers principes fondamentaux qui doivent diriger la conduite de l'Etat, suivant les différents types d'organisation sociale dont l'histoire a fourni des exemples approchés. Exemples approchés, mais suffisants pour donner naissance à de solides généralisations, puisque tous les traits qui constituent ces types, ont été soigneusement empruntés à la réalité et dégagés par une analyse comparative.

Lois Fiscales. — Mais l'Etat n'est pas une entité, un fantôme créé par l'imagination et vivant, comme un pur esprit, au pays chimérique des utopies. L'Etat se compose d'hommes bien réels qui ont à satisfaire des besoins personnels, besoins multiples et d'autant plus coûteux que l'élévation des dépenses semble plus propre à relever le prestige des gouvernants et à inspirer aux sujets une crainte respectueuse. De plus, l'Etat a sous ses ordres tout un personnel, dont il faut payer les services. Enfin, il a à sa charge l'exécution d'un grand nombre de travaux publics qui, par leur importance même, imposent des dépenses considérables. Or, dans les pays où la division du travail social est poussée assez loin, les chefs de l'Etat et les agents administratifs des divers ordres ne sont point producteurs de richesses. Aussi, pour faire face à toutes les dépenses, dont les indications précédentes ne donnent qu'une idée bien imparfaite, l'Etat doit se créer des ressources. Il le fait au moyen des lois fiscales.

Avant la Révolution, la lourdeur des impôts avait provoqué des plaintes, des critiques, parfois des troubles. La Révolution accomplie, les impôts ne disparaissent pas. Le plus souvent même, loin d'être diminués, ils sont rendus plus lourds par suite des dépenses et des pertes que les troubles révolutionnaires ont occasionnés. Les impôts subsistent donc, parce qu'ils tiennent aux nécessités de la vie sociale. Ils subsistent, mais il ne restent pas les mêmes.

Quel est le principe directeur de ces changements ? Comme pour les transformations antérieures, il dérive des idées, des sentiments et des intérêts que possèdent les nouvelles classes dirigeantes. L'axiome fondamental, qui ne saurait être mis en question sans soulever les colères des nouveaux maîtres, c'est que les charges doivent être diminuées en faveur du parti victorieux, aggravées pour les autres. Toute la difficulté consiste à découvrir les moyens les plus sûrs pour arriver au résultat voulu. C'est à la solution de ce problème que s'appliquent les législateurs.

Ils y ont déployé, du reste, une si grande ingéniosité qu'il serait bien difficile d'énumérer toutes leurs inventions : impôts fonciers sur les propriétés bâties, non-bâties, sur les portes et fenêtres, sur les chevaux, sur les chiens, sur les voitures... cote mobilière, cote personnelle, patente, droits de péage, octroi, douanes, enregistrement, timbre et ces contributions indirectes qui englobent, sous cette dénomination anodine, une foule d'impôts de consommation sur le tabac, l'alcool, le vin, les allumettes, le sel..., etc. Une étude sociologique ne comporte point, heureusement, cette énumération de détail. Il suffit de montrer les principales lignes des divers systèmes fiscaux.

Dans une aristocratie, le principe dominateur est que la noblesse soit affranchie des charges, ou plutôt que ces charges soient établies à son profit. En effet, c'est elle qui constitue l'État, puisque c'est dans son sein que se recrute le personnel supérieur, ou plutôt, puisque tous ses membres exercent quelque fonction directrice. N'y aurait-il pas, à ses yeux, une injustice et une véritable inconséquence à lui faire payer les services qu'elle rend ? Aussi, les terres des seigneurs sont affranchies de toute redevance, et tout le poids des impôts retombe sur les roturiers, les vilains, les industriels, les commerçants et les plus misérables travailleurs. Dans les besoins pressants de l'Etat, les seigneurs peuvent accorder des subsides, mais il est entendu que ces subsides sont volontaires.

Dans les théocraties ou dans les pays où le clergé possède une grande influence, les religieux séculiers ou réguliers jouissent de privilèges analogues. Leurs biens sont sacrés. Et ce serait une impiété, une sorte de sacrilège, une profanation, de vouloir distraire pour les besoins de l'Etat. la moindre parcelle de ce domaine sacré. Loin d'y toucher. l'Etat se montre très libéral pour permettre au clergé d'accroître ses ressources par les impôts plus ou moins déguisés qui sont prélevés sur les fidèles. Les dons faits en expiation de fautes ou de crimes, les legs à prélever sur la succession des défunts, les offrandes à l'occasion des cérémonies religieuses, les sacrifices et oblations pour gagner les faveurs de la divinité, le paiement des indulgences pour le rachat des peines de l'autre monde, les dîmes imposées ouvertement pour les besoins du clergé, toutes ces sources de profit font affluer la richesse dans cette classe sociale, qui se trouve ainsi favorisée par une législation complaisante.

Quand une révolution s'accomplit au nom de la bourgeoisie ou des classes populaires, les tendances du pouvoir directeur ne sont plus les mêmes, et les principes, sur lesquels reposent les lois fiscales, varient d'une façon correspondante. Les législateurs, interprètes des intérêts de la bourgeoisie ou du peuple, s'empressent de supprimer les privilèges. Et même, comme l'usage prolongé de ces privilèges a constitué une grande supériorité pour les classes longtemps et injustement favorisées, ils s'efforcent de rétablir l'équilibre en frappant de taxes spéciales les grandes fortunes, et en empêchant les biens de mainmorte de prendre une extension dangereuse.

Telles sont les tendances générales qui dirigent la conduite des législateurs dans l'établissement des impôts.

Mais cela n'implique pas que ces tendances aboutissent toujours au résultat désiré. Pour cela, il faudrait une connaissance de la nature humaine et des lois économiques que les financiers, même les mieux intentionnés, sont loin de posséder au degré voulu d'exactitude. Ici encore, l'activité intelligente trouve son emploi, et si le but est posé avec une sorte de nécessité, le choix des moyens donne place à l'initiative personnelle : aux risques du mal, mais aussi à la possibilité du mieux. C'est là une remarque d'une importance capitale pour la pratique et que, par suite, il ne faut point se lasser de répéter.

LES LOIS MILITAIRES. — La force publique joue, dans les sociétés, un rôle trop considérable et trop manifeste pour qu'une révolution triomphante ne cherche pas à l'organiser de façon à ce qu'elle serve d'appui à la nouvelle constitution.

Les principes qui président à l'organisation militaire, varient, comme dans les cas précédents, suivant la nature des classes qui ont la réalité du pouvoir. Quelques brèves remarques permettront de le constater. Dans une aristocratie nobiliaire, l'armée tend à se modeler sur la société elle-même. Elle reproduit ses cadres fixes et sa hiérarchie, fondée non sur les services rendus et le mérite prouvé, mais sur la naissance. Elle se divise en deux catégories, séparées par un fossé infranchissable : l'une composée des officiers, en immense majorité nobles ; l'autre, des simples combattants, sortis du peuple et qui, sauf de rares exceptions, sont condamnés à rester dans le rang. Quant aux officiers eux-mêmes, leur place est assignée d'ordinaire par leur rang social. Aux uns sont attribués les grades inférieurs, tandis que d'autres sont destinés, par leur naissance, aux commandements les plus élevés.

Une théocratie peut être animée de l'esprit guerrier. C'est ce qui est arrivé dans l'islamisme, grâce à la forte impulsion que Mahomet lui avait imprimée dans ce sens. Dans ce cas, les prophètes sont en même temps chefs religieux, politiques et littéraires. Mais cet état est rare et, d'ailleurs, peu durable. Par l'inévitable division du travail social, les prêtres se séparent des guerriers et tendent à constituer une classe à part.

Même alors, les prêtres, désireux d'avoir la force publique sous leurs ordres, seraient tentés sinon d'exercer le commandement direct, du moins de diriger la conduite des chefs. Mais leur intervention est le plus souvent maladroite. Après des échecs bien caractérisés, ils rabattent de leurs prétentions, et, au lieu de vouloir jouer un rôle militaire, rôle auquel leur éducation et leur genre de vie ne les ont pas préparés, ils se contentent de faire prédominer dans l'armée l'esprit religieux. Pour cela, l'armée doit être épurée et ne renfermer aucun élément suspect. De là, l'usage des serments imposés aux combattants lors de leur enrôlement, ou au moment d'entrer en campagne.

La bourgeoisie commerçante, amoureuse de tranquillité et de paix, se défie des armées composées de professionnels. Elle ne se résout à leur création que contrainte par les nécessités de la défense extérieure. Son idéal est d'organiser des troupes mercenaires et, à leur défaut, des milices bourgeoises où les exercices militaires ne soient qu'un complément de la vie civile. A Carthage, les armées étaient composées de mercenaires, et la moderne Angleterre ne compte, pour le recrutement des siennes, que sur l'appât du gain. Quant aux milices, elles ont existé dans les communes libres du moyen âge. Dans les temps modernes, le type le plus accompli de ces sortes d'armées fut la Garde nationale sous Louis-Philippe.

Le peuple est moins réfractaire que la bourgeoisie à l'esprit militaire. Après une révolution, où les émeutes ont joué un rôle si important, il n'est pas disposé à mettre en doute l'efficacité de la force. Mais il n'oublie pas non plus les dangers qu'elle présente, lorsqu'elle est entre les mains de chefs, ennemis de ses droits et de ses libertés. Aussi, quand ses représentants sont les maîtres, ils veulent que les privilèges accordés à la naissance et à la fortune soient supprimés, et que les grades supérieurs soient accessibles à tous, même à ceux dont l'origine est la plus obscure. Ainsi, sous la première révolution française, l'armée fut vraiment faite à l'image de la Nation, parce qu'on n'y préjugeait pas les supériorités, mais que, au contraire, on multipliait, en faveur du vrai mérite, les occasions de se manifester et d'être traité en conséquence.

N'oublions pas toutefois que l'organisation militaire ne relève pas exclusivement de la nature de la constitution sociale. Car, la force armée n'est pas seulement tournée vers l'intérieur pour y entretenir l'ordre légal ; elle regarde aussi, et surtout, vers l'extérieur pour garantir le pays contre des attaques possibles, ou pour faire prévaloir les droits de la Nation. Les influences venues de l'étranger s'exercent donc en cette matière sur les décisions gouvernementales, et elles font dévier le pouvoir des tendances naturelles qu'il aurait suivies, s'il n'avait pas eu à subir cette contrainte.

CHAPITRE II

LES CORRÉLATIONS SOCIALES

Tels sont les effets directs, immédiats, voulus, manifestes
qui dérivent d'une révolution. Mais, en vertu de la loi des
corrélations sociales, il est impossible que des transformations aussi-profondes dans l'ordre politique n'aient pas leur
contre-coup dans la société tout entière. La solidarité sociale
n'est pas un vain mot. Et surtout, quand les modifications
s'accomplissent dans les sphères dirigeantes de la société, il
faut s'attendre à constater des modifications dans les sphères subordonnées qui ont à subir la contrainte des lois, la
pression obscure de la contrainte morale et l'attirance du
pouvoir avec toutes les séductions qu'il exerce.

Les plus importantes de ces modifications sont celles qui
se produisent dans les idées et dans les mœurs.

Le mouvement intellectuel, qui avait précédé et en quelque sorte annoncé la révolution, s'était continué fiévreuse-
ment pendant la lutte. Alors, les idées s'entre-choquaient,
comme les épées, avec la fureur de combattants pleins de
haine qui veulent l'anéantissement de leurs adversaires.
Dans les émeutes et combats à main armée, il s'agit de
détruire des existences ; dans les luttes de parole et de plume,
le but est la dégradation morale et intellectuelle des adversaires. Et, comme à la guerre toutes les ruses, perfidies,

injustices semblent permises, de même dans les polémiques littéraires les exagérations, les violences de langage, les médisances, les calomnies, les attaques furibondes contre les idées et contre les personnes, paraissent légitimées par la nécessité de vaincre.

Après le triomphe, les passions se calment. Le mouvement intellectuel va bien se continuer, mais avec plus de lenteur. Tout à l'heure, il s'agissait de détruire, et l'ironie d'un Lucien, d'un Erasme ou d'un Voltaire ne pouvait être trop caustique et trop mordante. Maintenant, il s'agit de construire, et l'édification d'un nouveau système intellectuel est nécessairement lente si l'on veut que les idées pénètrent au fond des esprits et en renouvellent la substance.

Suivant notre méthode, interrogeons les faits, et nous verrons que toute grande révolution a été suivie d'une rénovation correspondante dans le monde des idées et, par suite, dans les mœurs, qui ne sont qu'une application des idées à la vie pratique. Cela apparaît, avec une particulière évidence, quand on examine les grandes ondes sociales, c'est-à-dire les modifications produites après de longues périodes de temps.

Le christianisme triomphe avec Constantin et domine avec Théodose. Que se passe-t-il alors pour les littérateurs, les artistes, les philosophes et les savants?

Les littérateurs, poètes, orateurs, historiens, écrivains de toutes sortes ne peuvent, renfermés dans leur tour d'ivoire, se contenter de satisfaire à un idéal exclusivement personnel. Ils sont loin d'être détachés de tout intérêt positif et de tout amour-propre d'auteur. Tous les littérateurs n'ont pas été bercés sur les genoux d'une patricienne. Il leur faut vivre, et les faveurs du pouvoir vont de plus en plus à ceux qui font profession de catholicisme. Au contraire, l'opposition ou même l'indifférence à l'égard des nouvelles doctrines religieuses engendre des situations chaque jour plus difficiles à tenir. Pendant quelque temps encore, les conservateurs obstinés du passé trouvent un appui dans les classes fidèles aux anciennes doctrines, mais ils n'ont point l'oreille du grand public, qui dédaigne ou suspecte toutes leurs délicatesses de pensée et de style. Ce public réserve ses faveurs et les ivresses du succès aux écrivains qui flattent ses goûts, alors même que leurs œuvres seraient d'une composition moins savante et d'un style moins pur. Est-il étonnant que les jeunes générations d'écrivains se portent là où sont les faveurs et la gloire?

Les artistes suivent le mouvement, et se voient de plus en plus dans l'obligation de réformer leur esthétique. Les sculpteurs n'ont plus à tailler dans le marbre le corps nu des Grâces ; toutes ces séductions de la beauté corporelle sont proscrites. Non seulement le ciseau ne crée plus de ces marbres vivants, éternels symboles de la grâce, de la beauté et de l'amour ; mais on détruit toutes les idoles, et si la Vénus de Milo n'est pas plus mutilée, c'est qu'un hasard favorable l'a fait échapper à une plus complète destruction. Ce que la sculpture s'efforce de représenter, ce sont des scènes religieuses et plus particulièrement celles qui évoquent des idées de tristesse, de recueillement, de renoncement et de mort. Des calvaires se dressent partout, et, dans l'intérieur des temples, ce qui domine, c'est la représentation peinte ou sculptée des saints subissant les supplices du martyre, ou encore des tortures infligées aux damnés. La Mort, figurée par un squelette et présidant à la danse macabre, tel est le personnage qui symbolise le mieux cette époque de deuil, restée longtemps dans l'attente de la fin du monde.

L'architecture se met aussi en rapport avec les doctrines nouvelles et les changements opérés dans les mœurs. Le christianisme fait appel aux foules et vise à l'universalité. Aussi, les temples se multiplient et s'agrandissent au détriment des théâtres et des cirques, dont le nombre et l'importance diminuent graduellement, jusqu'à ce que la cathédrale se dresse seule dans sa beauté solitaire et grandiose, attirant à elle toute la sève artistique et devant, en retour, satisfaire à tous les besoins d'idéal. Les foules se pressent dans ses nefs immenses ; des foules muettes, prosternées et comme abîmées devant la grandeur imposante de l'édifice. Un drame se déroule en présence des assistants, drame fait pour inspirer la terreur et la piété, mais capable aussi, par la pompe théâtrale qu'on y déploie, d'impressionner les sens et de produire les plus hautes jouissances esthétiques.

L'art est donc renouvelé, et cela, non d'une façon superficielle, mais jusque dans ses sources les plus intimes. Des transformations non moins profondes vont se réaliser dans la philosophie et même dans la science.

La philosophie est dominée par des principes théologiques qui s'imposent à tous les esprits comme des vérités intangibles. Ces principes sont obscurs, mystérieux, en contradiction avec les vérités les plus évidentes et les plus universellement admises. Peu importe. La contrainte morale est telle que les esprits les plus indépendants par nature, courbés insensiblement par la pression continue du milieu intellectuel, se plient aux croyances communes et finissent par les accepter de bonne foi. De là, dans la période primitive, des essais de conciliation entre la foi et la raison. Mais, à mesure que la révolution se consolide, la foi devient plus intransigeante et plus tyrannique. Elle domine sans conteste et ne permet pas que les dogmes fondamentaux soient soumis à la discussion. La philosophie perd son caractère de libre recherche : elle devient la servante de la théologie. C'est le triomphe des docteurs de la Scolastique.

La science vise à la représentation adéquate de la réalité. Il semblerait donc que, par la nature même de son objet, elle dût échapper à l'empire de la théologie. Les faits nous montrent cependant le contraire. L'astronomie n'est pas libre d'émettre des hypothèses en contradiction avec les affirmations de la Bible : malgré les raisons les plus convaincantes si elles ne heurtaient pas des vérités révélées, la terre doit continuer à rester le centre du monde, jusqu'à l'aurore de la Renaissance. En physique, les agents naturels ne sont pas des forces aveugles et fatales, parce que cette croyance en la nécessité porterait atteinte à la Providence, à l'action des anges et des saints, à la possibilité des miracles. — La chimie, future science positive, n'est encore qu'au stade de l'alchimie ; et, pendant tout le moyen âge, elle reste toute pénétrée de surnaturel. — La biologie est encore plus gênée dans ses recherches par les susceptibilités du pouvoir religieux. L'épilepsie s'appelle le mal divin ; le fou est un possédé et, pour le guérir, il faut employer non des remèdes qui agissent sur le corps, mais des formules capables, par l'aide surnaturelle qu'elles procurent, de chasser le démon.

Le christianisme a opéré ainsi une révolution radicale dans les mœurs. Pour l'homme, l'idéal c'est la vie monacale, une vie toute de méditation, de prière, de recueillement intime, de communion incessante avec la divinité. La vie n'a pas pour objet le plaisir, surtout le plaisir sous sa forme la plus attrayante qui est la volupté ; elle doit être l'imitation de la vie douloureuse du Christ, une rédemption de la faute originelle par les sacrifices volontaires, un acheminement à travers la souffrance vers l'au-delà. La vie présente n'est qu'un passage ou plutôt une lutte où les douleurs donnent des titres à la victoire, à la béatitude. Donc, des vêtements sombres, les cheveux coupés, la face glabre et émaciée, les jeûnes multipliés, une nourriture réglée et de qualité inférieure, plus de danses, les jeux proscrits, la cellule vide du cloître, la solitude, le silence, une mort anticipée. Certes, tous ne se conforment pas à cet idéal, et, par les nécessités de la nature elle-même, des hommes très pieux y échappent. Cependant, il n'en reste pas moins vrai que c'est dans ce sens que les mœurs sociales inclinent.

Des modifications non moins profondes se sont produites dans les mœurs féminines. La virginité n'est plus une exception due le plus souvent à des causes indépendantes de la volonté. Elle est choisie volontairement parce qu'elle constitue un état qui passe pour supérieur à celui de la femme mariée et de la mère de famille. En général, le christianisme relève la condition des femmes. Et, à leur tour, les femmes intéressées à la conservation d'un ordre social qui les favorise, se font les auxiliaires fidèles du clergé. Elles se plaisent à suivre sa direction et accordent, dans leur vie, une très grande place aux pratiques religieuses. D'ailleurs, une religion qui met au rang des plus hautes vertus la douceur, la charité, le pardon des injures, éveille, en elles, toutes leurs sympathies, puisque l'idéal qu'elle propose est le mieux approprié à leur nature.

La vie, dans l'intérieur des familles, ainsi que les rapports de société se trouvent également modifiés. Les actes les plus importants depuis la naissance jusqu'à la mort reçoivent l'empreinte religieuse. C'est l'Eglise qui fixe les jours de repos, qui préside aux fêtes, qui règle les réjouissances, qui intervient partout, dans les deuils comme dans les joies, dans les entreprises privées ou publiques, imprimant sur toutes les choses de la vie sociale la marque profonde de son influence.

Cependant — ne l'oublions pas — cette influence générale et même bientôt universelle, *ne s'exerce point partout d'une façon uniforme. Elle se réfracte différemment suivant les milieux divers qu'elle traverse.* Ces milieux variés sont les catégories d'êtres semblables que toute société renferme, catégories qui se diversifient suivant les conditions auxquelles chacune d'elles se trouve soumise. Ce point de vue des classes sociales nous est familier, et, après nous avoir constamment servi de guide dans nos recherches antérieures, il peut ici encore servir à expliquer l'existence de la variété dans l'unité.

L'idéal chrétien est surtout réalisé par les prêtres, par les moines, par tous ceux qui ont consacré leur vie à l'étude des questions théologiques, à la pratique régulière des cérémonies du culte, à l'observance exacte des règles qui paraissent les plus propres à favoriser le développement des sentiments chrétiens et des vertus correspondantes.

Chez les autres, les exigences professionnelles s'opposent à la poursuite exclusive d'un pareil idéal. Parfois même, l'éducation reçue, le milieu dans lequel les individus d'une classe sont appelés à se développer, les actions imposées journellement par la profession, sont en pleine contradiction avec les habitudes recommandées. L'influence religieuse ne pénètre alors qu'à la surface. Que la contrainte et le prestige religieux viennent à diminuer, et l'on verra les tendances fondamentales, propres à ces classes, percer sous le vernis superficiel qui les recouvrait. C'est ainsi que la royauté avec ses agents administratifs et particulièrement les légistes, cherche à s'affranchir de la tutelle papale et à conquérir l'indépendance du pouvoir temporel.

Cet exemple, emprunté au christianisme, suffit pour montrer comment une révolution, après avoir agi directement par la transformation de l'Etat, exerce encore, en vertu des corrélations sociales, une influence indirecte sur le mouvement des idées et des mœurs.

On découvrirait, sans doute, encore d'autres conséquences dérivées, mais des conséquences plus lointaines, plus faibles et plus douteuses. Par suite, la recherche en serait peu fructueuse. Elle présenterait même un sérieux inconvénient, celui d'encourager l'illusion déjà trop répandue de la toute-puissance d'une révolution.

Il est préférable de consacrer nos derniers efforts à

démontrer cette vérité de la plus haute importance dans la pratique : c'est que l'Etat, avec toute la puissance dont il dispose ne peut pas pétrir à son gré la matière sociale et lui imprimer la forme qu'il veut lui donner. Car de nombreux et puissants obstacles s'opposent à la réalisation de ses desseins.

CHAPITRE III

OBSTACLES AUX TRANSFORMATIONS VOULUES

———

Avant d'être, la révolution aspirait à la réalisation d'un état nouveau ; dans la lutte pour être, elle était surtout préoccupée des moyens de conquérir le pouvoir, et elle détruisait plus qu'elle ne pouvait édifier ; victorieuse, elle s'est efforcée de transformer la société d'après son idéal.

Mais il ne suffit pas de viser à un but pour l'atteindre, il faut employer les moyens nécessaires à la production des résultats désirés. Les politiques ne disposent pas de la baguette des fées, ni de ces formules magiques qui domptent les forces de la nature et opèrent toutes les merveilles. Tout changement social dépend, on ne saurait trop le répéter, de conditions exactement déterminées. Et si ces conditions ne sont pas remplies, le changement ne s'accomplit pas, alors même qu'il serait très désirable et que les gouvernants auraient fait les efforts les plus sincères pour le produire. Ici, comme ailleurs, la science est la mesure de la puissance. Si on ne triomphe de la nature qu'en lui obéissant, on ne parviendra aussi à maîtriser les sociétés qu'en se soumettant aux lois naturelles qui régissent le monde physique et l'humanité.

Le bien social ne se décrète donc pas au hasard. Au contraire, sa réalisation rencontre de nombreux obstacles, obstacles qu'il est très utile de signaler. L'utilité sera d'abord d'ordre scientifique, puisque cette étude servira à donner une connaissance plus exacte de la vie sociale. Elle sera, en outre, pratique, puisqu'elle conduira naturellement à énoncer quelques brèves maximes, capables de diriger la conduite du citoyen et du politique.

Les premiers obstacles naissent des gouvernants eux-mêmes qui, éblouis par le pouvoir, s'illusionnent sur sa portée et méconnaissent la grandeur des difficultés à surmonter. Par ignorance des lois naturelles, ils prennent des mesures qui sont fatalement condamnées à échouer. Cela se remarque plus particulièrement avec les lois économiques, parce qu'en cette matière, les résultats sont plus faciles à constate et viennent d'eux-mêmes révéler les maladresses commises.

Ainsi, il ne suffit pas de décréter un maximum pour les denrées de première nécessité, et de recourir à toute la contrainte des lois pour le maintenir. Le prix des marchandises est soumis à des conditions qu'il est impossible d'éluder complètement. Ou les vendeurs se cachent, ou les acheteurs sont obligés, s'ils veulent éviter une disette plus funeste que la cherté, de payer le prix demandé. — Le crédit est un moyen précieux d'obtenir des ressources importantes dans les moments de crise. Mais la confiance ne s'impose point par la menace des châtiments. C'est en vain que les assignats ont un cours forcé, ils sont de plus en plus dépréciés à mesure que leur nombre, démesurément accru, ne répond plus à la faible valeur du gage qui devrait servir à les garantir. Ils finissent par devenir d'inutiles morceaux de papier. — Les dépenses luxueuses sont agréables pour ceux qui en profitent. Elles peuvent même servir à relever le prestige d'une cour et à entretenir le zèle intéressé des courtisans. Mais c'est une nécessité que les dépenses excessives creusent chaque jour davantage le déficit, accroissent les impôts, augmentent par là le mécontentement des sujets, et conduisent, soit à la banqueroute, soit à un contrôle national, précurseur des plaintes ouvertes et parfois d'une révolution. C'est ce qui est arrivé en France, en 1789 (1). — Il est très désirable de fournir du travail à tout ouvrier de bonne volonté. Mais sera-t-il sage d'ouvrir, en pleine crise industrielle, des ateliers nationaux où viendront s'entasser une multitude d'ouvriers de tout métier, sans organisation, incapables pour la plupart d'effectuer les tâches assignées, et irrités, avec raison, d'une entreprise mal concertée, sans avenir, sans utilité ? L'expérience de 1848 a montré que non seulement le but économique n'était pas atteint, mais que cette agglomération ouvrière dans la capitale constituait un véritable danger national : les Journées de Juin devaient en sortir, et ces journées sanglantes eurent sans doute comme conséquence la réaction autoritaire du second Empire.

Inutile de prolonger cette énumération. Les exemples précédents suffisent pour caractériser ce genre d'erreurs.

Une autre sorte de maladresse, plus particulièrement propre aux révolutions, c'est d'avoir une confiance excessive dans les moyens violents et précipités. Excité par la lutte, le parti victorieux est tenté de vouloir sans retard transformer la personnalité morale de ses adversaires et de la modeler sur son idéal. Certes, rien de plus louable que de viser à l'harmonie dans les idées, dans les sentiments et dans les volontés. Car c'est de là que naît l'unité nationale avec tous les avantages qui lui sont inhérents. Mais rien de plus chimérique, si on pense l'obtenir par la force seule et sans le secours du temps. Les habitudes de l'esprit sont indéracinables par un brusque effort de violence, parce qu'elles constituent à un moment donné tout notre être moral, qu'elles sont la résultante du tempérament primitif et surtout de toute la vie antérieure. Elles sont faites de tout le passé concrétisé dans le présent : elles sont le produit d'une lente

1. Et c'est ce qui pourrait bien arriver encore avec la Douma russe.

accumulation de modifications incessantes qui ont pénétré dans l'intimité des fibres nerveuses et qui sont maintenant incorporées à notre être. A coup sûr, la menace des pénalités pourra empêcher la manifestation des sentiments intimes. Mais, si la peur fait agir l'automate, la violence rencontre souvent d'invincibles résistances dans les profondeurs de la conscience. La machine plie, mais l'esprit, non. Tout le fruit de la violence, c'est de faire, alors, des hypocrites qui saisiront la première occasion pour manifester leurs vrais sentiments et se venger de leurs oppresseurs.

Un des exemples les plus caractéristiques à l'appui des assertions précédentes, est fourni par la Révolution française, en matière religieuse, où les hommes paraissent montrer le plus de ténacité dans leurs croyances. A partir de 1793, le culte catholique est interdit, les églises sont fermées, les prêtres proscrits, toute manifestation religieuse supprimée. Et cependant les croyances n'ont pas disparu ; elles vivent, d'une vie latente. Aussi, elles se réveillent sous l'Empire et bientôt après, sous la Restauration, elles reprennent leur force primitive, ou plutôt une force accrue par la libre expansion que leur laissent les faveurs du Gouvernement.

Une façon de détruire les idées, c'est de détruire ou de proscrire en masse les individus qui les professent. Ce moyen radical est d'une efficacité non douteuse, quand un Gouvernement ne recule pas devant l'horreur de pareilles exécutions. L'Espagne s'est montrée particulièrement implacable dans ses répressions. Elle a exterminé les Maures, rejeté en Afrique les derniers restes de la religion musulmane et, par les auto-da-fé de l'Inquisition, maintenu l'orthodoxie catholique.

Le meilleur facteur de la transformation des idées, c'est le temps. Il n'y a, le plus souvent, aucun changement à espérer des vieillards, dont l'éducation intellectuelle ne saurait être refaite. Leur esprit n'a plus la plasticité voulue pour accepter de nouvelles idées, et des idées qu'ils ont considérées comme fausses, injustes et pernicieuses. Il est donc sage de laisser disparaître la vieille génération et de s'attacher de préférence à se concilier les éléments plus jeunes et plus actifs de la société.

Mais comment les gagner à sa cause et à ses idées ? C'est à force de raison, c'est-à-dire, d'idées justes, pratiques, bienfaisantes. Pas de trompe-l'œil, mais des réalités qui soient à l'épreuve des expériences les plus hasardeuses. On n'abuse pas longtemps un peuple sur sa prospérité et sa puissance. Mais l'arbre se juge aux fruits, et les gouvernements aux résultats qu'ils obtiennent.

Aux maladresses gouvernementales viennent se joindre, comme obstacles non moins importants, les résistances du parti vaincu, mais non détruit. L'espérance et le désir de reconquérir le pouvoir ne sont point perdus, mais il reste, dans toute l'étendue du territoire, une foule de mécontents qui, trop compromis dans les luttes antérieures, n'ont rien à attendre du nouveau régime ; rien, sinon des mesures qui portent atteinte à leur rôle social, à leur influence, à leurs sentiments, à leurs intérêts. Ces mécontents ne sont pas les uns pour les autres des inconnus, mais ils sont unis entre eux par les liens d'une solidarité consciente. Ils ont combattu, souffert ensemble et, aujourd'hui que la révolution est consommée, ils ont à supporter ensemble le poids d'un gouvernement qu'ils jugent oppressif. D'ailleurs, les cadres de l'ancienne organisation subsistent. Les chefs du régime antérieur sont dépouillés de tout pouvoir politique, mais non de tout pouvoir effectif. Le Gouvernement n'a pu immédiatement faire table rase de tous les fonctionnaires, dévoués plus ou moins secrètement à l'ancien ordre de choses. Parfois même, des corps tout entiers sont conservés et, comme ils détiennent une part souvent considérable de la puissance publique, ils fournissent un point d'appui très solide à la résistance.

C'est là une situation qui se renouvelle, plus ou moins, après toutes les révolutions et qui fut particulièrement sensible en France, à une époque récente. Après la révolution du 4 septembre, le clergé, la magistrature, l'armée, l'université et la plupart des administrations, sauf celles d'ordre essentiellement politique, n'avaient pas, dans leur personnel, reçu la moindre atteinte. Quelques rares exécutions, là où les lois les rendaient possibles, avaient frappé les plus bruyamment compromis et avaient provoqué plus de récriminations que de crainte. Aussi, jusqu'en 1875, le Gouvernement, qui n'avait pas encore le titre officiel de République, restait à la discrétion du moindre incident. Sans l'obstination du Comte de Chambord, qui ne voulut pas accepter le drapeau tricolore, la restauration monarchique aurait peut-être été réalisée.

Après 1875, les fonctionnaires deviennent plus confiants dans la stabilité du régime républicain. Les prudents se rallient ; les irréductibles s'éliminent de plus en plus ; un esprit libéral pénètre chaque jour davantage l'université. Mais les résistances ne disparaissent pas entièrement des sphères officielles. La magistrature, abritée derrière l'inamovibilité, ne craint pas, sous prétexte d'indépendance, de montrer son hostilité à l'égard du pouvoir, en rendant des arrêts qui sont tout le contraire de services. Il faut suspendre l'inamovibilité pour modérer une opposition qui se montre d'autant plus intransigeante qu'elle croit avoir moins à craindre. Avec l'armée et surtout le clergé, les difficultés sont encore plus grandes et, aujourd'hui encore, elles sont loin d'être supprimées.

Inutile de rappeler à ce sujet les faits sociaux qui sont présents à toutes les mémoires. Il vaut mieux indiquer les raisons de cette opposition persistante.

D'un mot, cette résistance vient de l'esprit de corps, et l'esprit de corps lui-même a son origine dans la nature des occupations professionnelles, avec l'ensemble des idées, des sentiments, des intérêts de différente sorte qui sont inhérents à la profession. Les petites particularités individuelles se neutralisent par leur opposition, et les tendances communes, seules, se manifestent avec force. Elles sont encouragées en chacun, parce qu'elles éveillent chez les autres un écho sympathique, tandis que les tendances contraires sont sans cesse refoulées par la contrainte morale de classe, parfois même par des peines réelles, comme le manque d'avancement et les mauvaises notes dans l'armée, comme les vexations continuelles ou l'excommunication dans le clergé.

Pourquoi l'armée, considérée surtout dans le corps des officiers, restait-elle, dans son ensemble, réfractaire au régime d'une république démocratique ? C'est que les principes directeurs d'une démocratie forment avec l'esprit militaire une radicale opposition, une sorte d'antinomie sociale non moins irréductible que les antinomies cosmologiques de Kant. D'un côté, la liberté ; de l'autre, une rigoureuse discipline qui laisse à chacun la part la plus réduite d'initiative ; ici l'égalité, là une subordination réglée dans tous ses détails ; des supérieurs qui commandent, des inférieurs qui obéissent en aveugles, avec toutes les marques du respect, tous les signes de leur infériorité. Dans la société civile, les postes les plus éminents sont donnés à l'élection ; députés, sénateurs, ministres, président de la République, tous restent soumis au contrôle des électeurs, exposés aux critiques les plus acerbes, aux attaques les plus violentes et parfois les moins justifiées, attaques clamées dans les réunions publiques et répandues journellement à des milliers d'exemplaires par la voie de la presse. Dans l'armée, l'autorité vient d'en haut, non d'en bas ; les chefs ne doivent rien à leurs subalternes dont l'opinion, dépourvue d'influence, ne compte pas, quand il s'agit des simples soldats et des gradés inférieurs. Par nature, l'armée est aristocratique, toutes les fois du moins que les officiers sont des professionnels sans autre occupation que la pratique des choses militaires.

Voilà pourquoi l'ancienne armée de l'Empire, animée de pareils sentiments, opposait une résistance toujours sourde et parfois non dissimulée au progrès des idées et des institutions démocratiques. Et cette situation s'est prolongée, parce que les officiers supérieurs, qui avaient la haute main dans les promotions, favorisaient l'avancement de ceux qui partageaient leurs sentiments.

En général, une société démocratique se trouve placée dans cette alternative. Ou l'esprit militaire, favorisé par les circonstances, se conserve, et les libertés publiques courent le risque de sombrer dans le despotisme de quelque général victorieux. C'est ce qui est arrivé à Rome, dans le 1er siècle avant notre ère, avec Sylla et bientôt avec César, dont le nom devait servir à désigner la forme des gouvernements issus de la force militaire : le césarisme. La Révolution française, qui s'était jetée dans des luttes sans fin avec les autres nations, se termina de la même façon, par la domination d'une armée qui avait à sa tête un chef victorieux et plein d'ambition audacieuse.

Ou l'esprit démocratique l'emporte, et les qualités militaires s'affaiblissent. L'armée perd de sa force et tend à dégénérer en milices, propres sans doute à une guerre défensive et capables de s'aguerrir lorsqu'elles ont conscience de la nécessité de la lutte, mais qui ne sont plus ces instruments aveugles et d'une puissance formidable entre les mains d'un ambitieux de génie.

Le clergé catholique s'est montré, aussi, très hostile au régime démocratique. La raison en est la même : il existe une véritable incompatibilité entre l'esprit qui anime le clergé catholique actuel et les tendances fondamentales de la démocratie.

Les faits le prouvent. L'opposition actuelle n'est pas un simple accident, mais elle s'est produite aux différentes époques de notre histoire. Sous la première Révolution, elle se montre à l'état aigu et éclate en hostilités ouvertes. Elle reparaît dans la Révolution de 1848 et ne cesse pas sous le second Empire qui, aux yeux de l'Eglise, a le tort d'accorder trop de place à la liberté de penser. L'Eglise catholique se met partout du côté de la réaction autoritaire ; elle se constitue partout le défenseur du principe d'autorité. En Angleterre, elle est, avec Charles Iᵉʳ et Jacques II, l'ennemie des libertés publiques. En Espagne, elle est l'alliée naturelle de tous les gouvernements qui apportent le plus d'entraves à la pensée et aux autres manifestations de la liberté. En Suisse, les cantons catholiques s'unissent pour former le *Sonderbund*, et, s'ils n'avaient pas été vaincus par l'armée fédérale, ils auraient établi une constitution dont l'article fondamental aurait été l'intolérance religieuse. Ainsi, « en Valais, après un combat sanglant, les catholiques vainqueurs établissaient une constitution qui interdisait de célébrer tout autre culte que le catholique » (1).

Le clergé catholique répugne aussi fortement à la liberté d'examen, parce que, en vertu de son principe fondamental, la vérité en matière métaphysique — vérité qui domine toutes les autres — n'est pas à découvrir, mais qu'elle est exprimée dans les livres saints. En outre, l'interprétation de ces livres, détenteurs de la vérité, présente trop de difficultés pour qu'elle soit abandonnée à la raison incertaine de chacun ; elle appartient aux chefs de l'Eglise, réunis en conciles œcuméniques. Et même, comme les conciles laissent se manifester et provoquent la diversité des opinions, elle devient le privilège exclusif du pape, dont l'infaillibilité

1. Seignobos. *Histoire politique de l'Europe contemporaine*, 249.

est proclamée. Or, si les membres du clergé doivent se soumettre aux décisions papales sans les discuter, à plus forte raison les simples fidèles supposés inférieurs, doivent montrer plus de respectueuse obéissance. En un mot, ils sont façonnés à la soumission intellectuelle et ne peuvent supporter chez les autres une indépendance d'esprit qui les condamne.

Bien d'autres obstacles viennent contrecarrer les effets auxquels vise la révolution. Mais comme ces obstacles menacent la solidité de l'État et doivent être considérés comme les causes des révolutions, il est inutile de renouveler l'étude qui en a été faite en détail dans la première partie. Il suffira d'en produire une rapide énumération.

Ces obstacles naissent des progrès de la population, de la distinction des races, du développement du paupérisme, du mouvement économique, de l'accumulation des capitaux, de la division du travail, du machinisme, des découvertes scientifiques, et de cet ensemble de choses qu'on désigne aujourd'hui sous le nom de question sociale.

Ils proviennent aussi des événements proprement historiques, c'est-à-dire, de faits déterminés dans toutes leurs circonstances de temps, de lieu et de personnes. Parmi ces événements, les uns sont intérieurs, comme les faits dus à l'influence des agents naturels, disettes, maladies, catastrophes ; ou, comme la disparition et la venue des hommes supérieurs ; ou enfin, comme les attentats, révoltes, troubles de différente nature qui naissent du mécontentement et deviennent une menace pour l'ordre social. Les autres, et non les moins importants, viennent de l'extérieur. Une société ne peut vivre à l'écart dans un isolement complet. Elle regarde au delà de ses frontières ; et elle est souvent portée à imiter les mœurs et les institutions auxquelles elle attribue la grandeur ou la prospérité du peuple voisin. Mais, d'un autre côté, elle est aussi exposée à supporter la con-

currence économique et surtout à subir les attaques de la
force, avec les immenses conséquences qu'entraînent les
hasards de la guerre.

Ce sont là autant de problèmes que les politiques doivent résoudre avec la collaboration des citoyens.

CHAPITRE IV

PRINCIPES DIRECTEURS DE LA POLITIQUE

Il n'y a point de panacée pour les maladies du corps. Il n'y en a pas davantage pour les troubles qui menacent l'ordre social. Il faut donc s'attaquer à chaque problème en particulier, et l'étudier avec tous les éléments qu'il présente dans la réalité. C'est dire qu'il faudrait toute une longue étude pour aborder les principaux de ces problèmes, et pour essayer de donner à chacun une solution, qui, par sa précision, pût avoir quelque utilité pratique.

Nous insisterons, pour conclure, sur un point unique, mais qui nous semble d'une particulière importance

Le progrès, en quelqu'ordre de choses qu'il puisse se manifester, ne se réalise pas de lui-même par une sorte d'évolution fatale, fixée par quelque mystérieux destin. Il n'est pas non plus le résultat des forces aveugles de la nature. Ce n'est pas le climat qui fait le despotisme ou la liberté : ce ne sont pas quelques degrés d'élévation du pôle, en plus ou en moins, qui bouleversent la constitution des sociétés. Les vicissitudes des peuples ne sont point réglées à l'avance par une nécessité à laquelle ils n'auraient pu se soustraire, alors même que leur activité eût pris d'autres directions. Il en est de même du progrès réalisé par l'Humanité considérée dans son ensemble. La courbe qui servirait à l'exprimer n'était point tracée de toute éternité, en ce sens qu'elle serait restée la même, *quoi que* les États ou les particuliers eussent fait.

Certes, quand on croit au déterminisme, le passé doit être considéré comme nécessaire, c'est-à-dire comme n'ayant pu être, ne fût-ce que de l'épaisseur d'un cheveu, autre qu'il n'a été. C'est la coordination primitive et la succession déterminée des causes qui ont amené l'Humanité et chacune des sociétés particulières à son état présent. Cela est certain. Mais ce qui n'est pas moins certain, c'est que, parmi toutes ces causes, la cause capitale, absolument prépondérante, c'est *l'activité intelligente des hommes*.

Le grand facteur du progrès, c'est l'effort intellectuel qui, provoqué par l'idée d'un bien, s'applique à résoudre les difficultés opposées à la réalisation de ce bien, et qui y parvient par l'emploi de moyens éprouvés par l'expérience et sagement concertés. Les décadences, au contraire, sont dues pour la plus grande part à l'imbécillité d'esprit chez les gouvernants, et, chez les particuliers, à une sorte d'inertie intellectuelle qui les empêche de s'adapter à des conditions nouvelles, dans une ou plusieurs fonctions sociales essentielles.

Donc, *l'idée de la puissance intellectuelle doit être le dogme fondamental de la sociologie pratique.*

Sans elle, les hommes, persuadés de l'inanité de l'effort, perdent une grande partie de leur énergie. Ils se laissent aller à une activité routinière et bornée aux besoins immédiatement pratiques. Et cette pratique, n'étant point vivifiée par les labeurs incessants de la recherche scientifique, devient de plus en plus insignifiante et maladroite. La civilisation décroît, la société vieillit, et, comme un vieillard qui s'enorgueillit du passé, elle montre ses antiques monuments, témoins des gloires mortes, accusateurs du présent.

Pour produire ses heureux effets, cette idée d'efficacité intellectuelle et morale doit être bien comprise.

L'intelligence a une grande puissance, mais non une puissance infinie ; elle peut beaucoup, elle ne peut pas tout. C'est précisément le propre des esprits utopiques de proposer des buts inaccessibles parce qu'ils sont en contradiction formelle avec les lois de la nature, ou encore de considérer, comme immédiatement réalisables, des résultats possibles, mais très éloignés et qui, pour être atteints, demanderaient une longue suite de persévérants efforts. Ce qui caractérise l'intelligence vraie, c'est la possession de lois scientifiques qui puissent servir de principes directeurs dans la pratique. de lois bien certaines, parce qu'elles reposent sur une perception exacte de la réalité et qu'elles restent soumises au contrôle incessant de l'expérience ; c'est aussi et surtout l'ingéniosité dans la façon d'appliquer ces lois à l'ensemble souvent très complexe des circonstances actuelles. La réalité pose le problème avec l'enchevêtrement parfois si embrouillé et si obscur des difficultés et des moyens. Il faut débrouiller l'écheveau. Ce travail sera impraticable, si l'on n'aperçoit pas toutes les difficultés importantes et si l'on ne sait pas utiliser toutes les ressources dont on dispose et qui seraient suffisantes pour les surmonter.

Est-il douteux, au contraire, qu'une judicieuse utilisation des ressources ne puisse conduire au résultat poursuivi, de quelque résultat qu'il s'agisse, pourvu qu'il reste dans les bornes du possible ? De nombreux et concluants exemples le prouveraient non seulement pour les arts et les sciences où cela est évident, mais pour le commerce et l'industrie où les inventions, toujours dues à l'intelligence, jouent un rôle si important.

Ils le prouveraient aussi pour les sciences sociales et pour la politique qui en est une application. Un Périclès, un Cromwell, un Richelieu, un Bonaparte, un Bismarck, et surtout cet étonnant Mikado, ont réussi là où d'autres, dans des circonstances aussi favorables, ont échoué. Pourquoi ?

C'est que, chargés de la direction suprême, ces hommes de génie ont su, par une vue plus nette de la réalité, faire servir les hommes et les choses à la réalisation de leurs desseins, les hommes surtout ; car, il ne faut pas se lasser de le répéter, ce sont les hommes qui son: la source de tout perfectionnement. Réduit à ses seules forces, l'homme de génie lui-même serait impuissant sans la collaboration des autres unités sociales, qui viennent lui prêter le secours de leur intelligence et de leur volonté. Et, à leur tour, c'est la valeur de ces unités plus ou moins humbles ou éminentes qui fait la valeur du génie, capable non de créer des forces, mais de les associer entre elles et de leur faire donner le maximum d'effet utile.

Nous avons dit « efficacité intellectuelle et *morale* ». Et, en effet, l'intelligence ne suffit pas. Pour qu'elle produise des résultats bienfaisants, elle doit être associée aux qualités morales, qui tiennent surtout à l'énergie de la volonté et à la fermeté d'une conscience attachée au véritable bien.

Pour arriver à un but, il faut vouloir, vouloir avec force, avec persévérance.

Une autre chose, non moins essentielle, c'est que le bien visé ne soit pas un bien exclusivement personnel, qu'il ne serve pas seulement les intérêts d'un groupe restreint et même qu'il n'ait de valeur que pour le temps présent. *Un bien aura d'autant plus de valeur que, tout en satisfaisant aux tendances personnelles de l'agent, il sera doué d'une plus grande force expansive et rayonnera plus loin, dans l'espace et dans le temps, son heureuse influence.*

Les défenseurs de l'intérêt personnel commettent sur ce point un sophisme, à mon sens très funeste et que, par suite, il est de la plus haute utilité sociale de démasquer. A la suite de La Rochefoucauld, ils répètent : « Toutes les vertus vont se perdre dans l'intérêt, comme les fleuves dans la mer... Les vertus ne sont que des vices déguisés... » En un mot, sous les apparences du désintéressement, on ne trouve qu'une chose « l'amour de soi et de toutes choses pour soi ». Ou encore, suivant le mot de Pascal : « Tous les hommes ne recherchent que leur plaisir, jusqu'à ceux qui vont se pendre. »

Si l'on veut dire par là que chacun suit ses tendances, cela est incontestable, car il est impossible à personne de faire complètement abstraction de son être. *Mais tous les êtres ne se valent pas, ni toutes les tendances.* Cartouche détrousse les voyageurs ; Montyon consacre sa fortune à l'encouragement de la vertu. L'ivrogne s'appauvrit, mine sa santé, injurie les passants, maltraite sa femme, jette ses enfants dans la misère et le crime ; Pasteur ne s'enrichit pas et il compromet sa santé, mais, par ses travaux, il relève l'industrie des vers à soie, et, par là, enrichit les populations du Midi, il trouve le remède du charbon, il apprend à guérir la rage et met sur la voie de méthodes thérapeutiques qui vont, à travers le monde et une série indéfinie de générations, calmer les douleurs physiques et sécher les larmes.

Certes, tous ont agi d'après leur nature et pour la satisfaction de leurs tendances. Mais, tandis que les uns ne se plaisent qu'au vol et aux habitudes crapuleuses et malfaisantes, les autres, réduisant au minimum les appétits purement égoïstes, fortifient les sentiments sympathiques et ne trouvent de satisfaction véritable qu'à la condition d'avoir pu contribuer au bien des autres par des sacrifices d'argent ou au prix de labeurs pénibles. Les premiers se réjouissent du mal d'autrui, les seconds mettent leur joie dans la joie des autres. N'est-il pas souverainement injuste de ranger ces tendances opposées dans une même catégorie et de leur accorder à toutes la même épithète dépréciative? Cela peut servir la paresse des égoïstes, très heureux de mettre les autres dans leur compagnie; mais une pareille confusion serait préjudiciable à la société qui, en accueillant ce sophisme, découragerait les bonnes volontés.

En un mot, intelligence, énergie, moralité chez les gouvernants et chez les sujets, tel est le facteur essentiel du progrès, c'est-à-dire de la force, de la grandeur et de la prospérité d'une nation. C'est grâce à ces qualités qu'une société pourra se développer, sans avoir besoin de passer par ces redoutables crises que sont les révolutions.

TABLE DES MATIÈRES

Première Partie

LA FERMENTATION

DEUXIÈME PARTIE

LA CRISE

Troisième Partie

RENAISSANCE

Imp. de la Librairie Giard et Brière, 16, Rue Soufflot, Paris.

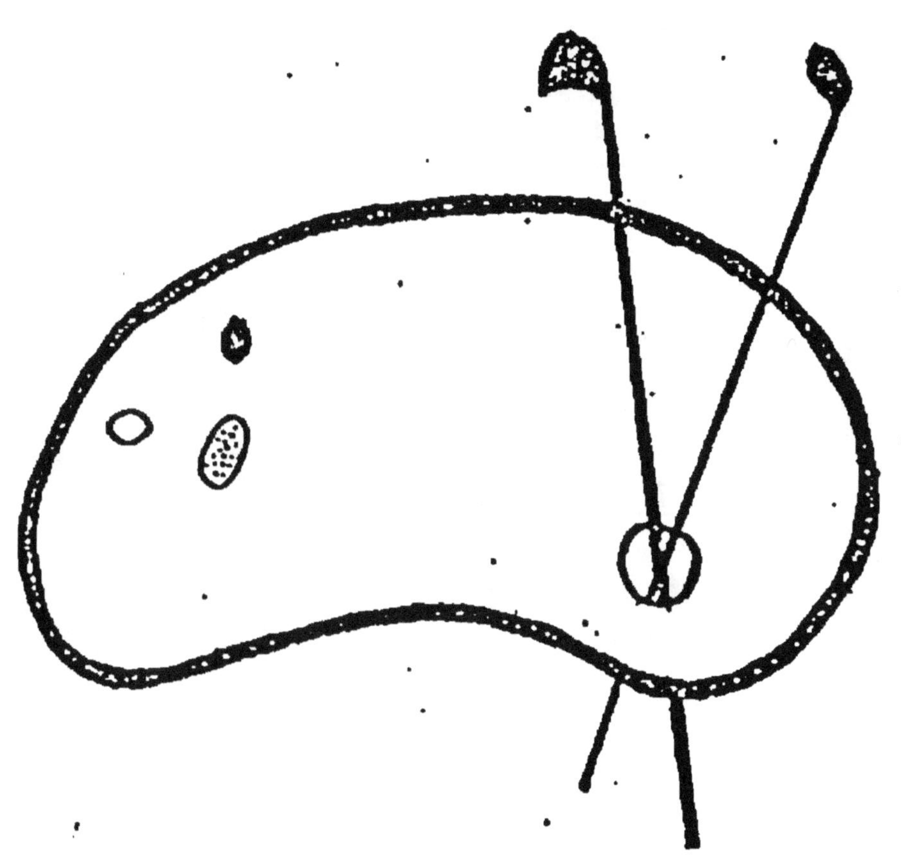

ORIGINAL EN COULEUR
NF Z 43-120-8

V. GIARD & E. BRIÈRE, ÉDITEURS, 16, rue Soufflot, PARIS

ANNALES

DE

L'INSTITUT INTERNATIONAL

DE

SOCIOLOGIE

PUBLIÉES SOUS LA DIRECTION DE

RENÉ WORMS

SECRÉTAIRE GÉNÉRAL

Tome I, contenant les travaux du premier Congrès, tenu à Paris en 1894. Un volume in-8. Prix, broché.......................... 7 fr.

Tome II, contenant les travaux du second Congrès, tenu à Paris en 1895. Un vol. in-8. Prix, broché.......................... 7 fr.

Tome III, contenant les travaux de l'année 1896. Un vol. in-8. Prix, broché.......................... 7 fr.

Tome IV, contenant les travaux du troisième Congrès, tenu à Paris en 1897. Un vol. in-8. Prix, broché.......................... 10 fr.

Tome V, contenant les travaux de l'année 1898. Un volume in-8. Prix, broché.......................... 10 fr.

Tome VI, contenant les travaux de l'année 1899. Un volume in-8. Prix, broché.......................... 7 fr.

Tome VII, contenant les travaux du quatrième Congrès, tenu à Paris en 1900. Un volume in-8. Prix, broché.......................... 7 fr.

Tome VIII, contenant les travaux des années 1900 et 1901 sur le matérialisme historique. Un volume in-8. Prix, broché.......................... 7 fr.

Tome IX, contenant les travaux de l'année 1902. Un volume in-8. Prix, broché.......................... 7 fr.

Tome X, contenant les travaux du cinquième Congrès, tenu à Paris en 1903, sur les rapports de la sociologie et de la psychologie. Un volume in-8. Prix, broché.......................... 8 fr.

Tome XI, contenant les travaux du sixième Congrès, tenu à Londres en 1906, sur les luttes sociales. Un vol. in-8, broché.......................... 10 fr.